高等教育城市轨道交通系列教材

北京市科学技术委员会科技计划项目资助

城市轨道交通客流分析

（修订本）

主　编　张秀媛
副主编　孙壮志　潘　波　苗彦英
主　审　蔡顺利

北京交通大学出版社

·北京·

内 容 简 介

为适应城市轨道交通建设运营发展和教学需要，根据我国大城市轨道交通网络化建设运营管理形成的新特点和客流特征，编写本教材。

本书内容主要包括客流调查、客流分析、车站客流作业、线路和路网客流、轨道交通站吸引范围客流分析、P+R换乘客流分析、城市轨道交通与其他交通方式的衔接，以及居民和员工满意度调查分析方法等。

本书可作为高等院校相关专业的教材或教学参考书，也可以供从事城市轨道交通规划、设计和运营管理的专业技术人员阅读与参考。

图书在版编目(CIP)数据

城市轨道交通客流分析/张秀媛主编. —北京:北京交通大学出版社,2011.9(2020.1 修订)
(高等教育城市轨道交通系列教材)
ISBN 978-7-5121-0767-0

Ⅰ. ①城… Ⅱ. ①张… Ⅲ. ①城市铁路-铁路运输-客流-分析-高等学校-教材 Ⅳ. ①U293.1

中国版本图书馆 CIP 数据核字（2011）第 198863 号

责任编辑：陈跃琴　贾慧娟　　特邀编辑：宋英杰
出版发行：北京交通大学出版社　　电话：010-51686414
地　　址：北京市海淀区高梁桥斜街 44 号　　邮编：100044
印 刷 者：北京鑫海金澳胶印有限公司
经　　销：全国新华书店
开　　本：185×260　印张：16.25　字数：389 千字
版　　次：2011 年 11 月第 1 版　2020 年 1 月第 1 次修订　2020 年 1 月第 5 次印刷
书　　号：ISBN 978-7-5121-0767-0/U·75
印　　数：7 501~8 500 册　定价：45.00 元

《高等教育城市轨道交通系列教材》

编　委　会

出版说明

为促进城市轨道交通专业教材体系的建设，满足目前城市轨道交通专业人才培养的需要，北京交通大学交通运输学院、远程与继续教育学院和北京交通大学出版社组织以北京交通大学从事轨道交通研究教学的一线老师为主体、联合其他交通院校教师，并在北京地铁公司、广州市地下铁道总公司、南京地下铁道有限责任公司、广州市地下铁道总公司、北京市轨道交通建设管理有限公司、香港地铁公司等单位有关领导和专家的大力支持下，编写了本套“高等教育城市轨道交通系列教材”。

教材编写突出实用性。本着“理论部分通俗易懂，实操部分图文并茂”的原则，侧重实际工作岗位操作技能的培养。为方便读者，本系列教材采用“立体化”教学资源建设方式，配套有教学课件、习题库、自学指导书，并将陆续配备教学光盘。本系列教材可供相关专业的全日制或在职学习的本专科学生使用，也可供从事相关工作的工程技术人员参考。

本系列教材的出版得到施仲衡院士的关注和首肯，多年从事城市轨道交通研究的毛保华教授和朱晓宁教授对本系列教材的编写给予具体指导，《都市快轨交通》杂志社的主办和协办单位专家也给予本教材多方面的帮助和支持，在此一并致谢。

本系列教材从2011年8月起陆续推出，首批包括：《城市轨道交通设备》、《列车运行计算与设计》、《城市轨道交通系统运营管理》、《城市规划》、《轨道交通需求分析》、《交通政策法规》、《城市轨道交通规划与设计》、《企业发展战略》、《城市轨道交通土建工程》、《城市轨道交通车辆概论》、《城市轨道交通牵引电气化概论》、《城市轨道交通通信信号概论》、《城市轨道交通列车运行控制》、《城市轨道交通信息技术》、《城市轨道运营统计分析》、《城市轨道交通安全管理》、《交通运营统计分析》、《城市轨道交通客流分析》、《城市轨道交通服务质量管理》、《轨道交通客运管理》。

希望本套教材的出版对城市轨道交通的发展、对城市轨道交通专业人才的培养有所贡献。

教材编写委员会

2011年6月

总　序

近年来，中国经济飞速发展，城市化进程逐步加快。在大城市中，地面建筑越来越密集，人口越来越多，交通量越来越大，交通拥堵对社会效益和经济效益都带来了很大影响。据统计，国内每年由于交通拥堵造成的损失将近一千多亿元。

解决交通拥堵，有各种各样的方法，其中城市轨道交通在土地利用、能源消耗、空气质量、景观质量、客运质量等方面具有一定优势，正逐步成为许多大城市交通发展战略中的骨干，并形成以地铁、城市快速铁路、高架轻轨等为主的多元化发展趋势。

我国城市轨道交通从20世纪50年代开始筹划。1965年7月，北京市开始兴建中国第一条地下铁道。经过近50年，特别是近十年的发展，截至2010年年底，我国已有13个城市拥有49条运营线路，总里程达1 425.5 km。另有16个城市，总计96条、2 000余公里的线路正在建设中。目前已发展和规划发展城市轨道交通的城市总数已经接近50个，全部规划线路超过300条，总里程超过10 000 km。

随着城市轨道交通在全国范围的迅猛发展，各地区均急需轨道交通建设、运营管理的大批技术人员和应用型人才。目前全国有近百所高等院校和高等职业院校已开设或准备开设城市轨道交通及相关专业。全国几十家相关企业也都设立自己的培训中心或培训部门。

从目前的情况看，在今后几年，城市轨道交通人才的培养应该处于大专院校的学历教育与企业、社会的能力培训相结合的状态。但现实情况是相关的教材，特别是培养应用型人才的优质教材、教学指导书的建设和出版严重不足，落后于城市轨道交通发展的需要。

2011年年初，北京交通大学远程与继续教育学院、交通运输学院、北京交通大学出版社共同筹划出版了“高等教育城市轨道交通系列教材”。这套教材的出版，恰逢其时。首先，这套教材由国内该领域学术界和企业界的知名专家执笔。他们的参与，既保证了对中国轨道交通探索与实践的传承，同时也突出了本套教材的实用性。其次，它丰富、实用的内容和多样性的课程设置，为行业内“城市轨道交通”各类人才的培养，提供了专业的、实用的教材。

祝愿中国轨道交通事业蓬勃发展，也祝愿北京交通大学出版社这套“高等教育城市轨道交通系列教材”能够为促进我国城市轨道交通又好又快地发展提供支撑！

中国工程院院士 施仲衡

2011年5月

前　言

随着我国城市化、机动化进程的加快，我国大城市道路的交通拥堵、交通事故和环境污染越来越严重。结合国际上发达国家城市交通发展的经验和教训，我国大城市开始注重交通结构优化，加强交通需求管理，合理引导公共交通出行。近年来，许多大城市开展网络化轨道交通的规划建设。北京、上海等城市的轨道交通线路网络化水平不断提高，轨道交通运营管理也发生了很大的变化，客流产生、吸引和诱增特点日益突出。因此轨道交通成网后的居民公共交通出行行为分析、轨道交通和其他交通方式的接续客流分析等内容是高等院校城市轨道交通专业开设城市轨道客运管理课程要面对的问题。

教学服务于交通运营实践。为适应我国城市轨道交通的快速发展需求、轨道交通设计与运营管理的协调性研究以及课程体系建设的需要，在我国城市轨道交通专业相关领域专家、学者和领导的关心指导下，依托2010年北京交通大学审批的系列教改项目，我们把《城市轨道交通客流分析》作为城市轨道交通专业的骨干课程的教材。

本书是编者们多年来对城市轨道交通接驳换乘理论和示范工程、居民出行需求行为及北京市交通结构优化等相关课题科研成果及编者所承担的北京市科技计划项目的研究成果的基础上完成的，同时也凝聚了轨道交通相关管理部门、专家学者的宝贵经验。以北京市既有地铁线路的运营组织特点和站点的空间分布，形成了公交接驳换乘运输组织优化方案，对地铁的终端站、一般中间站、换乘站进行客流特征调研分析，形成了客流时段特点、不同地区地铁站的公交接运组织的设计。

本书参考了国内外大量相关文献及国内外城市轨道交通系统建设、运营的实际资料和香港地铁运营管理的经验、录像等翔实的资料，并结合近年来的北京市轨道交通客流空间和时间分布特点、多模式接运优化设计和客流统计数据，以此为基础完成了本书的编写和著述工作。

本书可以作为相关专业的本科生和研究生的教材或教学参考资料，其中未加“*”号的章节可作为专科生教材使用，同时对城市轨道交通系统相关决策与管理人员，交通工程规划、设计与咨询人员，企业运营管理人员也有很好的参考价值。

全书共分为9章，各章的执笔具体分工如下：第1章胡雅兰，张秀媛，王远回；第2章张秀媛，张朝峰，李媛；第3章张秀媛，苗彦英，胡雅兰，魏静；第4章张秀媛，王静，胡雅岚，魏静；第5章张秀媛，胡雅兰，孔婷月，付宇；第6章李缓，孙浩，潘波，刘剑锋，张秀媛；第7章张秀媛，孙壮志，孔婷月；第8章张秀媛，孙浩；第9章张秀媛，孙壮志，孙浩，孙祖妮。

相关研究工作得到了北京市科学技术委员会科技计划项目以及北京交通发展研究中心相

关项目资助，北京市地铁研究所、香港港铁集团、世界轨道交通杂志、中国城市规划院、北京交通大学中国综合交通研究中心、北京交通大学远程与继续教育学院等单位的支持与帮助。在编著过程中，得到了刘军、毛保华、孙壮志、王英、刘剑锋、王静、朱晓宁、苗彦英、陈赓、蒋玉琨等专家的帮助和大力支持。北京交通大学交通运输学院城市轨道交通课程组的教师以及张朝峰、张颖、单庆超、王远回等提出了不少宝贵意见；研究生孔婷月、胡雅岚、孙浩、朱亚男、魏静、付宇等同学参与了部分章节资料整理和图表绘制工作。编者们在此一并表示衷心感谢；同时还要感谢本书编著中引用的所有参考文献的作者。

本书要特别感谢香港地铁公司黄成熙、苏冠良等同仁竭尽全力的支持和帮助，提供香港地铁的宝贵经验和资料。同时要感谢北京市科委对相关科研项目的资助，感谢远程学院乔青、徐健两位老师的帮助和指点。在出版过程中，还得到了北京交通大学出版社的大力支持，责任编辑在成书过程中提供了许多具体、细致的帮助，在此一并表示感谢。

编　者

2011 年 10 月于北京

目　录

第1章　轨道交通概述

第2章　客　　流

第3章　车站客流作业

第4章　线路和路网客流

第 5 章　轨道交通站吸引范围客流分析

第 6 章　P+R 换乘客流分析

第 7 章　城市轨道交通与其他交通方式的衔接

第8章　满意度调查分析

第9章　轨道交通客流分析案例

附录A　城市轨道交通客流分析模拟试题

1 第1章 轨道交通概述

本章概述

城市轨道交通是城市公共交通的骨干，它具有节能、省地、运量大、全天候、无污染（或少污染）、安全等特点，属绿色环保交通体系，符合可持续发展的原则，特别适合大中城市。城市轨道交通不仅能及时疏解大量密集人群，而且使沿线区域的可达性大大提高，对居民产生巨大的吸引力，可以诱导人们远离市中心居住，从而促进城市结构的改变；对于改善城市环境、增加城市环境容量有着极为重要的作用，对于建立空间相对分离的新型生态城市结构具有重要意义。

城市轨道交通种类繁多，按照用途可分为城市铁路、市郊铁路、地下铁道、轻轨交通、城市有轨电车、独轨交通、磁悬浮线路、机场联络铁路、新交通系统等。

学习重点

1. 了解轨道交通发展现状及未来的发展方向。
2. 熟悉轨道交通系统的主要构成。
3. 了解轨道交通运营组织的主要内容，重点掌握轨道交通换乘组织优化问题。

1.1 轨道交通的现状及发展方向

我国城市人口密集，内聚力很强，需要快捷、安全、大容量的交通通道。具有强大运输能力的轨道交通在城市结构优化调整中充分发挥重要诱导作用，至2009年，全国开通的城市轨道交通线路总长约770km，在总量上已经与国外城市的地铁规模相当。

截至2010年底，我国主要城市轨道交通运营里程如下：北京336km，上海428.3km，广州220.8km；我国已经运营城市轨道交通的城市13个，其他在建设城市轨道交通城市有16个；尚在规划城市轨道交通的城市18个。城市轨道交通已经引起我国城市交通界的高度重视。表1-1、图1-1为国内外几大城市轨道交通线路长度、日客运量及线路客运强度对比。

表1-1　我国城市与国外城市线路客运强度对比

城市	线路总长/km	日客运量/万人次	线路客运强度/［万人次/（公里·日）］
莫斯科（2009）	262	900	3.43
香港（2008）	174	230	1.32
墨西哥城	158	450	2.85
北京（2010）	336	502	1.49
上海（2010）	428.3	521	1.22
广州（2010）	220.8	321.91	1.46

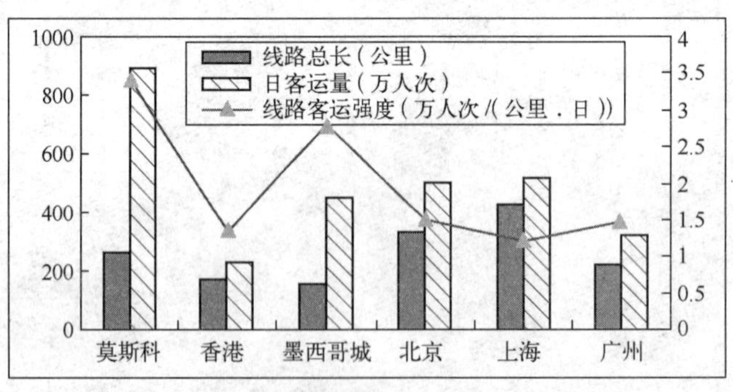

图1-1　我国城市与国外城市线路客运强度比较

世界各国主要城市轨道交通的发展情况如表1-2所示。

表 1-2　世界各国主要城市轨道交通现状

项目	纽约（2009 年）	伦敦（2009 年）	巴黎（2009 年）	东京（2009 年）	莫斯科（2009 年）	北京（2009 年）	香港（2008 年）
线路数/条	27	15	31	35	11	9	11
线路长度/km	443	408	959	2292.5	262	230	174
车站数/座	504	273	400		161	150	82

注：数据来源于《中国重点产业发展研究分析与决策建议报告》，国海证券研究

以北京为例，北京城市是一种典型的“单中心 + 环线”的城市结构。2008 年北京举办奥运会，轨道交通建设步伐加快，先后建成了地铁 13 号线、八通线、5 号线、10 号线一期、奥运支线、机场线，运营里程由 2001 年的 54 km 提高至 2009 年的 230 km，运营线路由 2 条增至 9 条。至 2008 年年底，在建的有地铁 4 号线、9 号线、8 号线二期、10 号线二期、大兴线、亦庄线、6 号线。预计到 2015 年，北京市轨道交通网络将形成“三环、四横、五纵、七放射”的网络形态，基本覆盖规划市区，并建立通州、亦庄、黄村等新城与中心城之间的交通联系，运营总里程将达到 561 km。

根据北京 2004—2020 年城市总体布局规划，按照“两轴两带多中心”及城市群发展的总体思想，北京要进一步优化城市形态，就需要大力发展城市轨道交通，提高公共交通资源配置与运用效率，为首都经济社会又好又快发展奠定坚实的公共交通基础。特别地，以交通结构的改变来促进城市结构的变化，使城市总体交通需求均衡。北京土地资源日益稀缺，城市机动化进程加快，交通耗能加剧，郊区发展滞缓，区域差异不断扩大，这就更需要通过城市轨道交通减少社会资源消耗，引导各种社会资源重新布局，促进经济社会均衡发展。

1.2 轨道交通系统构成

城市轨道交通系统（Urban Mass Transit System，UMTS）是指主要服务于城市、行驶于轨道之上的大众运输系统。城市轨道交通系统是由活动设备（车辆）与各种固定设备（线路、车站、车辆基地、控制系统、供电与环控设备等）所组成的复杂系统。从广义角度来讲，轨道交通的基本构成中还应包括营运、控制、信息等要素，本节简要介绍影响轨道交通的主要技术设备及不同设施设备对客流的功能。

1.2.1 线路和车站

1. 线路

一般的城市轨道系统中心线路，按其在运营中的作用，可分为正线、辅助线和车场线三类。正线是连接两个车站并从区间伸入或贯穿车站、行驶载客列车的线路，正线还可分为区间正线和车站正线；辅助线一般不行驶载客列车，是指车站内进行列车到发、通过、折返作

业、停放列车、列车进出车辆段（停车场）的线路，以及将线网中的不同线路、车辆段与铁路连接起来的线路，它们包括车站侧线、折返线、渡线、存车线、出入段（场）线、安全线和联络线等；车场线是车辆段（停车场）内进行车辆停放、编组、列检、检修、清洗和调试等作业的线路，有停车线、列检线、检修线、洗车线、牵出线和试车线等。

2. 车站

轨道交通车站是乘客上下车、换乘的场所，也是列车到发、通过、折返或临时停车的地点。按运营功能的不同，车站分为终点站、中间站、折返站和换乘站；按是否具有站控功能，车站分为集中控制站和非集中控制站；按站台型式，车站分为岛式站台车站、侧式站台车站和岛侧混合式站台，按客流集散量大小，车站分为不同等级的车站；按是否有人管理，车站分为有人管理站和无人管理站，按线路敷设方式，车站分为地下站、高架站和地面站。

车站选址应在满足车站的功能和运营要求的前提下，考虑沿线土地利用规划，将车站设置在大型客流集散点，并尽可能与附近的交通枢纽、商业中心融为一体，以吸引客流、缓解地面交通拥挤。

车站一般由出入口、站厅、站台和生产用房等组成，通道、楼梯和自动扶梯将出入口、站厅与站台连接起来。在决定车站规模及设备容量的各项因素中，最重要的是车站远期高峰小时最大客流量。

出入口是乘客由地面进入站厅或由站厅到达地面的通道。出入口的位置应满足城市规划、交通功能的要求，与客流进出主要方向一致，并尽可能与换乘枢纽、商场、办公楼、停车场等相连通。

地下车站与高架车站的站厅通常划分为几个区域。如乘客可自由进出、提供售票和商业服务的非收费区；乘客检票后才能进出的收费区；车站控制室、售票室等所在的作业管理区；机电设备及用房所在的机电设备区。

站台供列车停靠和乘客候车、上下车使用。站台按类型不同，有岛式站台、侧式站台和混合式站台等类型。只有一个站台，且位于上、下行车站正线中间称为岛式站台：有两个站台，且分别位于上、下行车站正线外侧称为侧式站台；同时设置岛式站台与侧式站台，如一岛两侧或一岛一侧称为混合式站台。站台长度按远期列车长度加上停车预留距离确定。站台宽度根据类型、高峰客流量、列车间隔时间和楼梯位置等因素决定。岛式站台宽度一般为8～15m，侧式站台宽度一般为3.6m。站台高度是指站台到轨面的距离。地铁、高技术标准轻轨的站台与车厢地板高度相同，称为高站台；低技术标准轻轨的站台比车厢地板低几个台阶，称为低站台。

车站生产用房主要分为作业用房、管理用房和设备用房三类。行车、客运作业用房包括车站控制室、售票室、广播室、问询处和休息室等。车站管理用房包括站长室、站务室、票务室、警务室和储存室等。各种设备用房包括通信、信号、自动售检票、变电、环控、屏蔽门、防灾和给排水等设备的用房。

3. 车站设备

车站中主要设施设备对车站客流的通过量起着决定性的影响，以下针对主要设施设备对客流的影响进行分析。

1）自动售检票系统

我国自动检售票系统研究起步于 20 世纪 80 年代末。1998 年年底至 1999 年年初，自动检售票系统在上海和广州的城市轨道交通中投入使用，并逐步展现出其良好的票务管理水平和高效的客流处理能力，使地铁公司票务收益管理实现了以最少的人力物力，高效低成本的运作，自动检售票系统所发挥的作用令设计者、建设者和乘客接受了它。2006 年 5 月 10 日，北京地铁也投入使用了以非接触式 IC 卡为车票介质的自动检票机。

自动售检票系统一般由计算机系统、售检票设备、乘车凭证、网络通信系统以及配套系统 5 个部分所组成，其中的售检票设备是自动售检票系统的基础，它主要由售票机和检票机两部分所组成。售票机包括自动售（补）票机和半自动售（补）票机；检票机包括进站检票机、出站检票机和双向检票机。此外，还有自动充值机、自动转账机、自动验票机、自动兑币机等设备。

客运管理中，自动检票机主要分为三杆式和门式两种。

（1）三杆式自动检票机

三杆式自动检票机采用欧美流行设计方式。当三杆式检票机识别到一张磁卡或非接触式 IC 卡有效时，即开启三杆，使三杆在一定的时间（一般为 8s）内允许三杆向一个方向转动 120°，使其能顺利通过。如果在规定时间内无人通过三杆，三杆将自动锁定，如图 1-2 所示。

（2）门式自动检票机

门式自动检票机采用日式流行设计方式。门式检票机较三杆式检票机的优点是其设计思想非常人性化，而且每分钟允许通过的人流量也要比三杆式检票机多近一倍，因此更适合安装在火车站或飞机场这些人流需要携带大量行李的场所，但门式检票机也存在一定的缺陷，即在不伤害用户的前提下，如何正确地分辨非法用户，使其无法进入。此外，门式检票机可根据人流量的大小，设置成常开式或常关式两种。常开式检票机主要用于人流密度大的场所，当检票机在识别到一张车票无效或有人不插入车票闯入时，才自动关闭门；而常关式检票机主要用于人流相对较少的场所，当检票机在识别到一张车票有效时，才打开门，等待用户通过后，马上关门，如图 1-3 所示。

图 1-2 三杆式自动检票机

图 1-3 门式自动检票机

进出站检票设备一般设置在地铁车站的付费区和非付费区之间，以人工或者自动方式为行人提供检票服务。服务时间受作业人员、设备参数以及行人自身等因素影响。高峰时段往往容易造成排队等待，排队队列对检售票大厅区域内的行人密度与行人流线切割造成显著影响。进出站检票设备的单位时间内通过能力是决定进出站检票设备是否能够提供较高服务质量的重要因素，乘客经过进出站检票设备的平均时间以及设施的平均排队长度是评价进出站检票设施的常用指标之一。

2）进出站楼梯类设施

进出站楼梯类设施包括楼梯和自动扶梯，辅助乘客实现车站内不同高差功能区域的通达及转换，通常作为不同高差的位置区域之间的纽带。其主要的布设功能及布设位置包括车站进出站口、候乘大厅接进与导出、不同高差的通道衔接。

（1）楼梯

楼梯的坡度、踏步的高度和深度及表面材料的耐磨与防滑性等是设计应考虑之重点。楼梯配置时除应考虑客流量外，还应考虑乘客步行距离，因为楼梯是垂直移动设施中最需要耗费体力的设施，其配置区位如需乘客大量步行，容易造成乘客另觅其他垂直移动设施，导致该处楼梯因无人使用而丧失预期功能。

（2）自动扶梯

自动扶梯是保证轨道交通车站内乘客快速、平稳地实现不同平面间空间移动的有效设施。依据我国现行《地铁设计规范》（GB 50157—2003），轨道交通车站的自动扶梯输送速度有两种标准设置，分别为 0.5 m/s 和 0.65 m/s，通过能力分别为 8 100 人/小时和不大于 9 600 人/小时。使用自动扶梯所需耗能及使用时间较楼梯少。因此，国外地铁车站内配置的垂直移动设施多以自动扶梯为主，自动扶梯的需求量应根据正常营运以及紧急状况下的高峰时段流量，对照设施流量而决定，且自动扶梯的上行、下行设置也应该根据预测客流量、垂直移动设施、结构限制以及空间条件而定。

由于进出站行为发生的物理环境和乘客心理的不同，乘客在进出站时所表现出的行为特征是有区别的。进站的乘客是随机到达的，在高峰时段，车站的进站客流量一般会维持在一个较高、相对较稳定的值。

3）进出站通道类设施

（1）通道

通道用于连接车站的不同功能空间，是乘客流线引导的重要方式。依据开放程度与流线组织特点，可以将通道划分为如下类型。

①开放式通道：连接车站地区下沉式广场和建筑物的其他功能空间（如商业空间等），或者由此直接连接地面。地下宽阔的用于通行的通道建筑也可以认为是开放式通道。

②封闭式通道：通过独立的通道及楼梯或者自动扶梯直接连接不同功能区域，如封闭、狭长的地铁站进出站通道和换乘通道。

③半封闭式通道：车站与建筑物地下层商业空间直接相连，通过建筑物内部疏散到地面。

上述不同类型通道除开放程度与流线组织有区别外，行人在通道中的走行特征也不一样，最大的不同之处在于走行速度；速度从大到小依次为封闭式通道、半封闭式通道、开放式通道。

有人将通道分成进站通道、出站通道、换乘通道，这种划分方式是根据通道的功能角色而定的。如果就行人在这三种通道中的行为特征以及行人在其中的服务水平感受而言，上述划分的三种通道可以当做同一类型步行设施研究，即通道类步行设施。

（2）自动步行道

自动步行道是一种自动化输送设备，与通道功能类似，可以认为是一种为提高通道通行能力而设置的特殊通道。

1.2.2　车辆及车辆基地

1. 车辆

车辆是输送乘客的运载工具，轨道交通车辆不但应保证安全、快速、大容量等功能，具有良好、舒适的乘车环境，还应节能，并在外观设计方面有助于美化城市景观、环境。

轨道交通车辆大都采用电力牵引，但市郊铁路也有采用内燃牵引的情形。除街道上行驶的轻轨车辆和自动导向交通车辆有单节运行情形，车辆通常是编组成列车运行，并且大都采用动拖组合、全列贯通的编组形式。例如，地铁列车在 6 辆编组时，列车中的动拖组合可以是 Tc－Mp－M－M－Mp－Tc 形式（Tc 是带司机室拖车，Mp 是带受电弓动车，M 是不带受电弓动车）。

轨道车辆可从不同的角度进行分类：按技术特征的不同分为地铁车辆、轻轨车辆和单轨车辆等；按支承、导向制式的不同分为钢轮车辆与胶轮车辆；按容量的不同分为大容量车辆、中容量车辆和小容量车辆；我国将其分为 A 型车、B 型车、C 型车和 L 型车分类，各车型的技术规格和性能见表 1-3；按车辆质量的不同分为重型车辆和轻型车辆；按牵引动力配置的不同分为动车和拖车，动车是指自身带有动力装置（牵引电机）的车辆，又分为带受电弓动车与不带受电弓动车，拖车是指自身不带有动力装置的车辆，拖车可设置司机室，也可带受电弓；按牵引电机种类的不同分为旋转电机车辆和直线电机车辆。应该指出，各种类型轨道交通所采用的车辆在技术特征方面有较大差异，并且还可以进一步分类，如轻轨车辆又可分为单节式车辆与铰接式车辆以及低地板车辆等。

表 1-3　四种基本车型的主要技术规格和性能

规格指标＼车型	A 型车[1]	B 型车[2]	C 型车[3]	L 型车[4]
车辆宽度/mm	3 000	2 800	2 600	2 800
车辆定员/人	310	230	210	230
列车最高速度/（km/h）	80	80	80	100
启动加速度/（m/s^2）	1.0	1.0	0.8	1.0

续表

规格指标 \ 车型	A 型车[1]	B 型车[2]	C 型车[3]	L 型车[4]
常用制动减速度/（m/s^2）	1.0	1.0	1.0	1.0
紧急制动减速度/（m/s^2）	1.3	1.3	1.3	1.3
电网电压/V	DC 1 500	DC 1 500	DC 1 500	DC 1 500
正线最小曲线半径/m	300	250	100	80
正线最大坡度/‰	35	35	60	60

注：[1] 地铁车辆；
[2] 轻型车辆；
[3] 直线电动车辆；
[4] 轻轨车辆。

由于轨道车辆受到载客能力的限制，也就是说车辆的载客能力是一定的，因此当站台上车人员超过车辆载客能力时，则会有一部分客流被滞留在站台上；反之，则站台上车人员均能上车。

2. 车辆基地

车辆基地是车辆段与停车场的统称。车辆段是车辆运用、停放、检修，以及进行列车技术检查、车辆清扫洗刷等日常保养维修作业的场所，见图 1-4。停车场除不承担车辆定期检修作业外，其余功能与车辆段相同。

图 1-4　车辆段

车辆段的设施从使用功能上分为生产设施、辅助生产设施和办公生活设施三部分。其中，生产设施又分为运用设施和检修设施两类。

运用设施包括停车库、列检库、停车线、列检线、洗车线、出入段线、牵出线和信号楼等。检修设施包括定修库、架修库、定修线、架修线、临修线、静调线和试车线等。

按过去的设计标准，车辆基地的设置，原则上每条线路设置一个车辆段，在线路长度超过 20 km 时，则按“一段一场”设置，即增设一个停车场。

在轨道交通线网多线运营的情况下，从控制轨道交通建设投资、车辆检修设备的资源共享，以及减少车辆基地用地的目的出发，两条以上线路合用车辆基地检修设施问题引起重视。轨道交通建设与运营实践表明：合用车辆基地检修设施是可行的，如香港地铁的 6 条运营线路，按市区地铁与郊区快线设置了两个车辆段。据有关资料：上海轨道交通近期线网车辆基地规划为：13 条线路设置车辆基地 20 处，包括车辆段 6 个、定修段 8 个、停车场 9 个，其中段场合建有 3 处。段场合建是指将不同线路的两个车辆基地合建在一起，通过段、场之间的地面联络线，实现不同线路之间的连通，从而实现两个车辆基地运用、检修设施的资源共享。

车辆基地选址应符合城市总体规划与轨道交通线网规划；避开地质不良地区，具有良好的自然排水条件；便于几条线路合用车辆基地：尽量靠近正线，缩短列车出入段距离；留有远期发展余地。

根据停车库或列检库与正线连接方式的不同，车辆基地有贯通式与尽端式两种。如果停车库、列检库的两端通过出入段线与正线连接称为贯通式车辆基地，这类车辆基地一般设置在两个车站之间。如果停车库、列检库的一端通过出入段线与正线连接则称为尽端式车辆基地。

1.2.3　控制系统

控制系统的作用是保障列车运行安全、提高线路通过能力、保证作业协调与提高运营效率。当全网车辆均能按运行图运行且能够满足客运能力时，则能够保证客流的顺利通过；反之，则会产生大量的滞留客流。控制系统主要由信号设备、通信系统和控制中心构成。

1. 信号设备

广义概念的信号设备是信号、联锁和闭塞设备的总称。信号设备在保障行车安全、提高作业效率等方面具有重要的意义。为适应列车速度的提高与列车间隔的缩短，新建轨道交通线路大都采用列车自动控制（ATC）系统。ATC 系统是在传统的信联闭设备、调度集中（CTC）系统基础上，应用信息、通信计算机、自动控制等先进技术，以列车速度自动控制为核心的新型信号系统。

2. 通信系统

完善先进的通信系统是轨道交通实现安全高效的调度指挥与运营管理，确保各部门、各单位间公务联系，以及向乘客提供信息、提高服务水平的必备手段。通信系统由光纤数字传输、专用通信、公务通信、无线通信、闭路电视监控和有线广播等子系统组成。通信系统设置的主要原则是业务综合、功能完善、迅速便捷、安全可靠。

1）光纤数字传输系统

光纤数字传输系统主要由光缆、电端机与光端机组成。电端机将各类设备的语音、文字、数据和图像信号汇集起来，通过光端机将电信号转换成光信号，经光缆将光信号传送到各个终端，光端机将接收到的光信号转换成电信号，再由电端机将各类信号进行分路及送到各类设备。光纤数字传输系统除为程控交换网、无线通信、闭路电视监控和车站广播等系统提供信道外，还能为电力、环控、防灾报警和自动售检票等设备的数据信息传输提供信道。

2）专用通信系统

专用通信系统为列车运行组织有关的作业联系提供通信手段，包括调度电话、站间行车电话、站内（段内）直通电话和区间轨旁电话。

调度电话用于各工种调度员指挥车站、车辆基地或变电所相关作业人员办理有关业务的通话，包括列车调度电话、电力调度电话和环控调度电话等。调度电话总机对所属分机具有全呼、组呼或选呼功能，各调度员之间可以直接呼叫。分机也可以直接呼叫总机，但分机之间不能直接呼叫。调度电话要求迅速、直达，因此不允许无关用户接入本系统。此外，所有的通话都被自动记录。

站间行车电话用于相邻车站的车站值班员办理行车业务的通话。为提高作业效率，站间行车电话是直线电话，只要拿起、不必拨号即可通话。

直通电话为车站、车辆段（停车场）的各职能部门与本单位相关部门实现便捷的业务联系而设置。直通电话的分机之间可以进行直接的电话联系。

轨旁电话用于在区间线路上的司机、维修人员与控制中心、车站或有关部门进行业务联系。轨旁电话通常每隔 150 ~ 200 m 设置一个。

3）公务通信系统

公务通信系统为轨道交通各单位、各部门之间以及轨道交通与外部的公务联系提供通信手段，它由程控交换设备和局间数字中继线组成，能直接进入市内电话网。公务通信系统具有按用户重要性设置优先等级的功能。

4）无线通信系统

无线通信系统为流动作业人员（如列车司机、设备维修人员和抢险救灾人员等）提供通信手段。无线通信系统是双向无线通信，通常采用几个不同的频率对，分别服务于不同覆盖范围内的业务联系。

用于列车调度的无线通信系统，其覆盖范围是全线及各站，为列车调度员、列车司机和车站值班员等办理列车运行及相关业务提供通信手段。它具有以下功能：列车调度员与列车司机、车站值班员之间的相互通话，列车调度员能全呼、组呼或选呼；列车调度员遥控列车广播系统，对列车上乘客进行广播；车站值班员与列车司机相互通话；车站值班员与线路上维修人员相互通话。

用于车辆基地的无线通信系统，其覆盖范围是整个车辆基地，为车辆基地运转值班员用于公共治安的无线通信系统，其覆盖范围是全线及各站，为公安指挥中心、车站警务人员提供通信手段。

用于紧急情况时的无线通信系统，其覆盖范围是全线及各站、整个车辆基地，为参与抢险救灾的有关人员提供通信手段。

5）闭路电视监控系统

设置闭路电视监控系统是为了向行车、安全有关人员（如控制中心调度员、车站值班员、列车司机、公安指挥中心人员等）提供列车在车站上到达、出发、停站及车门开闭动态，站台上乘客的上下车情况，以及站厅层乘客流动情况的监控画面，以便行车与安全有关人员及时发现，并处理可能危急行车安全与乘客安全的突发事件。

闭路电视监控系统主要由控制中心电视监控子系统和车站电视监控两个子系统组成。控制中心电视监控子系统的设备包括光接收设备、主控机、图像切换设备、操作键盘、监视器和录像机等。车站电视监控子系统的设备包括摄像机、光发送设备、主控机、图像切换设备、操作键盘和监视器等，摄像机分别安装在站台上和站厅层。为了便于司机监控、压缩停站时间，还可在列车驾驶室内安装小型监视器。

闭路电视监控系统的主要功能包括控制中心调度员可对全线各站进行时序循环切换监视，也可选站、选区固定监视；车站值班员对本站有关部位进行时序循环切换监视：列车司机对站台上乘客的上下车情况进行监视等。

6）广播系统

广播系统主要用于控制中心和车站对乘客、工作人员进行广播。对乘客广播的播音范围为车站的站台与站厅，播音内容主要是通告列车到站时刻、运行方向及列车晚点等信息；对上、下车乘客进行安全提示；在发生事故或突发事件时疏导乘客安全撤离等。对工作人员广播的播音范围为车站、车辆基地、办公区域和隧道内等，播音内容主要是与业务、作业有关的安排、通知等。

控制中心广播设备包括播音台、话筒、选择键盘和扬声器（监听用）等，控制中心调度员可对全线各站进行遥控开、关机，选站、选区广播或全选广播。车站广播设备包括播音台、话筒、选择键盘、功率放大器和扬声器等，车站值班员可对本站播音范围进行分区、分路广播，播音区一般划分为下行站台、上行站台、站厅和办公区域四个。

7）其他乘客信息系统

车上和站内的无声液晶显示系统等，如图 1-5 所示。

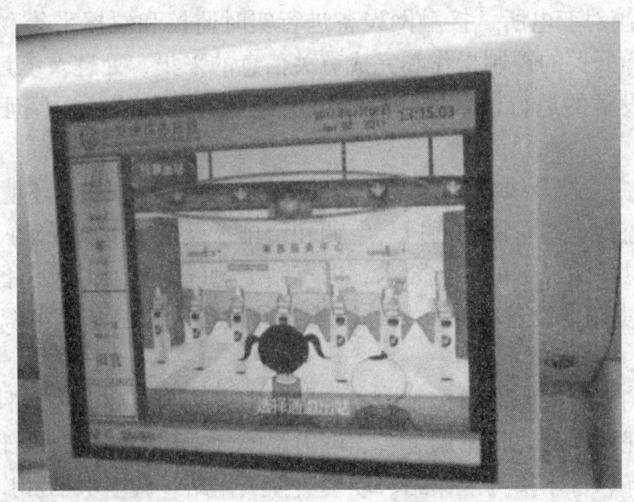

图 1-5　车上和站内的无声液晶显示系统

3. 控制中心

控制中心是行车组织、电力监控、车站设备监控和防灾报警监控的调度指挥中枢，同时也是通信枢纽与信息交换处理中心，见图 1–6。

图 1–6　控制中心

控制中心具有行车调度、电力调度、环控调度和维修调度等调度指挥职能。在事故、灾害情况下，控制中心还是突发事件处理指挥中心。

① 正常情况下，列车运行由 ATC 系统自动监控。列车按 ATS 的指令、在 ATP 的防护下由 ATO 实现列车自动驾驶，列车进路按 ATS 的指令、由车站联锁设备自动排列，列车调度员监控列车的运行。在列车运行秩序紊乱不能进行列车运行自动调度或者发生其他系统不能进行自动处理的特殊情况时，列车调度员可人工介入。

② 电力调度系统对变电所、接触网设备进行实时监控和数据采集，如完成控制范围内的断路器、电动隔离开关的控制操作和完成有关信息的采集、处理及统计报表等。电力调度通过实时监控供电设备的运行，掌握和处理供电设备的各种故障，保证供电的可靠性与安全性。

③ 环控调度负责监控全线各站典型区域的温度、湿度、CO_2 等环境参数和各区间的危险水位报警信号；监控全线车站的通风、空调和给排水设备，以及屏蔽门、自动扶梯和防淹门的运行；并根据具体情况下的环控要求，向车站下达区间隧道通风设备的运行模式。

④ 维修调度负责制定设备维修计划，接收各种设备故障信息，组织指挥大型设备故障的抢修、抢险工作。

为了完成上述调度指挥职能，控制中心应设置中央控制室和配备各种设备用房。中央控制室内设置值班主任调度台、行车调度台、电力调度台、环控调度台和维修调度台。行车调度台设备包括显示屏、行车指挥工作站、联锁监控工作站、调度电话和广播装置等。电力调度台设备包括显示屏、电力监控工作站、调度电话和广播装置等。环控调度台设备包括显示屏、环境监控工作站和防灾报警监控工作站、调度电话和广播装置等。维修调度台设备包括调度电话和广播装置等。各种设备用房是指 ATS 系统、通信系统、综合电力自动化系统

(SCADA)、车站设备监控系统（EMCS)、防灾报警系统（FAS）和自动售检票系统（AFC）的设备用房。

在轨道交通线网多线运营的情况下，合用控制中心有助于资源共享、提高轨道交通投资建设与运营管理的效率。控制中心的资源共享包括土地与空间、人力与物力、信息管理三方面的资源共享，如控制中心用地、设备和管理用房、通信网络和数据信息等的资源共享。实践中，控制中心一般是按相交或相近线路合设的思路进行设置。

4. 其他重要的设备系统

轨道交通系统其他设备主要包括牵引供电系统、环控系统、防灾报警系统等。

1）牵引供电系统

轨道交通牵引供电系统由牵引变电所与牵引网组成。牵引变电所将来自主变电站的高压交流电（如 AC 35kV）进行降压整流为所需的电压等级（如 DC 1 500V)，向沿线接触网供电、并通过车辆受流器将牵引电流引入动车，牵引电流通过回流网再返回到牵引变电所。

2）环控系统

设置环控系统是为了改善地下车站与区间隧道内的空气质量、温度和湿度环境，以及在发生火灾事故时排烟送风、使乘客能安全撤离。

环控系统包括车站通风空调和隧道通风两个系统。车站通风空调系统还可分为站厅、站台通风空调和设备、管理用房通风空调两个子系统；在采用站台屏蔽门的情况下，隧道通风系统也可分为区间隧道通风和车站隧道通风两个子系统。

3）防灾报警系统

轨道交通可能发生的灾害包括火灾、水灾、大风、雷击和地震等。由于灾害的发生往往具有突发性质，如不能及时发现及采取有力措施，不但会影响正常的运输生产活动，还会造成重大经济损失，甚至危及乘客的生命安全，所以要设置防灾报警系统。在轨道交通发生的灾害中，火灾占的比例最高，因此防灾报警的重点是火灾报警。

1.3 轨道交通运营组织

轨道交通运营组织是运营企业为了有效完成乘客运输任务，通过计划、组织、指挥与控制等过程，运用人力、设备和运能等资源所进行的一系列活动。运营组织的主要内容是：客流分析、行车组织、客运管理、站段工作组织、票务管理、设备保养维修、运营安全管理、服务质量管理和成本控制等。运营组织的目标是提高运输生产效率，取得最佳服务水平与企业经济效益。

在轨道交通发展过程中，曾经存在重规划建设、轻运营组织的现象，其原因是认为运营组织比较简单。但是，国内轨道交通运营实践证明了上述认识的不正确。高新技术设备的投入运用，客流增长与运能矛盾的凸显，各方面对服务水平、运营安全与经济效益的关注，以及网络化运营反映出来的诸多问题，使人们认识到运营组织的重要性和加强运营组织的必要性。不言而喻，加强运营组织是轨道交通运营企业应该做好的工作，但它还有另外一层含义，那就是轨道交通规划设计人员对未来运营组织方面的需求应有充分的重视、了解和预见，在规划设计阶段就应考虑未来运营组织如何做到合理性与经济性。

1.3.1　运营管理模式

轨道交通采取何种运营管理模式，与行业性质与产品性质、经营权与所有权的关系以及运营与投资、建设的关系等密切相关。

从行业性质与产品性质看，轨道交通具有明显的自然垄断特征与准公共产品特征。轨道交通属于资金密集型行业，项目投资大、工期长，运输收入通常难以补偿运输成本。上述情形决定了民营资本的进入在短时期内难以较快实现，政府必须在轨道交通的投资建设方面发挥主要的作用。

1. 运营管理模式分类

从经营权与所有权关系的角度，轨道交通运营管理主要有以下三种模式。

1）国有国营模式

政府出资建设轨道交通设施，并指定政府下属机构、国有企业或国有控股公司负责轨道交通的运营管理。对运营中的亏损，政府通常采取财政补贴等措施给予补偿。国有国营模式在欧美国家得到较多的采用，以巴黎、柏林、莫斯科、纽约等城市为代表，我国北京、广州地铁的运营管理也属于这种模式。该模式的特点是提供的服务带有福利性，但运营效率较低。

2）国有民营模式

政府出资建设轨道交通设施，并通过租赁等形式将轨道交通的经营权转交给民营股份公司。运营者的行为受到政府相关法规的约束，但政府不干涉企业的运营管理，也不对运营亏损进行补贴。新加坡地铁的运营管理属于这种模式。该模式的特点是有助于减轻财政支出和提高运营效率，但客流必须达到一定的数量级。

3）民有民营模式

民间资本出资建设轨道交通设施，民营股份公司负责轨道交通的运营管理。政府通过合同形式对轨道交通投资建设、运营企业股本结构、票价浮动范围等进行约束，但政府不干涉企业的运营管理，也不对运营亏损进行补贴。东京部分地铁、泰国轻轨的运营管理属于这种模式。该模式的特点是扩大了轨道交通建设资金来源，民间资本在控制成本方面有更大的动力，但轨道交通的公益性目标与民间资本的盈利性目标难免存在冲突。

从运营与投资、建设关系的角度来看，轨道交通运营管理模式主要有以下两种。

1）运营与投资、建设合一模式

在政府的监督管理下，政府下属机构或专门组建的轨道交通总公司（集团公司）全面负责轨道交通的投资、建设和运营。在国有国营与民有民营时，采用投资、建设与运营合一模式较为多见。该模式的特点是体制内的矛盾协调容易，但也存在产权关系不明晰、缺乏市场竞争、效率较低等问题。

2）运营与投资、建设分开模式

在政府的监督管理下，由轨道交通项目公司、建设公司和运营公司，分别承担轨道交通投资、建设和运营的职责。在国有国营与国有民营时，采用投资、建设与运营分开模式均有案例。该模式的特点是引入竞争机制，实现市场化运作。

2. 我国几个城市的运营管理

下面介绍国内几个城市的轨道交通运营管理模式及其改革概况。

1）北京

北京是我国最早建设、运营轨道交通线路的城市。早期修建的两条地铁全部由中央政府投资，运营者不必负担其建设成本。在体制改革以前，北京轨道交通一直沿袭在北京地铁总公司领导下的建设、运营一体化模式。轨道交通的建设与运营基本上依赖于市政府。在建设阶段，政府投入项目资本金，为项目负债提供担保；在运营阶段，政府除负担建设负债的偿还外，每年还对地铁总公司补贴 3 亿元左右。

为加快轨道交通发展，解决轨道交通投资、运营领域存在的资金来源单一、运营亏损严重等问题，北京市政府对轨道交通体制进行了改革，如组建北京市地铁集团公司，下设建设和运营两个公司；在八通线、城铁等线路的建设过程中实行社会多元投资参与的项目公司制；地铁 4 号线项目作为国内第一个 PPP（公私合营）模式项目进行建设，该线路的“特许经营协议”已经正式签署，合营的京港地铁公司获得了 30 年的特许经营权；酝酿票制及票价改革，在运营领域引入竞争机制等。一系列改革举措对轨道交通的发展产生了积极影响。

2）上海

为了配合城市总体规划，上海重新编制了轨道交通线网规划，计划新建轨道交通线路 9 条，总投资约 1 000 亿元。这样庞大的建设计划，沿用以往的地铁建设模式和单纯依靠政府财政是难以完成的。2000 年，上海市政府决定进行轨道交通体制改革，实施投资、建设、运营、监管“四分开”的改革，探索一条政企分开、产权明晰、投资多元化、运作市场化的轨道交通发展新路。

按照“四分开”改革原则，组建了上海轨道交通投资公司（申通集团）、上海地铁建设有限公司和上海地铁运营有限公司。上海市政府每年向申通集团拨款 20 亿元，对“十五”建设项目，申通集团分别组建多元化投资的项目公司。项目公司由申通集团控股，实行资本金制度，申通集团以现金投入，沿线各区主要以动拆迁费和车站土建资金作价投入。此外，项目公司积极开辟包括银行贷款在内的各种融资渠道。在轨道交通建设市场，由上海地铁建设有限公司负责组织公开招投标，形成多家设计、施工单位进行竞争的格局。在轨道交通运营领域，申通集团与上海地铁运营有限公司签订了委托运营协议，运营公司不承担建设期负债本息的偿还；5 号线建成后，上海现代轨道交通运营股份公司获得了该线路的运营权，在轨道交通运营领域也引进了竞争机制。

“四分开”改革对解决轨道交通建设资金筹措、项目投资控制、建成上海轨道交通骨架网络起了积极作用。但随着线网规模逐渐扩大，新的问题又在产生，如投资方与运营方的关系等。在2004年与2005年，地铁建设有限公司、地铁运营有限公司又先后进入申通集团，它的含义不仅仅是投资与建设、运营再次合一，还是上海深化轨道交通体制改革的又一个重要标志。

3）广州

广州地铁的建设投资由市政府承担，政府用土地批租收入作为建设资金的来源。由于建设轨道交通的资金来源稳定充足，提升了金融机构投资轨道交通项目的信心，这对轨道交通项目的方便融资、加快建设产生了积极作用。

广州地铁的建设与运营由广州地下铁道总公司负责。广州地铁的运营采取包干方式。政府出资将项目建成后，将线路的运营权交给地铁总公司，地铁总公司自负运营上的盈亏，政府不对线路的运营亏损进行补贴，也不对因运营亏损而产生的债务承担责任。由于建设期投资与负债在政府的土地批租收入中列支，地铁总公司减轻了成本压力；而运营上的自负盈亏又促使地铁总公司控制运营成本，提高经济效益。

4）香港

香港地铁的投资、建设与运营均由香港地铁有限公司承担。香港地铁有限公司的第一大股东为香港政府。

作为一家上市公司，香港地铁的建设资金来源于财政拨款与商业融资。财政拨款转为政府对地铁公司的持股；对商业融资，政府仅提供担保，地铁公司负责偿还本息。由于政府将地铁项目周边土地的开发权交给地铁公司，地铁公司通过地产交易、物业开发得到的收入可以在很大程度上偿还商业融资的本息，补充地铁建设的资金需求。

在运营方面，地铁公司通过与政府签订营运协议，实现对社会与市民的服务承诺，同时获得和保持地铁的专营权。政府赋予地铁公司确定票价的自主权，地铁公司确定票价时考虑的因素主要有运营成本、合理回报率和通货膨胀率等，票价调整通过法定程序进行。香港地铁始终按照商业化原则开展运营业务，使地铁的服务质量与经济效益均达到了世界先进水平。

*1.3.2　多线运营管理

随着轨道交通线路的逐条建成，轨道交通的运营由单线运营发展为多线运营。由于多线运营不是单线运营的简单叠加，多线运营组织面临许多新的问题，例如设备的兼容、资源的共享、换乘的规划、列车共线运行等，这些问题的解决直接关系到轨道交通的运营效率、经济效益与服务水平。

1. 设备兼容

由于种种原因，国内存在先后建成线路采用不同制式技术设备的情形。在多线运营条件下，技术设备不兼容将对轨道交通发展产生不利影响。例如，信号设备不兼容使得列车只能在本线上运行，限制了列车跨线运行与共线运行，制约了线网整体运输能力的发挥；自动售检票设备不兼容，使得票卡只能在本线上使用，由于无法在各条线路间实行一票换乘，降低了轨道交通对乘客的吸引力。

因此，针对多线运营的形势，从提高运营效率、经济效益与服务水平出发，要求线网内各条线路的信号、自动售检票等设备能实现设备兼容。采用统一的信号制式，即使线网内的列车跨线运行或共线运行成为可能，也为线网的列车运行调整创造了条件。实现票兼容，既方便了乘客换乘、提高了服务水平，也解决了各条线路间、各个运营公司间的票款清算问题。

2. 资源共享

国内轨道交通发展初期，由于投入运营的线路相对分散，控制中心、车辆基地、车站和车站设备等通常是按单一线路规划配置。但是，在多线运营条件下，按单一线路规划配置技术设备，既不利于技术设备的充分利用、控制工程造价，也不利于技术管理的规范、运营指挥的统一。因此，必须重视与解决资源共享问题。

一个控制中心管辖相邻的几条线路，有利于减少建设投资、畅通信息传递、提高调度中心指挥效率。此外，建立更高层次的线网运营指挥协调中心也是资源共享的重要方面，该中心对整个线网的列车运行、牵引供电、环控防灾、票务管理、乘客服务、设备维修等进行统一的指挥协调。

多条线路共建一个车辆基地，在车辆运用与维修方面实现资源共享，不但有利于车辆段内统一调配、统一运用和统一安排检修，还有利于减少与车辆基地有关的建设投资，以及减少城市空地的占用。这方面，更高一层的资源共享是车辆的架修、大修向社会化方向发展。

主变电站的建设投资较大，如果每条线路均独立设置，既不经济也不合理。应在满足各条线路功能要求的条件下，尽可能实现 2～3 条线路的主变电站台建。此外，还可考虑直接利用城市供电网中的大型变电站资源，实现城市电网资源的共享。

车站设备资源共享主要是指换乘站的站台、机电设备、防灾报警系统等的多线共用。国外的实践表明：多线共用站台，以及多线共用建筑空间、环控设备、供电设备和防灾报警系统等，除了能方便乘客换乘，还能充分利用设备、节省设备投资。此外，车站配线（存车线和折返线）在非运营时间停放列车，可以压缩车辆基地停车库的规模和投资。

3. 转移客流

转移客流是指从其他线路转移到轨道交通的客流。轨道交通由于多线运营，乘坐轨道交通的出行线路，特别是长距离的出行线路，由单一路径转变为多路径选择。这一部分的客流因为优先考虑的因素不同而对路径有不同的选择模式，因此具有一定的难确定性。

1）区域性

路网结构的变化带来影响区域的土地使用性质、经济结构和交通出行的变化，其影响具有波及性。由这种影响产生的诱增客流与区域路网的结构、当地的经济发展水平，以及该项目沿线土地的利用性质有很大关系。北京地铁 5 号线终端站天通苑地区就是诱增客流和区域路网结构变化带来 P+R、公交换乘客流需求增长最快的例子。

2）有限性

由于线路影响区产业布局的调整和经济水平的提升，诱发客流将越来越多，但这种增加并不是一成不变的，增长到一定程度就会变得非常缓慢，甚至几乎不再增加，但也不是绝对不增加。

3）潜在性

潜在性是指诱增客流量在某区域的经济布局、土地利用状况条件下存在的态势。在轨道交通系统开始建设后，新形成的线路改变了原有交通路网结构，促进了区域土地布局、经济结构、交通出行的变化，从而诱增了客流量。这部分客流量的产生需要有轨道交通这个诱因。诱增客流在近期是一个逐步形成过程，其形成阶段将是线路通车后的一段时期，无论是线路改建、修建还是路网的优化，均会产生诱增客流的趋势。诱增客流在这一阶段一般很小，因为与诱增客流增长相关联的各种因素的作用尚未完全体现出来。所以，在该阶段诱增客流主要表现为形成和逐步增长。

1.3.3　换乘组织

国内大多数轨道交通在轨道交通建设初期，缺乏从线网角度进行换乘规划，为多线运营留下许多问题。随着地铁线网的大规模建设，线网之间的节点（即换乘站）增多，换乘站的重要性也越来越凸显出来，而乘客换乘功能的实现可直接说明换乘站的性能，直接影响换乘站的方案设计。在进行换乘规划中主要考虑的因素有以下两方面。

1）换乘距离、时间

建设部、国家发改委《城市轨道交通工程项目建设标准》（JB 104—2008）规定：换乘距离不宜大于250 m，换乘时间不宜大于5 min。

2）人性化设计

① 增设站内自动扶梯。结合《地铁设计规范》（GB 50157—2003）既有换乘站设计标准为：高度大于6 m 设置上行扶梯；新线换乘站设计标准为一般站都设置上下行扶梯，从而提高车站服务水平。

② 无障碍设计。既有换乘站无障碍设施于2008 年北京奥运会作用较为明显；新线换乘站出入口原则上四环内车站至少设置2 部，四环外至少设置1 部，但当车站出入口跨越现状封闭路口或者大型立交桥时，宜设置2 部并跨越最主要路口。站内站厅付费区至站台段，每个独立的站台应至少设置1 部垂直电梯。换乘通道应实现无障碍，应采用垂直电梯、坡道等设施。如北京既有换乘站无同站台换乘，多为通道换乘；纯通道换乘长度平均值为128 m（人行走速度定为40 m/min），折算平均换乘时间为3.2 min，见表1-4。

表1-4　既有换乘站换乘通道对照表

换乘站	换乘方向	换乘方式	纯通道长度/m
复兴门	2—1	楼梯	
	1—2	通道	165
建国门	2—1	楼梯	
	1—2	通道	110
东单	1—5	通道	170
	5—1		

续表

换乘站	换乘方向	换乘方式	纯通道长度/m
国贸	1—10	通道	165
	10—1		
崇文门	2—5	通道	195
	5—2		
雍和宫	2—5	通道	
	5—2		95
西直门	2—13	通道	
	13—2		
四惠	1—八通	站厅	
	八通—1		
宣武门	2—4	通道	60
	4—2		
知春路	13—10	通道	100
	10—13		
芍药店	13—10	通道	96
	10—13		

上海轨道交通 2 号线与 3 号线，两线乘客在中山公园站换乘，2 号线为地下二层车站、3 号线为高架二层车站，两线换乘乘客必须由一条线的站台层下车、站厅层检票出站，然后经过 110m 长的非收费区通道，再由另一条线的站厅层检票进站、站台层上车，整个换乘走行距离达到 200m 以上。显然，这一换乘规划设计很不理想。过长的换乘走行距离，会对服务水平与客流吸引产生不利影响。

香港和国外地铁很多都采用同台换乘设计，也就是只需走到对面站台便可换乘。而且，这种同台换乘可在多个站实现，即平行换乘。譬如荃湾线和观塘线之间的换乘可以在油麻地、旺角、太子 3 站实现。这样在分散人流上能起到很大作用。香港地铁的换乘站换乘时间一般在 2 ~ 5 min 之内完成。

因此，应总结已建成换乘站的经验教训，在线网规划、建设阶段就解决换乘的优化问题，主要包括以下几方面。

① 强化线网的合理规划，使客流合理分流，避免某些换乘站客流承受压力太大。同时加强线网客流的预测工作，为换乘车站规模提供可靠的依据。

② 因很多既有线车站建设年限较久远，换乘预留条件不足，甚至未预留换乘条件，建议适时地对既有线进行必要的改造。结合既有车站现有条件，尽量采取便捷的换乘方式，缩短换乘距离。

③ 加强地铁施工阶段对换乘节点的研究，尽量为换乘车站预留宽松的换乘条件。

④ 在线网稳定的前提下，新线与新线间换乘应多以节点换乘或平行换乘形式出现，或者预留换乘条件。

⑤ 对换乘站设计应更多考虑通行能力的设计思路，在充分研究换乘客流心理和行为特性的基础上，对换乘站的服务水平进行综合评价，提高服务水平，增强换乘能力。

*1.3.4　列车共线运行

列车共线运行是指某一线路区段上运行不同类型或不同线路的列车。目前，列车共线运行主要有下面两种模式。

1）轨道交通列车与铁路列车共线运行

此模式中的轨道交通列车包括地铁列车、轻轨列车与现代有轨电车，铁路列车则包括旅客列车与货物列车。日本东京（地铁列车与市郊铁路列车共线运行）、德国卡尔斯鲁厄（现代有轨电车与铁路列车共线运行）、英国桑德兰（轻轨列车与铁路列车共线运行）等城市是采用该模式的代表。德国的卡尔斯鲁厄是欧洲第一个实现列车共线运行的城市。1984 年，卡尔斯鲁厄开始这方面的研究工作；1992 年，第一个列车共线运行区段（卡尔斯鲁厄—布雷滕）投入运营。卡尔斯鲁厄的现代有轨电车系统服务于市区，经过技术改造，现代有轨电车可在干线、铁路上与铁路列车共线运行，从而实现乘客在市区与郊区间的直通出行。自列车共线运行后，卡尔斯鲁厄轨道交通的客流量增长迅速，到年底时增加了近 3 倍。卡尔斯鲁厄的成功实践，使欧洲的一些城市纷纷开始列车共线运行的研究。

轨道交通列车与铁路列车共线运行具有下列优点。

① 充分利用既有铁路的运输能力。

② 降低轨道交通的建设投资与运营成本。

③ 市中心与远郊区间的出行，因线路间的无缝连接和列车密度的增加，缩短了换乘时间与候车时间。

④ 乘客服务水平的提高有助于吸引更多的客流，客运收入的增加使运营企业的财务状况得到改善。

⑤ 私人汽车出行的减少有助于缓解地面交通拥挤、减少道路交通事故和减轻尾气排放等环境污染。

2）轨道交通列车共线运行

此模式中的轨道交通列车主要是指地铁列车或轻轨列车，通常情形是两线列车只在若干个线路区间共线运行。我国上海（轨道交通 3、4 号线列车共线运行）、德国纽伦堡（地铁 U2、U3 线列车共线运行）等城市是采用该模式的代表。

上海轨道交通 3 号线与 4 号线均为高架 M 线（市区地铁线），两线采用相同的技术标准。2005 年年底 4 号线通车后，两线在 8 个区间共线运行。德国纽伦堡计划修建一条自动化、无人驾驶地铁 U3 线，该线路将与采用传统控制方式的地铁 U2 线在一个线路区段共线运行，U3 线列车与 U2 线列车共线运行在技术上是可行的、经济上是合理的。

相同技术标准的轨道交通列车共线运行，硬件设施方面的障碍较少，主要问题存在于运营方。

在运营初期客流量不大的情况下，为避免乘客换乘、提高服务水平，共线运行在运营上是可行的。但在客流量较大的情况下，由于受共线区段通过能力的限制，列车运能与客流密度难以很好匹配，例如：非共线区段通过能力未能充分利用，致使列车运能小于客流密度，车内比较拥挤、候车时间增加，共线区段通过能力虽然充分利用，但列车运能可能大于客流密度，造成运能虚靡。此外，任何一条线路的列车运行延误都会导致另一条线路的列车运行秩序紊乱，从而降低线网的运营可靠性。考虑到上述因素，国外客流量较大的轨道交通线路，很少采用列车共线运行方案。

上海轨道交通 4 号线投入运营后，3 号线与 4 号线在虹桥路站—宝山路站区段共线运行，见图 1-7。根据《地铁设计规范》，地铁线路远期最大通过能力不应少于每小时 30 对，如果共线运行区段列车间隔达到 2 min，两线非共线运行区段最小列车间隔则是 4 min，即通过能力只有 15 对。

如果两线列车不共线运行，上述通过能力利用受到限制的问题可以消除，但又会产生部分乘客需要换乘的问题。此时，对换乘问题的分析不能停留在存在换乘的现象描述，而应具体分析换乘客流量及其占线路客流量的比例，在增加换乘时间的同时，候车时间是否减少，以及可采取哪些措施来缩短换乘时间等。

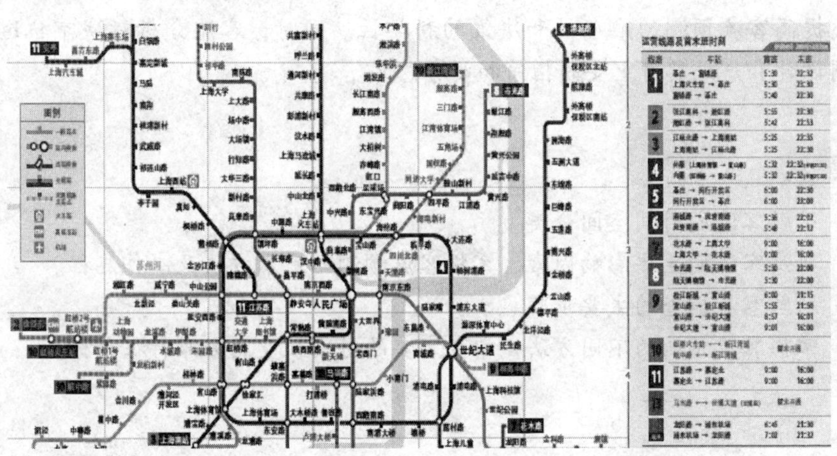

图 1-7　上海轨道交通 3、4 号线共线运行示意图

本章练习题

1. 试论述未来轨道交通的发展方向。
2. 轨道交通系统主要由哪几部分构成？各部分的主要设施设备包含哪些？它们对客流会产生什么影响？
3. 轨道交通车站设备中的进出站通道可以分为哪几种？试简要概述。
4. 轨道交通控制系统主要包括哪几部分？试简要概述。
5. 什么是无障碍设计？请结合 2008 年北京奥运会地铁车站设置无障碍设施举例说明。

2 第2章 客　流

本章概述

轨道交通的发展引导着城市布局，改变着市民出行习惯，提升着城市现代化水平。针对客流量以及对客流影响的因素分析研究，不仅对客流预测和组织、加强客流管理、提升客运管理水平、更好地为市民服务有着十分重要的意义，而且有利于提高客流预测的准确性和决策的科学性。同时，客流分析对城市轨道交通的规划设计和建设具有重要的指导和参考意义。

学习重点

1. 了解客流的时间空间分类。
2. 熟悉客流的主要影响因素，掌握客流预测的基本方法及工作流程。
3. 了解客流调查的主要步骤。
4. 掌握客流预测的不同方法，学会客流的时间、空间分布特征分析。

2.1 客流概述

客流是规划轨道交通线网及线路走向、选择轨道交通制式及车辆类型、安排轨道交通项目建设顺序、设计车站规模和确定车站设备容量、进行项目经济评价的依据，也是轨道交通安排运力、编制列车开行计划、组织日常行车和分析运营效果的基础。

2.1.1 客流概念

客流是指在单位时间内，轨道交通线路上乘客流动人数和流动方向的总和。客流的概念既表明了乘客在空间上的位移及其数量，又强调了这种位移带有方向性和具有起讫位置。客流可以是预测客流，也可以是实际客流。

根据客流的时间分布特征，轨道交通客流可分为 3 种：全日客流、全日分时客流和高峰小时客流。全日客流是指全天的客流量；全日分时客流是指全日各小时的客流是；高峰小时客流是指高峰时段每小时的客流量。根据客流的空间分布特征，轨道交通客流可分为断面客流与车站客流，断面客流是指通过轨道交通线路各区间的客流，车站客流是指在轨道交通车站上下车和换乘的客流。

根据客流的来源，轨道交通客流可分为 3 种：基本客流、转移客流和诱增客流。基本客流是指轨道交通线路既有客流加上按正常增长率增加的客流。转移客流是指由于轨道交通具有快速、准时、舒适等优点，使原来经由常规公交和自行车出行转移到经由轨道交通出行的这部分客流。诱增客流是指轨道交通线路投入运营后，促进沿线土地开发、住宅区形成规模、商业活动繁荣所诱发的新增客流。

1. 断面客流量

在单位时间内，通过轨道交通线路某一地点的客流量称为断面客流量。这里，单位时间通常是一小时或全日。显然，通过某一断面的客流量就是通过该断面所在区间的客流量。断面客流量分为上行断面客流量和下行断面客流量，计算公式如下：

$$P_{i+1} = P_i - P_{下} + P_{上} \tag{2-1}$$

式中：P_{i+1}——第 $i+1$ 个断面的客流量，人；

P_i——第 i 个断面的客流量，人；

$P_{下}$——在车站下车人数，人；

$P_{上}$——在车站上车人数，人。

2. 最大断面客流量

在单位时间内，通过轨道交通线路各个断面的客流量一般是不相等的，其中的峰值称为最大断面客流量。轨道交通线路上、下行方向的最大断面客流量一般不在同一个断面上。

3. 高峰小时最大断面客流量

在以小时为时间单位计算断面客流量的情况下，全日分时最大断面客流量一般是不相等的，其中的峰值称为高峰小时最大断面客流量。轨道交通的高峰小时一般出现在早晨和傍晚，称为早高峰小时（morning peak）和晚高峰小时（evening peak）。

高峰小时最大断面客流量是决策是否需要修建轨道交通、修建何种类型轨道交通，确定车辆形式、列车编组、行车密度、运用车配置数和站台长度等的基本依据。

4. 车站客流量

包括全日、高峰小时和超高峰期在轨道交通车站上下车和换乘的客流量，以及经由不同出入口、收费区的进出站客流量和方向别的换乘客流量。超高峰期是指在高峰小时内存在一个约为15～20 min的上下车客流特别集中的时间段。

车站高峰小时客流量和超高峰期客流量决定了车站设计规模，是确定站台、售检票设备、自动扶梯、楼梯、通道、出入口等车站设备容量或能力的基本依据，如站台宽度、售检票机数量、楼梯与通道宽度等。

2.1.2 客流影响因素

1. 客流需求及其特性

需求是指人们对于某种物质或精神目标获得满足的愿望，在经济学意义上，对商品和服务的需求受到社会经济条件的制约，必须建立在有购买能力的基础上。城市客运需求是指人们在城市中实现位移的愿望，同样，它也应是建立在有能力支付交通服务价格的基础上。因此，客运需求是位移欲望和购买能力的统一。如果说客运需求是潜在的客流，那么客流就是实现了的客运需求。

1）客运需求特性

(1) 广泛性

与其他商品和服务的需求相比较，客运需求是一种广泛性的需求，城市的各项功能活动都不可能离开它而独立存在。

(2) 派生性

客运需求是一种派生性需求，因为在绝大多数的情况下，乘客实现位移的目的往往不是位移的本身，而是通过空间位移的完成来满足工作、生活或娱乐方面的需求。正是由于客运需求是一种非本源性的需求，决定了部分客运需求的满足在空间和时间上的弹性以及可以被部分替代的特点，如乘客可以选择迂回径路或避开交通高峰期，现代通信手段的发展减少了城市中人员的流动等。

(3) 时间性

客运需求按一周内的工作日和双休日、一天内的各个小时有规律地变化，客运需求的这种时间特性是城市公共交通系统规划设计和运输组织的基本依据之一。

（4）空间性

客运需求的空间特性是指潜在的客流在方向上、线路上、车站间分布的不均衡性。这种不均衡性主要是由城市各区域的土地使用和功能活动不同所决定的。但城市交通网的布局、线路通过能力、交通服务价格与质量也是构成城市中的出行在空间分布上不均衡的原因。

2）客流周期波动

城市轨道交通客流分布特征是城市社会经济活动特征的反映。由于城市轨道交通客流有很大部分是由上班、上学等通勤出行者组成，其工作周期是以周为循环周期进行的，因此城市轨道交通线路日客运量在一周内会呈现出有规律的变化。图 2-1 为北京市轨道交通 5 号线运营初期的客运量数据，其中负号代表各站的发送量，正号代表各站的到达量。

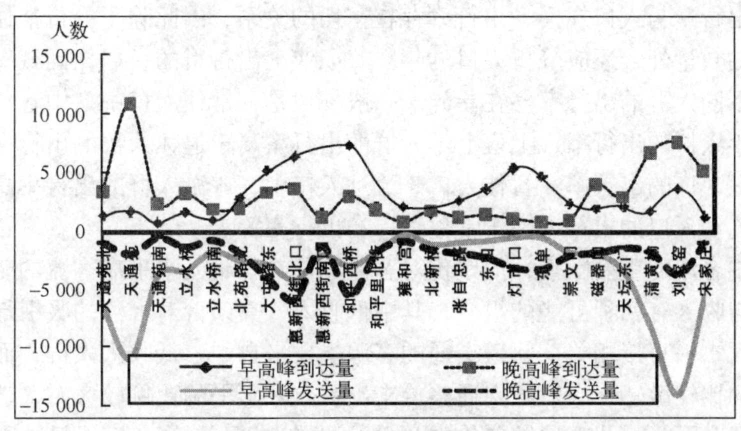

图 2-1　北京市轨道交通 5 号线运营初期客运量

由图 2-1 可见，周一和周五客运量较高，周二到周四客运量趋于平稳，而周六、周日客运量明显低于工作日，呈现出以 7 天为一个周期的周期性波动特征。这种周期性在以通勤、通学为特征的轨道交通线路上表现尤为明显，通常是：周一至周四较为平稳，周五客运量达到高峰，而周六、周日的客运量下降明显，双休日的客运量要明显低于工作日客运量。

3）客流高峰、低谷与客流密度

轨道交通一年中的客流量按月份每天的客流量比较，根据客流构成特点会形成全年最大月度客流、客流的高峰、低谷特征；一年中最高日客流和最小客流，以及“五一”和“十一”的长假期间客流量增幅特征，结合客流构成变化，调整列车的运能和时间间隔来满足乘客需要，保证服务水平。尤其是在早晚高峰单向断面客流较大时，形成合理的列车发车间隔、合理调整断面客流和线路客流密度。

2. 影响客流的因素

影响客流的因素包括经济的和非经济的两方面因素，概括起来主要有土地利用、城市布局发展模式、人口规模、社会经济发展水平、客运服务及替代服务的价格与质量、政府的交通运输政策、交通网的规模与布局、私人交通工具的拥有量等。

土地利用包括下面三方面的含义：① 土地的用途，涉及城市各区域功能的定位；② 在用地上建造的建筑类型，涉及用地上进行的社会经济活动类型；③ 土地的利用状况，涉及用地上进行的社会经济活动的强度，如人口、就业、产量等。

土地利用与客流的关系是“源”与“流”的关系，城市各区域功能的定位决定了出行活动及出行流量、流向。此外，土地利用规划对城市布局发展模式有着重要的影响，在城市由单中心布局发展到单中心加卫星城镇布局，又进一步发展到多中心布局的过程中，通常伴随着客流的大幅增长。1997 年，上海轨道交通 1 号线火车站—莘庄段贯通运营，但 1997、1998 年的客流增长幅度并不大，主要原因是 1 号线锦江乐园至莘庄段沿线地区的房地产开发刚刚开始。到 2000 年后，市民纷纷迁入新建成的住宅区，商业、餐饮业也发展起来，1 号线客流也快速增长，2001 年的客流增长率达到 38.1%，远高于 2000 年的客流增长率 0.5%。

城市中的出行量与人口规模、出行率存在密切的关系，因此除了分析常住人口、暂住人口和流动人口的数量外，还应分析人口的年龄、职业、出行目的、居住区域等特征。根据出行调查资料，不同人群的出行率存在差异，一般规律是：常住人口中，中青年人群的出行率高于幼年与老年人群的出行率，上班上学人群的出行率高于退休人群的出行率，市区人口的出行率高于郊区人口的出行率；暂住人口、流动人口中，旅游人群的出行率高于民工人群的出行率；以及流动人口的出行率高于常住人口的出行率等。

票价是影响客流的重要因素，但票价对客流的影响与收入水平对客流的影响是综合产生作用的。票价与收入有四种可能的组合，其中低收入、高票价对客流的吸引最不利。市民的消费能力与收入水平直接相关，轨道交通的客源主要来自中、低收入人群，而中、低收入人群对票价的变动比较敏感，当轨道交通票价支出占收入水平的比例较大时，选择轨道交通方式出行的客流就会下降。北京地铁票价由 0.5 元调整为 2 元，当年客运量减少 1.18 亿人次，与上年相比下降 20.4%，如果考虑客流自然增长，实际下降达到 26%。类似的情形发生在上海，由于票价调高，轨道交通 1 号线的客运量下降了 13.4%。在分析票价对客流的影响时，还应注意到乘客会权衡各种出行方式的票价高低及性价比来选择出行方式。在收入水平一定的情况下，只有在轨道交通的性价比高于其他出行方式或替代服务的性价比时，轨道交通才具有吸引客流的优势。

评价轨道交通服务水平的指标主要有列车频率、运送速度、列车正点率、舒适便利和乘客安全等。在收入水平逐渐提高、可选择出行方式增多的情况下，服务水平成为市民选择出行方式时主要考虑的因素，因此服务水平是影响客流及潜在客运需求的关键因素。

大城市确立以公共交通为主、个体交通为辅的交通运输政策，优先发展公共交通、大力发展轨道交通、控制自行车与私人汽车的发展，对引导市民出行利用公共交通与轨道交通有重要意义。而要实现这一交通运输政策，首先是加快公共交通设施的建设，如提高轨道交通线网的密度、建成大型换乘枢纽等；其次是优化现有交通资源，如完善轨道交通与常规公交、自行车、私人汽车的衔接换乘，减少与轨道交通线路走向重复的常规公交线路等。2001 年，上海因打浦路过江隧道能力饱和，取消了几条经隧道开往浦东的常规公交线路，为引导乘客坐轨道交通 2 号线过江，推出了在黄浦江两侧乘坐地铁 4 站以内，优惠票价为 1 元的调控措施，使 2 号线增加了大批客流。

多层次的轨道交通线网、合理的线路布局及走向和功能完善的换乘枢纽，对实现城市中心区45 min交通圈、增大轨道交通对出行者的吸引力、提高轨道交通在公共交通中的运量分担比例有重要的作用。此外，从土地利用与运输系统互动、运输需求与运输供给互动的角度，国外学者提出了通过建设交通运输走廊来推动车站周边地区土地开发利用的TOD（Transit-Oriented Development，交通导向开发）规划模式。由于轨道交通具有运能大、速度快、能源消耗和空气污染低的优势，TOD规划模式在轨道交通建设领域得到了较多应用。国外的研究发现，根据车站附近地区的土地利用情形不同，TOD规划模式可降低小汽车车流量5%～20%，而轨道交通的客流则相应增加。

在客运需求一定的情况下，利用私人交通工具出行越多，则通过公共交通出行就越少。长期以来，国内大城市的自行车出行比例达到50%～60%，原因一方面与出行距离较短有关，另一方面也与公共交通服务水平较低有关。大量的自行车出行，与机动车争抢道路，加剧了道路能力的紧张。2000年后，一些大城市的私人汽车拥有量也快速增长，如上海市的载客私人汽车拥有量1999年只有2.14万辆，2003年时已达到22.44万辆，私人汽车拥有量的快速增长使道路交通因拥挤而处于行车难的状态。在发展个体交通，还是发展公共交通问题上，国外的经验教训值得借鉴，西方国家大城市过去曾经对私人汽车的发展不加控制，结果在破坏城市生态环境的同时，出现了严重的道路拥挤和出行难问题，最后不得不又转向发展公共交通和轨道交通。因此，从优化出行方式结构、提高公共交通的客运比例出发，应有序控制自行车与私人汽车的发展。作为一种辅助出行方式，短距离自行车出行仍会大量存在，但长距离自行车出行则应引导到公共交通出行上来。在出行的快捷、方便和舒适方面，私人汽车出行无疑是优于公共交通出行，但私人汽车的发展应考虑道路网能力是否适应，不能以降低大部分市民的快捷、方便和舒适为代价。对私人汽车的使用，应通过经济杠杆进行适度控制，鼓励并创造条件让私人汽车使用者以停车—换乘方式进入城市中心区。

总之，城市轨道交通客流的主要影响因素包括轨道交通沿线土地利用状况、城市经济水平、城市中心区潜在的增长前景、自行车及常规公交与轨道交通之间的衔接状况、轨道交通系统的服务水平以及轨道交通线网实施的进程等。初期、近期比较敏感的影响因素主要有：票制票价、轨道交通网络效应、站点周边的土地开发进程、轨道交通系统的服务水平以及常规公交与轨道交通之间的衔接状况等，其中前三个因素对客流的影响更为明显。

（1）票制票价

票价历来是杠杆，客流对票价高低十分敏感，票价对客流影响程度大而且直接，但票价有一个相对的临界点，可以通过调整票价对客流直接构成吸引和分流作用。调低票价，可充分吸引客流；调高票价，会抑止或失去一部分经常乘坐地铁的客流，将其分流到其他交通方式上。当轨道交通与其他交通工具的性价比彰显优势时，合理的票价是城市公共交通一体化运营、客流分担、提供交通结构调整的一个基础。

（2）轨道交通网络效应

随着地铁新线的建设和通车，地铁网络规模效应开始显现。新线通车后不仅将沿线客流由其他交通方式转移到轨道交通上来，同时由于轨道交通换乘站的形成，使线路相互连通，线路之间发生客流交换，极大地提高了乘客出行的可达性，从而提高了轨道交通的服务质量。

以北京地铁为例，2002年前，运营线路只有1号线和2号线，最大年客运量为1995年的5.58亿人次，自2002年13号线投入运营，2003年八通线投入运营，年客流量稳步增长，尤其在2007年10月5号线开通和2008年10号线一期、8号线一期、机场线开通后，全线网年客流量急剧上升，2008年全线网运送乘客突破12亿人次，比2007年提高了75%以上。随着北京地铁建设的加速，不断有新线建成通车，北京地铁网络效应日益明显，在其他条件不变的条件下，北京地铁客流将稳步增加。

2.2 客流预测的思路和方法

客流预测是一门科学，通过现行运输统计制度提供的部分基础资料为依据，辅以对城市、港口、车站等处的调查，然后在此基础上进行预测。客流预测可分为区域预测、运输方式运量预测、平均运程预测、到发运量预测等几种类型。不同的预测类型，决定了预测结果的不同用途。

2.2.1 客流预测的基本方法和工作流程

1. 客流预测年限

预测年限也就是设计年限，是控制工程规模和投资的重要因素，其合理与否，将直接影响工程建成后的效率和效益。设计年限定得过长，虽为将来的发展留下了余地，但却使轨道运营长期处于欠负荷状态；设计年限定得过短，会使整个系统的交通容量很快饱和，系统将长期处于超负荷运营状态，不但降低了服务质量，也不能很好得解决交通问题。恰当地定好设计年限是非常重要的。按照《城市快速轨道交通工程项目建设标准（试行本）》的规定，客流预测年限分为初期、近期和远期。初期为建成通车后的第3年，近期为交付运营后的第10年，远期为交付运营后的第25年。

2. 轨道交通客流预测的基本方法

城市交通需求预测起源于美国，并且在全世界范围内得到了迅速发展。20世纪60年代称为Chicago Area Transportation Study的芝加哥都市圈交通规划开发了包括交通方式划分在内的四阶段交通需求预测法，开了城市综合交通需求预测的先河。四阶段预测法按照交通生成预测、交通分布预测、交通方式划分和交通分配四阶段来分析城市现状和未来的交通状况，是目前交通规划领域应用最广的方法。虽然近几十年来，对四阶段中预测模型的研究不断深入，也出现了将两个或几个阶段合并进行预测的方法，但从宏观的角度把握城市居民的出行特点，然后分阶段预测分析的思路仍是一致的。

轨道交通客流预测是城市交通客运需求预测的一部分，其预测原理与城市交通需求预测是一致的。国内外轨道交通客流预测通常采用四阶段法。运用该法进行客流预测时，首先要把研究对象城市划分成交通小区，进行城市人口、就业、土地利用等资料的调查和居民出行调查，在此基础上进行居民出行产生预测、出行分布预测、交通方式划分预测和交通分配，以获得所需的轨道交通需求数据。利用离散选择模型（Discrete Choice Model，DCM）进行居民出行的分析和预测是继四阶段法后出现的构造交通需求预测模型的新方法。它以出行者个人而非交通小区作为研究对象，以随机效用理论（Random Utility Theory，Manski，1977）、出行效用最大化理论为研究基础，避免了四阶段法数据利用率低、无法探讨众多的影响因素、预测精度差等缺点，曾一度成为交通规划领域的研究热点，目前国内离散选择模型的研究和使用还未系统展开。国外的研究始于20世纪70年代，此后研究开发了MNL、MNP、HL、NL等一系列模型，代表人物有Ben-akivo、Lerman、Manheim等。但离散选择方法的研究成果还无法使其在工程界完全取代四阶段法，目前离散选择模型多应用于方式划分领域。四阶段法仍是使用最为普遍的交通需求预测方法。

3. 轨道交通客流预测工作流程

建议城市轨道交通客流预测按图2-2所示的流程进行。

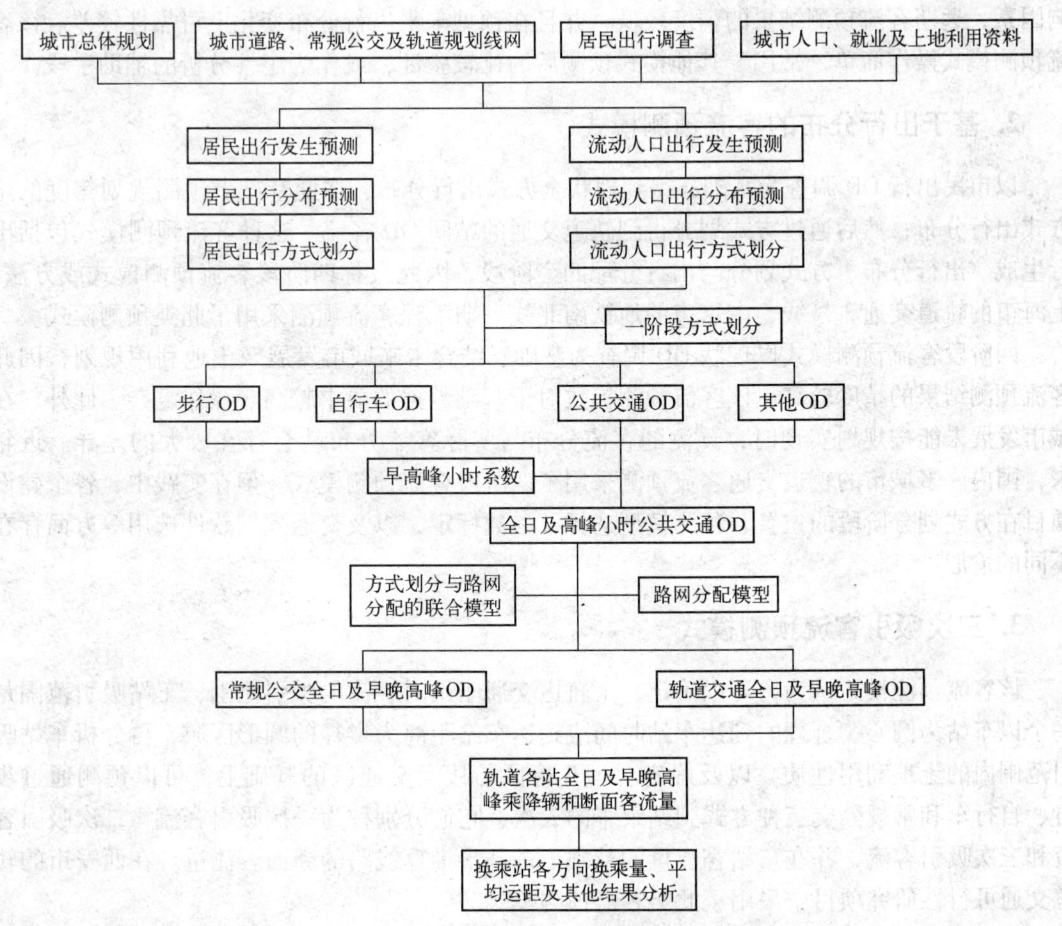

图2-2 轨道交通客流预测流程图

2.2.2　客流预测模式

客流预测是复杂的问题，不能简单用一种类型的模型解决，不同的预测目的对于预测结果提出了不同的精度要求，应采用不同的客流预测方法，重要的是要有量身定做的预测模型。

1. 非基于出行分布的客流预测模式

将相关公交线路和自行车出行的现状客流向轨道交通线路转移，得到虚拟的轨道交通基年客流。然后根据相关公交线路的客流增长规律确定轨道交通客流的增长率，并据此推算轨道交通远期客流。这种客流预测模式又称趋势外推客流预测模式，在确定轨道交通客流增长率时可采用指数平滑法、多元回归预测等方法。北京市的复兴门—八王坟地铁线路、上海市的新龙华—新客站地铁线路客流预测采用了此类预测模式。

该预测模式能较好地反映近期客流量的增长情况，但由于未考虑土地利用形态等客流影响因素，远期客流预测结果的精度较低，并且在预见未来出行分布变化上可靠性较差。该客流预测模式操作简单，常用于其他模式预测后的比较验证，或作为定性分析的辅助手段。

2. 基于出行分布的客流预测模式

以市民出行 OD 调查为基础，得到现状全方式出行分布，在此基础上预测规划年度的全方式出行分布，然后通过方式划分得到轨道交通的站间 OD 客流。这种客流预测模式包括出行生成、出行分布、方式划分与出行分配四个阶段，因此又称四阶段客流预测模式或方法。上海市的轨道交通 3 号线、南京市的地铁南北线一期工程客流预测采用了此类预测模式。

四阶段客流预测模式以现状 OD 调查为基础、结合未来城市发展及土地利用规划，因此客流预测结果的精度较高。该客流预测模式对于基础数据的要求较高、操作复杂。此外，在城市发展未能按规划实现时，预测的客流分布与实际客流分布就会存在较大的差异。近年来，国内许多城市的轨道交通客流预测采用了四阶段客流预测模式。但在实践中，各个建设项目在方式划分阶段的位置、预测模型选择及参数标定，以及交通规划软件选用等方面存在不同的情形。

3. 三次吸引客流预测模式

该客流预测模式认为，可以确定一个轨道交通车站对客流的吸引范围，车站吸引范围是一个以车站为圆心、合理的到达车站时间或到达车站距离为半径的圆形区域，再分析车站吸引范围内的土地利用性质，以及确定合理步行区与接运交通区的基础上，可以预测通过步行、自行车和常规公交三种方式到站乘车的人次，它们分别称为一次吸引客流、二次吸引客流和三次吸引客流，并在车站客流量的基础上进一步推算线路的断面客流量。在西安市的轨道交通可行性研究项目中采用了此类客流预测模式。

采用该客流预测模式，需要确定轨道交通车站客流吸引范围。根据莫斯科地铁的一项研究，在中间站到站乘客总数中，步行到站乘客约占58%、利用接运交通到站乘客约占42%。因此，确定车站客流吸引范围主要是确定一次吸引的合理步行区与三次吸引的合理接运区。研究认为：到达轨道交通车站的合理步行区应是以车站为圆心、半径为600～800 m的区域；到达轨道交通车站的合理接运区应是以车站为圆心、半径为2 500～3 000 m的区域。在有快速公交线路接运的情况下，合理接运区半径可以超过3 000 m。此外，研究还指出，轨道交通终点站的合理接运区半径一般要比平均值大30%～50%，在终点站上车的乘客中，利用接运交通到站乘客比例较高，达到55%。

2.2.3 客流分析方法

我国正处于城市化的进程中，城市布局、土地利用和人口状况都处于不稳定的变化状态，城市发展过程中的不确定因素，政策、经济与社会心理因素，以及城市交通网络结构的未来变化都会对客流预测产生影响，这种难以把握的复杂关系使得客流预测的准确性很难保证。

客流预测的方法有许多种，但归纳起来无非是定量预测方法和定性预测方法两大类。定量预测方法又有时间序列客流预测方法和因果关系客流预测方法两类。定性预测方法中使用较多的有德尔菲（Delphi）法等。

1. 时间序列客流预测方法

该类客流预测方法的基本思路是根据客流从过去到现在的变化规律来预测来来的客流。这类方法的主要优点是需要数据少、运用简便，只要采用时间段的统计客流数据变动趋势没有大的异常波动，预测结果一般较好。这类方法的主要缺点是无法反映客流变动的原因，因而不能指明影响客流因素变动时客流的变化趋势与结果。常用的时间序列客流预测方法有移动平均法、指数平滑法、月度比例系数法、自回归分析法和随机时间序列预测模型等。

1）移动平均法

移动平均法用于修匀原始客流时间数列的变动，以描述其趋势。所谓移动平均，就是按原始客流时间序列的一定项数计算移动平均数，逐项移动，边移动边平均，得出一组移动平均数，由这组移动平均数构成新的客流时间数列，新的客流时间数列可以把原始客流时间数列中的某些不规则变动，特别是周期性变动加以修匀，从而显示出客流长期变化的基本趋势，用移动平均法修匀原始客流时间数列比较客观，也比较容易得到客流变化的趋势。但移动平均法对原始客流时间数列两端的值无法进行修匀计算，因此每一次移动平均都会使数列变短，使进一步观察受到影响。另外，当原始客流时间数列的最后几项变动较大时，预测客流的可靠性也会受到一定影响。

2）指数平滑法

指数平滑法也称为时间数列的指数平滑法，它也是通过修匀历史数据中的随机成分去预测未来，但它所使用的修匀方法与移动平均法不同，它引入一个人为确定的系数以体现不同时期因素在整个预测期中所占的权数。指数平滑法对实际客流时间数列的长度没有特别要求，资料较少时也能进行预测，但一般仅适用于原始客流时间数列变化较稳定的情况。另外，只要正确选择加权指数，也能对远近期数据的不同影响作用做出合理的反映。这种方法的局限性是不能考虑其他因素对客流变化的影响。

3）月度比例系数法

月度比例系数法的基本思路是根据客流变化的月度循环特征和规律性，去预测未来月份的客流. 它根据过去若干年的月度客流统计资料，计算出平均的每月客流在年度客流中所占的比例，进而在未来年度总预测客流已经得出的前提下，按比例系数计算该年度各月份的预测客流。使用月度比例系数法时，必须根据客流的实际变动不断对比例系数进行重新计算并加以调整.

4）自回归分析法

自回归分析法也称鲍克斯－詹金斯（Box-Jenkins）法，它是通过分析原始客流时间数列的不同自相关系数来选择适当的预测模型。当原始客流时间数列内的数值在某一固定间隔期具有较高的相关系数时，就可应用自回归模型来进行客流预测。自回归分析法在客流的短期预测方面具有一定的精度，因而得到较广泛的应用。但该方法需要较多的历史数据和较深的数学知识，计算量较大，计算较复杂。

5）随机时间序列预测模型

随机时间序列预测模型是把时间序列作为随机变量的序列加以处理，认为时间序列是时间 t 的一组变量，其中，单个时间序列值的出现具有不确定性，但整个时间序列却具有固有的规律性，研究这些规律并进行简化，据此建立时间序列模型，可用于预测。对于平稳时间序列，主要有 3 种预测模型，即自回归移动平均模型，简称 ARMA 模型，自回归模型，简称 AR 模型，移动平均模型，简称 MA 模型。对于非平稳时间序列，需用差分法进行处理使其平稳化。该方法的特点与自回归分析法类似，在客流的短期预测方面有较好的精度，但需要较深的数学知识，方法较复杂，同时需要较多的历史数据，计算工作量也较大。

2. 因果关系客流预测方法

由于客流的变动与经济的和非经济的因素之间存在密切的关系，并且这些因素之间又都是相互影响的，因此可以通过研究影响客流的因素来预测未来的客流，这类方法与时间序列客流预测方法的区别在于前者的自变量是时间，而后者的自变量是除时间以外还有其他因素。这类方法的主要优点是能够考虑较多的对客流可能产生影响的因素，揭示引起客流变化的原因。同时在数据量足够多的情况下，常能得到较好的预测精度。这类方法的主要缺点是由于自变量的选择、有关参数的确定本身带有主观性和预测性，存在着预测的准确性会受到影响的可能性。常用的因果关系客流预测方法有回归预测法、引力模型和乘车系数法等。

1）回归预测法

回归预测法是通过回归分析，建立一个合适的因变量和自变量之间的函数关系，来近似地表达客流和影响客流因素之间的平均变化关系。它包括一元线性回归分析、一元非线性回归分析、多元线性回归分析和逐步回归分析分析等方法。

2）引力模型

引力模型预测客流既考虑了对地区间客流有影响的人口等各种吸引因素，又考虑了对地区间客流有影响的距离阻力因素，引力模型简单易懂，但在利用该模型进行客流预测时，参数的确定往往比较困难。

3）乘车系数法

这是一种传统的客流预测方法。乘车系数法是一种以总人口和人均乘车次数来预测旅客发送量的方法。乘车系数是一定吸引范围内旅客发送量与总人口的比值，它可根据历年资料和可能发生的变化进行确定。这种客流预测方法的局限性是乘车系数本身的变动有时难以预料。此外，在计算总人口时，间接吸引范围的人口确定也比较复杂。

3. 德尔菲法

在历史客流数据较少的情况下，借助预测者的专业知识和实际经验，并综合考虑多种影响因素对客流进行预测称为定性预测。德尔菲法就是目前采用较多的定性预测方法之一，又称专家调查法，虽然参加定性预测的专家意见是一种主观判断，受到对问题认识差异的影响，但主观判断并不是主观随意判断，需要有相当数量对问题有研究的专家参加并做定性预测，尽管专家的预测结果不会完全一样，但会是围绕一个中心值波动，那么，这个中心值就是确定预测结果的客观基础。为了避免个人知识、经验和素质的局限性影响预测的精确度，德尔菲法选择一组专家作为征询意见的对象，同时为了防止互相影响而不能做到独立判断，专家的意见一般以匿名方式填写。调查的组织者将调查问卷寄给专家，征询他们的意见，在收到专家的意见后，将专家的意见进行归纳汇总形成新的调查问卷，然后对专家进行再征询，对经过归纳汇总的意见进行分析、判断和提出新的意见。经过这样多次反馈，当专家的意见逐步趋于一致时，预测的结果也就基本形成。

2.3 客流调查

客流是动态变化的，对城市轨道交通运营客流调查数据进行统计分析，可以了解客流在时间、空间上的动态变化规律；同时对既有线路的运营客流特征分析，也能为后续实施线路或者其他城市的规划路网提供参考数据，从而为其线网规模的控制、基建工程和设备采用与布置以及运输组织等诸多方面提供参考。

在轨道交通的运营过程中，为了掌握客流现状与变化规律，还必须经常进行各种形式的客流调查，因此客流调查是轨道交通日常运营活动的组成部分。

客流调查涉及客流调查内容、地点和时间的确定，调查表格的设计，调查设备的选用和调查方式的选择，以及调查资料汇总整理、指标计算和结果分析等多方面问题。

开展轨道交通乘客 OD 抽样调查、换乘量调查等，并通过对调查数据的整理、扩样和分析，进行轨道交通如下主要客流分析。

① 全部线路、分线、分站的乘客分票种、分时段进站量、出站量。

② 各车站间 OD。

③ 各线路的分时段、分区段断面流量。

④ 各线路分时段、分区段列车高峰满载率、平均满载率。

⑤ 不同线路的本线进站量、本线进站换入其他线路的换乘量以及其他线路换入本线的换乘量。

⑥ 不同线路、不同车站进站乘客的换乘量、换乘次数及换乘比例。

⑦ 各换乘站的分时、分方向换乘量、换乘比例。

⑧ 乘客平均乘车距离、平均乘车时间、平均乘车站数；各线路乘客平均走行距离。

2.3.1 客流调查种类

为了达到不同的调查效果，客流调查有很多的种类，具体介绍如下。

1. 全面客流调查

全面客流调查是对全线客流的综合调查，通常也包含了乘客情况抽样调查。这种类型的客流调查时间长、工作量大、需要配备较多的调查人员。但通过调查及对调查资料进行整理和统计分析，能对客流现状及变化规律有一个全面清晰的了解。

全面客流调查有随车调查和站点调查两种调查方式。随车调查是在列车车门处对运营时间内所有上下车乘客进行写实调查；站点调查是在车站检票口对运营时间内所有进出站乘客进行写实调查。在上述两种调查方式中，轨道交通全面客流调查基本上都是采用站点调查。

全面客流调查一般应连续进行两三天，在运营时间内，调查全线各站所有乘客的下车地点和票种情况，并将调查资料以 5 min 或 15 min 为间隔分组记录下来。

2. 乘客情况抽样调查

抽样调查是用样本来近似地代替总体，这样做有利于减少客流调查的人力、物力和时间。乘客情况抽样调查通常采用问卷方式进行；调查内容主要包括乘客构成情况和乘客乘车情况两方面。

乘客构成情况调查一般在车站进行。调查内容包括年龄、性别、职业、家庭住址和出行目的等。该项调查的时间可选择在客流比较正常的运营时间段。

乘客乘车情况调查的安排视调查对象及调查内容的不同而不同。调查内容除年龄，性别和职业外，还可包括家庭住址和家庭收入、日均乘车次数、上车站和下车站、到达车站的方式和所需时间、下车后到达目的地的方式和所需时间、乘坐轨道交通列车后节省的出行时间以及对现行票价的认同度等。

进行抽样调查，必须首先确定抽样方法与抽样数，以确保抽样调查的结果具有实用意义。抽样方法主要有简单随机抽样、分层抽样、整群抽样和多阶段抽样等。抽样数的大小取决于总体的大小、总体的异质性程度以及调查的精度要求。

20 世纪 80 年代，天津、上海、广州、南京等城市进行的家访出行调查抽样率均在 3% ~4%。

3. 断面客流调查

断面客流调查是一种经常性的客流抽样调查，根据需要，可选择一个或几个断面进行调查，一般是对最大客流断面进行调查，调查人员用直接观察法调查车辆内的乘客人数。

4. 节假日客流调查

节假日客流调查是一种专题性客流调查，重点对春节、元旦、国庆节、双休日和若干民间节日期间的客流进行调查。调查的内容包括机关、学校、企业等单位的休假安排，城市旅游业、娱乐业的发展程度，市民生活方式的变化等。该项调查一般是通过问卷方式进行。

5. 突发客流调查

突发客流调查针对大型集散场所和大型事件活动产生的短时较大客流的地点，如影剧院、体育场馆等，该项调查主要涉及影剧院、体育场馆的规模与附近轨道交通车站的客流影响程度和持续时间之间的相关关系。

2.3.2 客流调查统计指标

客流调查结束后，对客流调查资料应认真汇总整理，列成表格或绘成图表，计算各项指标，并将它们与设计（预测）数据或历年调查数据进行比较，分析数据增减的比例及原因。轨道交通全面客流调查后应计算的主要指标如下。

① 乘客人数：分时与全日各站上下车人数，分时与全日各站换乘人数，各站全线高峰小时乘客人数，各站与全线全日乘客人数，高峰小时乘客人数占全日乘客人数的比例。

② 断面客流量：分时与全日各断面客流量，分时与全日最大断面客流量，高峰小时最大断面客流量。

③ 乘坐站数与平均乘距：本线乘客乘坐不同站数的人数及所占百分比，跨线乘客乘坐不同站数的人数及所占百分比，平均乘车距离。

③ 乘客构成：全线持不同票种乘客人数及所占百分比，车站别按年龄、家庭住址和出行目的等统计的乘客人数及所占百分比，车站三次吸引乘客人数及所占百分比，从不同距离、以三种方式到达车站的乘客人数及所占百分比，需不同时间、以三种方式到达车站的乘客人数及所占百分比。

⑤ 车辆运用：客车公里、客位公里、乘客密度、客车满载率和断面满载率。

⑥ 服务指标：列车运行图兑现率，列车运行正点率，乘客投诉率，车站、列车清洁合格率，乘客满意率。

2.3.3 客流调查方法与客流分析

1. 调查方法

轨道交通调查应结合客流分析内容进行调查方案设计，确定必要的调查内容；根据调查对象的特征、数据的可获得程度和数据采集的必要性，选用科学的调查方法，确定合理的调查实施时间，在最大程度上保证数据的有效性和成果的准确性。

统计学中的抽样种类较多，其中交通调查中常用的有简单随机抽样、分层抽样、系统抽样等，不同的抽样方法有各自的特点和适用范围（以上各方法都为概率抽样）如表 2 - 1 所示。合理的抽样方法应该是在保证调查数据精度的前提下尽可能节省人力物力。根据地铁乘客被选择的随机性和数据处理的思路，选取合理的调查方法。

表 2-1　各类抽样方法特点

抽样方法	特点
简单随机抽样	简单直观，对目标量的估计及计算抽样误差较为方便
分层抽样	保证了样本中有各种特征的抽样单元，可以有效地提高估计精度
整群抽样	简化工作量，节省费用，但精度较差
系统抽样	操作简单方便，但对估计量的方差估计较困难
多阶段抽样	样本相对集中，节约了调查费用

抽样调查方案设计的基础是抽样率的确定，针对地铁 OD 调查的成果要求，抽样率设计应遵循一定的原则并达到预期的精度目标。

（1）抽样设计原则

抽样的设计原则包含如下两个方面：① 抽样获得的数据精度应能满足地铁乘客 OD 分析模型构筑和标定的要求；② 应在充分满足数据精度的基础上，力求调查费用最少。

（2）抽样目标

要满足如下精度要求：① 地铁 OD 分析的主要指标（分线路、分段、分时断面流量及出站量）的数据精度要求在 95% 的置信度下相对误差不大于 5%；② 地铁网中每两个地铁车站 OD 分布交换量数据精度在 95% 的置信度下相对误差不大于 20%。

（3）抽样率的确定

随机抽样设计的数理统计原理为：

$$\gamma = \frac{\lambda^2\sigma^2}{\Delta^2 N + \lambda^2\sigma^2} \tag{2-2}$$

式中：γ——抽样率；

λ——一定置信度对应的双侧分位数，当置信度为 95% 时，$\lambda = 1.96$；

N——母体容量；

Δ——控制误差指标的容许绝对误差；

σ^2——母体的方差。

根据此基本原理，抽样率的设计方法较多，尤其是美国、加拿大、日本等国都有较为成熟的适合本国的抽样设计方法，我国交通调查在居民出行调查等方面也积累了一些经验，但就地铁 OD 调查，由于缺少历史数据的积累，式 2-2 中的参数较难准确地界定，不能直接进行计算，因此，地铁 OD 调查抽样率的确定可采用类比的方式确定，表 2-2 主要是参照国内外居民出行调查抽样率的设计及类似 OD 调查抽样率确定。

表 2-2　国外居民出行调查抽样率

N/万人	置信度为 95% 的抽样率/%	国外经验值/%
<5	64	20
5～15	35	12.5
15～30	19	10
30～50	11	6
50～75	7.5	5
75～100	5.5	5
100～300	3	4～5
>300	1～2	2～3

为了更好地把握地铁客流特征，次客流 OD 调查抽样率建议确定为 10%，此抽样率可以在抽样设计原则下达到更高的数据精度。调查实施过程中的质量控制措施见表 2-3。

表 2-3　调查每个阶段质量控制措施

阶段	控制措施
踏勘阶段	对调查点进行实地踏勘，确定视野良好、安全的调查地点，确定能保证调查质量的调查人数
培训阶段	对调查员、督导员进行业务培训，明确调查方法，明确各自职责和各种问题处理方法，保证调查连贯性、调查数据准确性
运送阶段	事前制定车辆运行计划，保证车辆按计划准时运行，保证在调查开始前 15 分钟把调查人员安全送到调查地点。督导员在调查前 30 分钟到达调查地点
现场阶段	督导员在调查点现场管理监督调查员，分配调查用具、分配调查工作，解答调查员的问题，调查过程中负责计时和检查调查表，特殊情况下接替调查员进行调查，保证调查质量
巡查阶段	项目负责人对调查点进行巡查，随时检查调查员、督导员工作情况。每班刚上岗时巡查一次，以免新上岗人员出现错误导致调查失败。每班结束前巡查一次，确定调查过程顺利。调查中随机巡查
整理阶段	调查结束，督导员对调查表进行逐页检查，核对调查表上各项信息，补全漏填的调查表基本信息。若调查数据有问题、应立即报告项目负责人
录前检查阶段	项目负责人对回收的调查表进行检查，检查调查表填写情况和数据质量
录入阶段	项目负责人对录入员进行培训，录入员在录入时对数据真实性进行检查，录入后自查录入准确性
核查阶段	项目负责人对所有录入数据和原始调查表进行比对，防止出现录入错误
抽查阶段	对提交成果进行抽查，再次和原始调查表进行比对

2. 客流分析

客流分析首先对调查数据进行处理。以地铁 OD 调查为例，数据处理的主要工作有以下 5 个方面。

1）生成样本出行 OD 矩阵

根据录入的地铁 OD 调查数据、地铁列车实际开行运行图及被调查乘客在地铁网络中的上车时间，推算其换乘站上车时间及最终下车时间，从而整理生成样本出行 OD 矩阵。

2）扩样生成总体出行 OD 矩阵

根据各车站各时段（一小时间隔）实际抽样率、各车站实际出站量、换乘车站换乘量进行样本出行 OD 矩阵扩样为总体 OD 矩阵。

3）计算整理输出

分时段、全天各线乘降量、段面流量、换乘量、平均运距等指标。

数据处理的核心是扩样，即将初始样本出行 OD 扩样成总体出行 OD，简单地说就是以某种算法，推算一定抽样率的调查样本的母体。对 OD 矩阵由抽样率扩样，可用如下公式：

$$T_{ij} = \sum t_{ij}/r_a \tag{2-3}$$

式中：T_{ij}——i 站到 j 站的估计 OD 流量；

t_{ij}——i 站到 j 站的调查流量；

r_a——调查点所在车站 a 上的实际抽样率。

地铁 OD 调查数据扩样考虑的因素主要有：计算扩样系数；将列车运行图转换为时刻表；推算被调查乘客在换乘站的上车时间以及到达终点站时间；根据调查样本法，计算各车站间的全票种、分票种全天、分时段样本 OD 数据；将上述 OD 矩阵扩样到总体；计算各项统计指标。

4）推算样本在换乘站的上车时间和终点站的到站时间

结合列车运行时刻表，对初始 OD 调查问卷进行处理，根据被调查乘客的始发站及进站时间，通过列车运行时刻表和换乘通道步行时间，推算出该乘客在换乘车站的上车时间和到达终点站的时间，从而分析出每位乘客的地铁网络出行链，得到扩展后的数据表（分线路、分方向存储）。

5）统计生成样本出行 OD 矩阵并扩样到总体

将所有调查样本的出行链进行汇总分析，得出各车站间的全票种、分票种全天、分时段样本出行 OD 矩阵。

可采用两个步骤：分时段、分线路、分方向将扩样系数乘到样本 OD 矩阵，得出总体初始 OD 矩阵，在此基础上，应用 frator 方法扩样并校核，具体步骤如下。

① 得出初始贡献率。分时段统计各站点的站间 OD 分布矩阵，以及调查各站点对应时段内的上、下车人数，并将各站点 OD 调查统计得到的上车人数，与同一时段进站人数作比较，二者相除，得出初始单位贡献率 a。

② 将初始单位贡献率 同 OD 矩阵中各车站的下车人数相乘，得到各个车站数据扩样后的下车人数，将其同出站量调查的数据作比较，得出各车站下车扰动因子 δ：

$$\delta = \frac{\text{乘降量调查下车人数}}{\text{OD 数据扩样后下车人数}} \tag{2-4}$$

③ 用该扰动因子 δ 乘以此时的单位贡献率 α，得出新的单位贡献率 α_1，根据站间 OD 矩阵，使用 α_1 统计各车站的上车人数，将结果再同进站人数作比较，二者相除，得出上车扰动因子 Ω，乘以贡献率 α_1 得出新的贡献率 α_2。即

$$\alpha_2 = \Omega \times \alpha_1 = \frac{\text{乘降量调查下车人数}}{\text{OD 数据扩样后下车人数}} \times \alpha_1 \tag{2-5}$$

④ 此即一次迭代的过程。将新得到的贡献率作为初始贡献率可进行下一轮的迭代，如此反复进行，直到收敛。

⑤ 判断收敛的条件：即上下车的扰动因子 δ 和 Ω 都趋向于 1，这里规定 δ 和 Ω 都不得大于 1.05，即认为达到收敛条件。

通过以上 5 步，即可得出扩样后的各线（全网）分时段、全天 OD 矩阵。以各线路、分票种各时段出行 OD 矩阵为基础，可以推算乘降量、断面流量、换乘量等指标。

2.3.4 轨道交通出行意愿调查分析

居民出行调查作为城市交通规划建设和管理的一项基础性工作，有助于了解目前轨道交通的使用状况及出行者的意愿，及时对轨道交通进行调整。本节以某城市轨道交通出行意愿调查数据为例进行分析。

1. 个人信息对轨道交通出行方式选择分析

1）年龄和职业对轨道出行方式选择

从图2-3可以看出，利用轨道交通出行的人群年龄主要集中在20～40岁，超过70%，他们主要是因通勤、商务和通学而选择轨道交通，其他年龄段的轨道交通出行比例不足30%。平日假日区别不大。

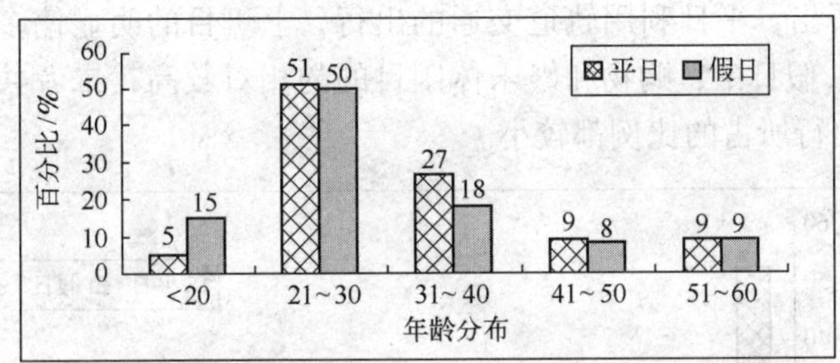

图2-3 年龄分布

从图2-4可以看出，职业方面，平日公务员、企事业单位人员和一般职员、工人的出行比例相对较高，在20%以上。而假日中一般职员、工人和学生的出行比例相对较高，轨道交通出行成为其娱乐、休闲的主要交通工具。自由职业者无论平日还是假日利用轨道出行的比例相对较小。

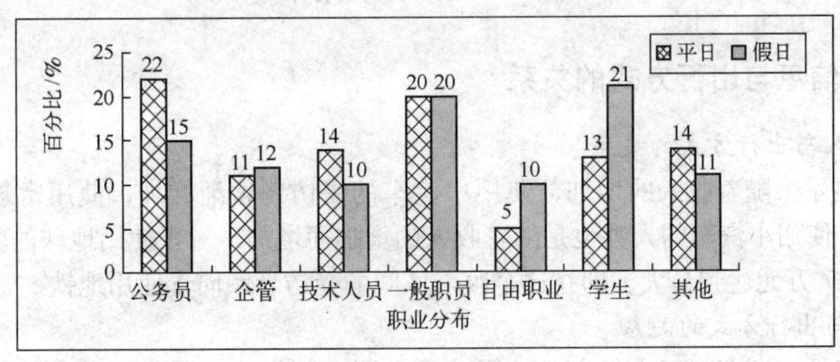

图2-4 职业分布

2）收入分布与有无私家车的方式选择

从图2-5可以看出，轨道交通使用者主要集中在年收入5万元以下的人群。比例在70%以上。平日与假日轨道交通使用者的收入差别较大。平日年收入在（3.1～5）万元的人群使用轨道最多，占 43%。假日低收入人群使用的轨道交通的比例最高，高达 59%。这可能是由于平日与假日出行目的不同。也就是说 90% 的轨道交通出行者是低收入人群。从图 2-6 可以看出，使用轨道交通的出行人群，无私家车的占 85% 以上，平日与假日区别不大。

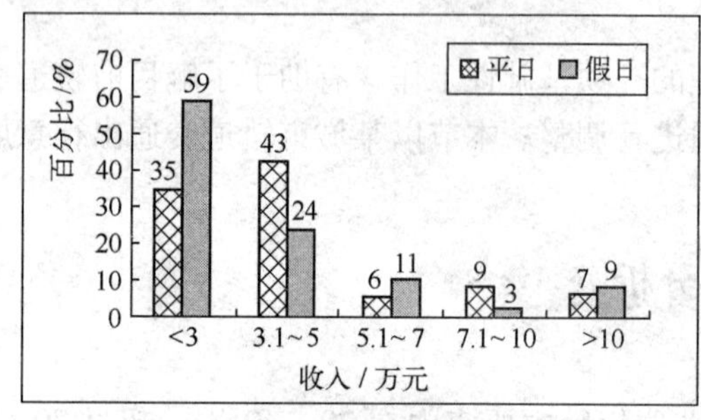

图 2-5　收入分布

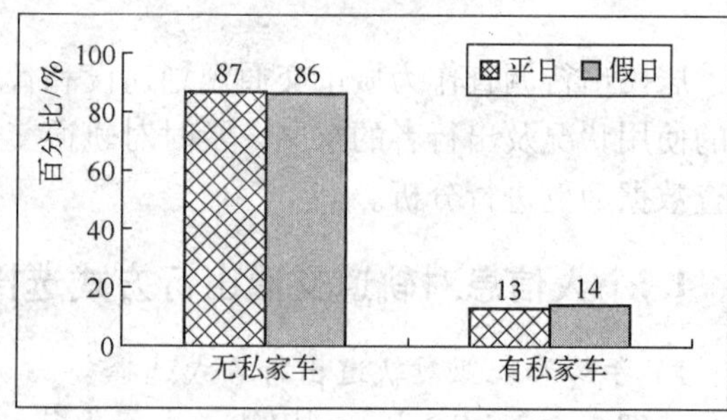

图 2-6　有无私家车分布

3）出行目的对出行方式的选择

从图 2-7 可以看出，平日利用轨道交通的出行，上班目的明显偏多，占 53%；而其他目的都在 10% 以下。假日中，购物和娱乐休闲目的的相对较高，二者共占 52%，其他目的出行的平日与假日出行所占的比例都较小。

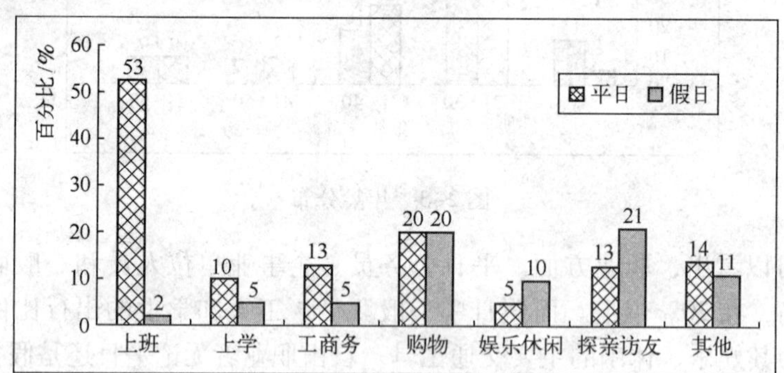

图 2-7　出行目的的分布

2. 个人信息与出行方式的关系

1）年收入与出行方式的关系

图 2-8 显示，随着收入的增加，使用小汽车的受访者逐渐增加，使用常规公交的受访者逐渐减少，使用小汽车的人数也是随着收入的增加而增加，对于使用地铁的受访者，年收入在 5.1 万 ~7 万元达到最大，即在这个收入区间的受访者倾向于使用地铁。

2）职业与出行方式的关系

图 2-9 显示，职业对于出行方式的影响没有明显的规律。公务员事业单位人员使用地铁的概率比较高，占所有出行方式的 40%；而企业管理人员开车出行的概率比较高，占所有出行方式的 32%；一般职员工人和学生还有其他不确定归类的人员，坐公交出行的比例则很大，都在 40% 以上。

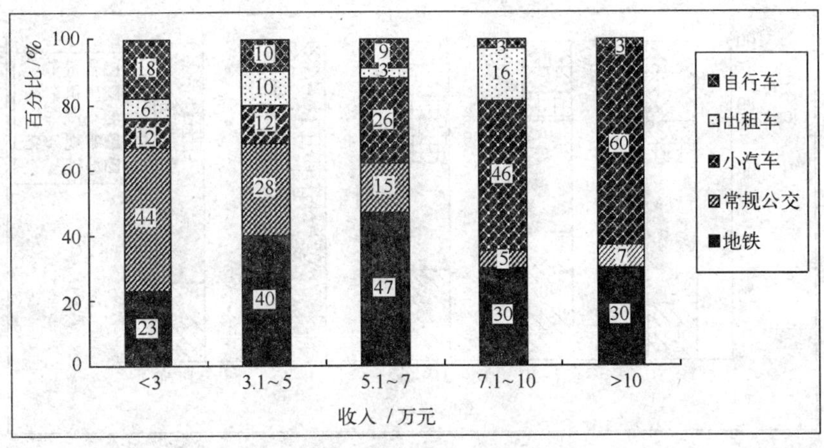

图 2-8　年收入与出行方式的关系

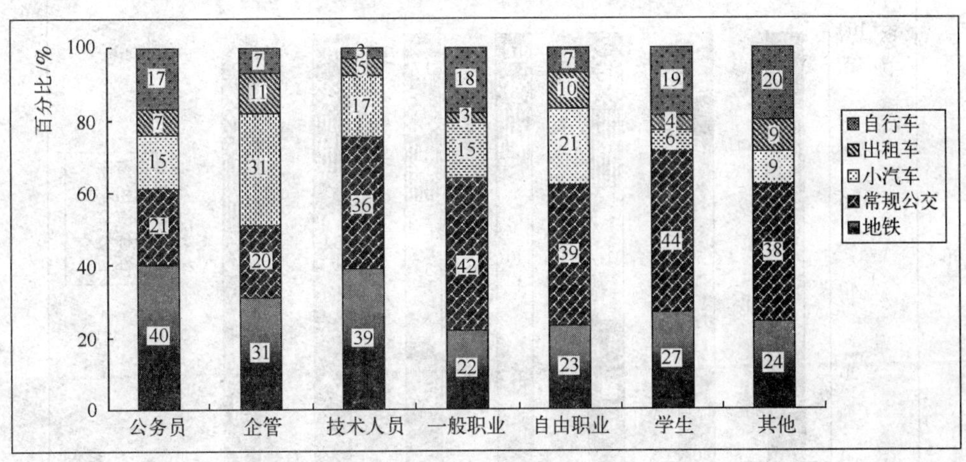

图 2-9　职业与出行方式的关系

3）年龄与出行方式的关系

图 2-10 表明 21 ~ 30 岁的人坐轨道交通的比例最高，占所有出行方式的 40%；而 41 ~ 50 岁的人开车出行的比例比较大，占所有出行方式的 28%；还可以看出年龄对于公交出行的影响不大，公交出行在所有出行方式中都占比较大的比例。

4）出行目的与出行方式的关系

图 2-11 显示，上学的人使用公交的比例很大，占所有出行方式的 50%，这和学生没有经济能力相符合；而公商务和探亲访友的人利用地铁出行的比例比较大，达到总体出行方式的 33% 以上。并且上学的人小汽车出行比例很小，只占 4% 左右。

3. 地铁站点空间位置与居民方式选择关系分析

不同类型地铁站点的客流换乘方式有：步行、常规公交、自行车、出租车、专用车、地铁、铁路、其他。换乘方式比例对地铁车站的交通功能、换乘客流分析有一定影响，如图 2-12 所示。

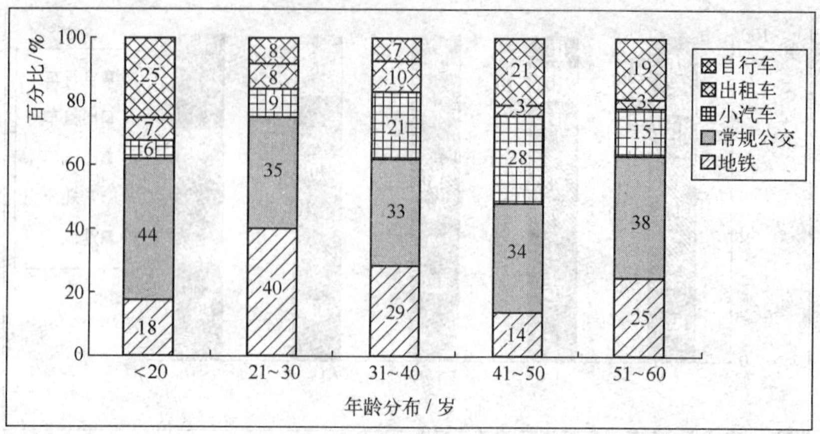

图 2-10　年龄与出行方式的关系

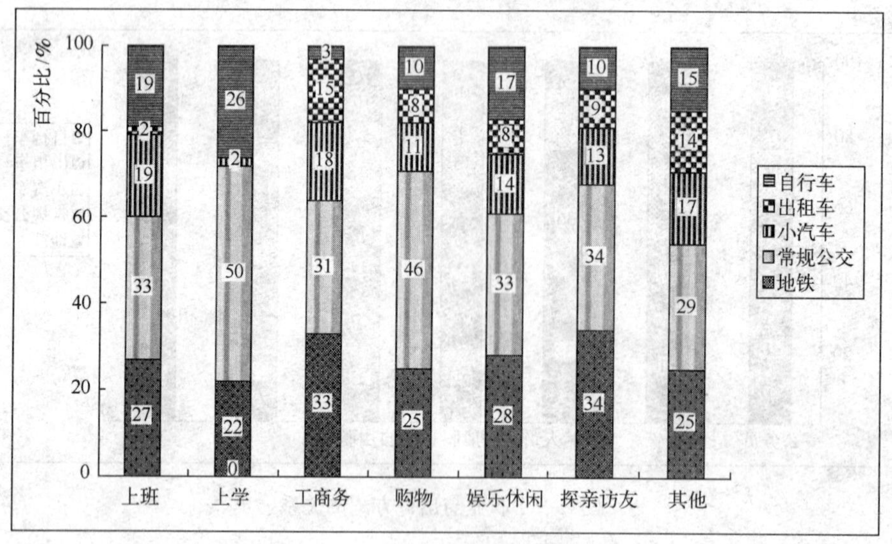

图 2-11　出行目的与出行方式的关系

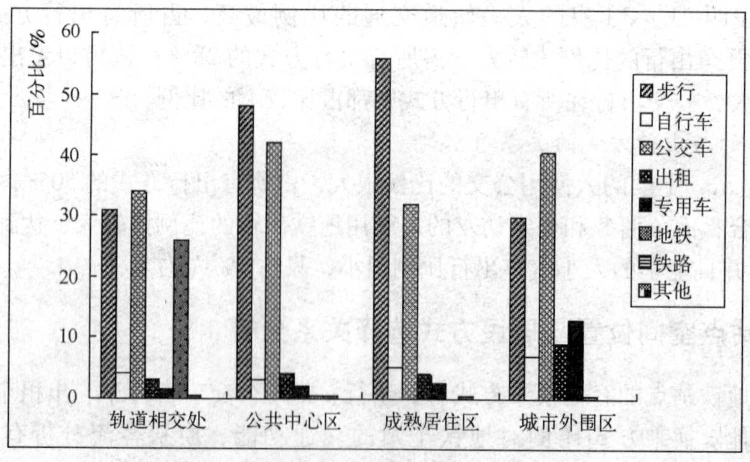

图 2-12　地铁相交站点换乘方式比例图

1）地铁换乘站（地铁不同线路相交的站点）换乘方式分析

分析调查数据结果，由于各种站点的地理环境、线路特征和换乘设施等方面的因素，调查结果可以得到一些居民出行行为基本规律，归纳得到如下结论。

① 地铁线路相交站点的地铁换乘比例有很大差异。形成不同方向换乘客流差异主要与地铁站点所处地理位置、换乘设施布置、线路走向等因素有关。换乘吸引能力与票制是否为单一票制、联票制度、换乘通道步行时间、方便性有关。

② 非地铁相交站点都是以公交和步行为主要的换乘方式。此外，不同的区域成熟程度换乘比例差异较大，主要原因是不同类型站点步行到站比例相差较大，其中成熟居住区的步行到站比例最大，其次是公共中心区。这主要是因为成熟居住区车站周围以居住为主，且这类站点社区的规划和建设远早于地铁，导致基本没有考虑与地铁的联系，所以步行客流占了绝大部分，其他换乘方式比例较少；公共中心区站点周围有大规模的公共设施，吸引大量的乘客到此休闲娱乐，增加了步行到站方式的比例。地铁站点公交到站比例也比较大。城市外围区站点公交比例甚至比同种类型站点的步行比例高，并且这类站点的自行车、出租车和专用车的换乘比例明显高于其他类型的站点。这是因为城市外围区站点的开发一般以居住功能为主，且多数是在地铁开通后才开发的，开发活动尚未结束，或已经结束但居民入住时间较短且入住率较低，这类站点地区的主要特点为开发形式和地铁紧密结合，所以步行到站的比例较少，而其他方式的换乘明显增加。各类站点中，自行车、出租车和专用车比例都比较小，这并不是说这类换乘方式就不重要，相反，由于长期以来不注重与这几类交通方式的换乘，导致我国的城市地铁站点普遍存在停车场地不足的现象，特别是自行车停车，并且停车场地的不足还导致入口处的人流、车流交叉较多，往往产生拥堵，影响到地铁站外部的交通环境。

2）出行目的与换乘方式选择

出行目的分为通勤（上下班，上下学）、娱乐购物、业务及其他四种，不同的出行目的对换乘衔接的要求不同，通勤交通对地铁衔接顺畅性要求较高，一般会出现早晚高峰，娱乐购物则对地铁舒适性要求较高，可能会出现突发性高峰，如图2-13所示。

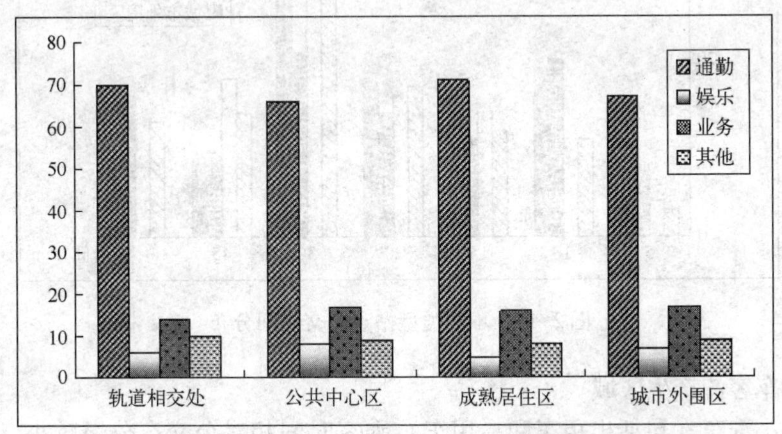

图2-13　地铁站点出行目的比例图

从图 2-13 中可以看出：地铁出行中比例最高的是通勤交通，其次是业务，娱乐购物所占比例最小。对比不同类型的站点，情况略有不同，成熟居住区的通勤比例相对其他类站点最高，公共中心区站点娱乐购物比例相对较高。节假日出行目的会有不同，特别是公共中心区站点假日出行比例中，娱乐购物的比例将显著提高，甚至可能会超过通勤交通比例。同时需要注意的是，一天不同时间段出行目的的比例会有不同，如通勤比例 9∶30—16∶00 时间段中减少，而业务出行比例会增加。

3）地铁站点客流产生区域分析

客流的产生区域反映了轨道站点的吸引范围的大小。采用乘客使用各种方式到达地铁站的时间来阐述客流的产生区域，主要是考虑出行时间与相应方式速度相乘得出行距离并不等于影响区域的半径，通过步行、公交等方式到达地铁站所走的线路不是直线距离，直接采用出行时间来评价其产生区域比较合理。

（1）步行客流产生区域

步行去地铁站的乘客大多数时间在 10 min 以内，大于 15 min 的比例小，且除了地铁相交站点，小于 5 min 和 5～10 min 比例相差不大，地铁相交站点小于 5 min 比例明显小于其他三类站点，而 5～15 min 的比例则相对较大，这说明轨道相交站点的步行客流产生区域最大。

（2）公交车客流产生区域

坐公交到站的乘客相对最多是在 20～30 min 内，与步行、自行车乘客到站时间比较，小于 15 min 的比例明显小，15 min 后的比例增加：同样也说明了，随着时间增加，距离增大，比自行车更加快速，并且不受天气限制的常规公交的优势更加明显。并且从图 2-14 中可看到，各类地铁站点公交时间分布很散，各时间段内的比例相差不大，说明公交客流产生的区域很广，所以要提高地铁的辐射吸引范围，必须要重视公交的衔接。

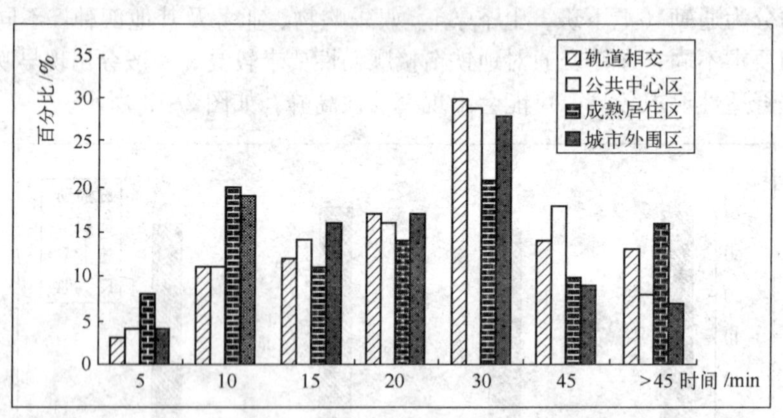

图 2-14　不同类型站点公交时间分布

（3）小汽车客流产生区域

各类站点小汽车（包括出租车和专用车）乘客时间相对公交车分布较小，乘小汽车去地铁站的乘客 70% 以上的时间在 20 min 以内，见图 2-15。

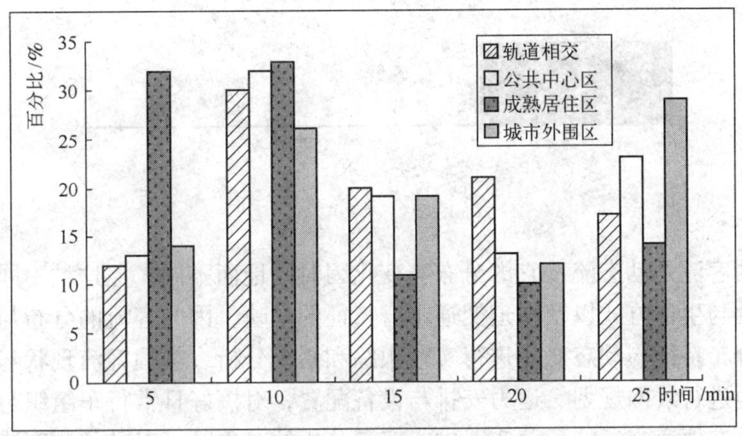

图2-15 不同类型站点小汽车时间分布

美国纽约曼哈顿区的通勤出行交通方式选择年度对比分析，如图2-16、图2-17所示。

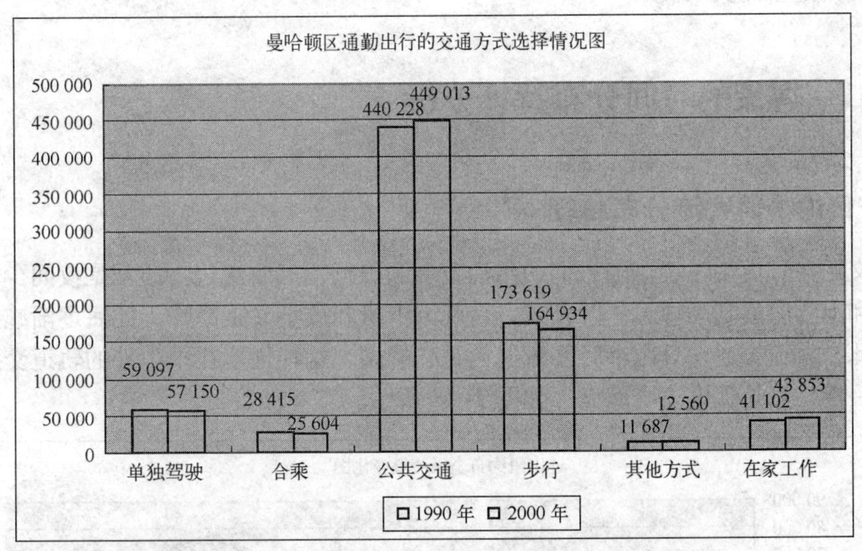

图2-16 曼哈顿区通勤出行方式人次（1990—2000年）

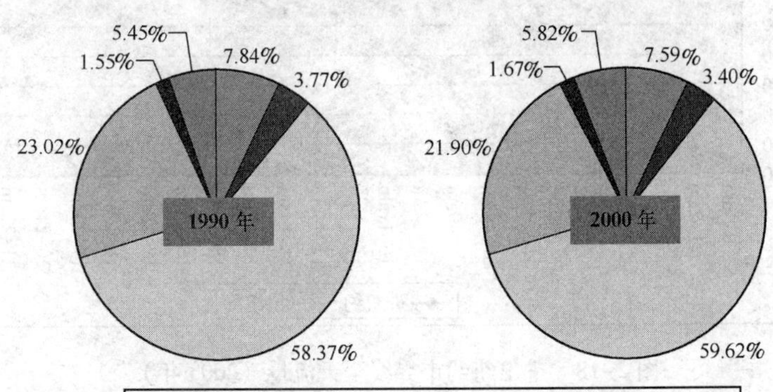

图2-17 曼哈顿区通勤出行的交通方式的构成比例图（1990—2000年）

注：数据来源，纽约市交通局（New York City Department of Transport）网站

*2.4 客流分析

轨道交通的客流是动态流，它的分布与变化因时因地而不同，但这种不同归根结底是城市社会经济活动与生活方式以及轨道交通本身特征的反映，因此客流的分布与变化是有规律的。对客流的分布特征与动态变化进行实时跟踪和系统分析，掌握客流现状与变化规律，有助于经济合理地进行线网规划、运力安排与设备配置，对搞好日常行车组织与运营管理工作具有重要意义。在轨道交通的运营实践中，客流分析的对象既可以是预测客流，也可以是实际客流，客流分析的重点是客流在时间与空间上的分布特征、动态变化规律，以及它们与行车组织、能力配备的关系。

2.4.1 客流的时间分布特征分析

1. 一日内小时客流分布特征

轨道交通一日内小时客流随人们的生活节奏和出行特点而变化。通常是夜间少，早晨渐增，上班和上学时达到高峰，午间稍减，傍晚因下班和放学又是高峰，此后逐渐减少，午夜最少。因此，轨道交通一日内小时客流通常是双峰型，这种规律在国内外的轨道交通线路上几乎都是一样，只是程度不同而已，如图 2-18 所示。

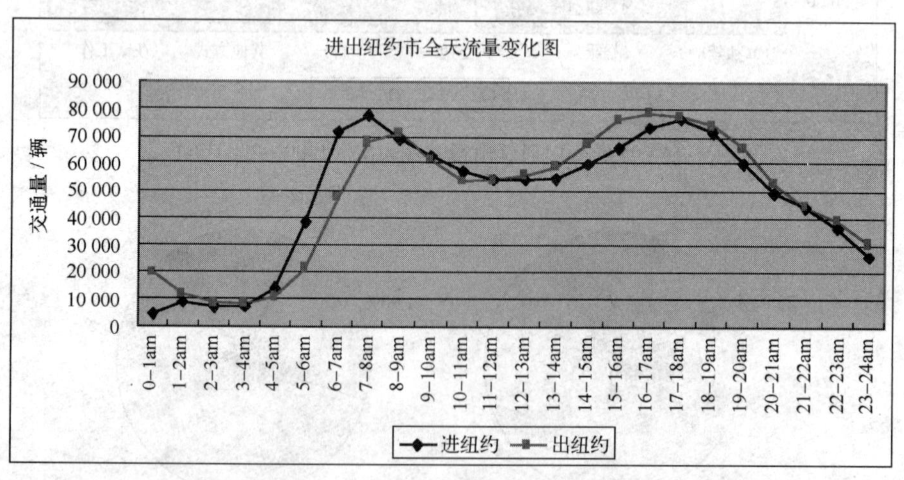

图 2-18　进出纽约市界线全天流量（2003 年）

轨道交通线路分时客流不均衡程度的系数可按下式计算：

$$\alpha_1 = P_{\max} / \left(\sum P_t / H \right) \tag{2-6}$$

式中：α_1——单向分时客流不均衡系数；

P_{max}——单向高峰小时最大断面客流量，人；

P_t——单向分时最大断面客流量，人；

H——全日营业小时数，个。

分时客流不均衡系数值 α_1 大于 1 趋向于 1 表明分时客流分布比较均衡，α_1 越大表明分时客流分布越不均衡。当 $\alpha_1 \geqslant 2$ 时，表明分时客流的不均衡程度比较大。位于市区范围内地铁、轻轨线路的值通常为 2 左右；而通往远郊区市域轨道交通线路的 α_1 值通常大于 3。

在一日内小时客流不均衡程度较大的情况下，为实现运营组织的经济合理性，可考虑采用小编组、高密度列车开行方案。小编组、高密度与大编组、低密度两种列车开行方案的分时列车运能不变，但在客流低谷时段，小编组、高密度方案具有以下优点：有既能提高客车满载率，又不降低乘客服务水平。

2. 一周内全日客流分布特征

由于人们的工作与休息是以周为循环周期进行的，这种活动规律性必然要反映到一周内全日客流的变化上来。在以通勤、通学客流为主的轨道交通线路上，双休日的客流会有所减少；而在连接商业网点、旅游景点的轨道交通线路上，双休日的客流又往往会有所增加。与工作日的早、晚高峰出现时间比较，双休日的早高峰出现时间往往推迟，而晚高峰出现时间又往往提前。另外，星期一与节假日后的早高峰小时客流和星期五与节假日前的晚高峰小时客流，都会比其他工作日的早、晚高峰小时客流要大，如图 2-19 所示。

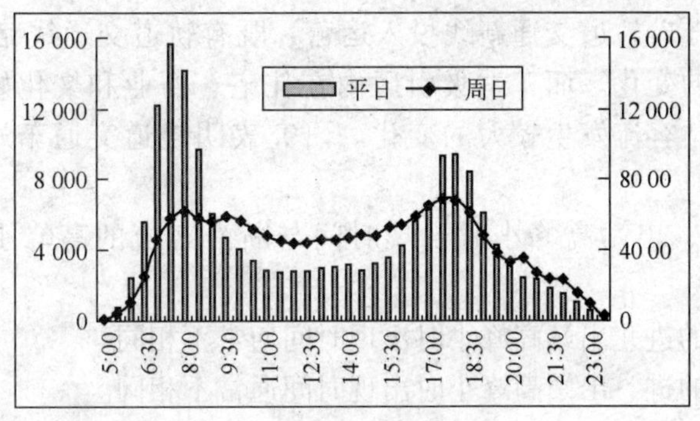

图 2-19　地铁终端站平日和周末分时段客流对比

根据全日客流在一周内分布的不均衡和有规律的变化，轨道交通常在一周内实行不同的全日行车计划和列车运行图，以适应不同的客运需求和提高运营经济性。

3. 季节性或短期性客流变化

在一年内，客流还存在季节性的变化，以某城市轨道交通分月统计数据为例（见图 2-20），如由于梅雨季节和学生复习迎考等原因，6 月份的客流通常是全年的低谷。另外，在旅游旺季，流动人口的增加也会使轨道交通线路的客流增加。短期性客流激增通常发生在举办重大活动或遇到天气骤然变化的时候。对季节性的客流变化，可采用实行分号列车运行图的措施来缓和运输能力紧张状况。当客流在短期内增加幅度较大时，运营部门应针对某些作业组织环节、某些设备的运用方案采取应急调整措施，以适应客运需求。

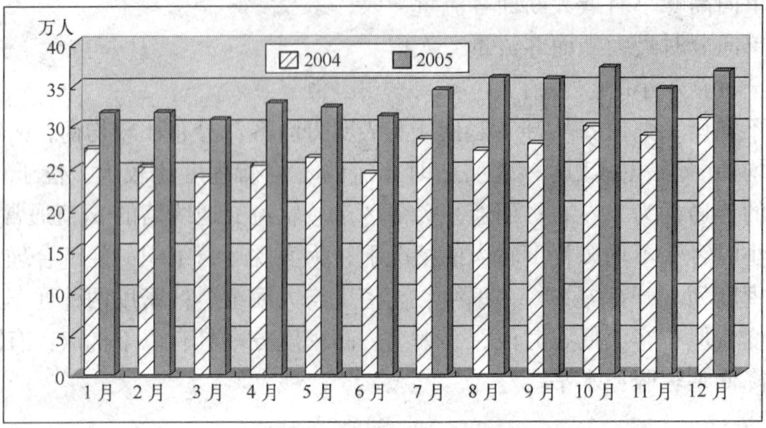

图 2-20　某市月度日均客流量分析（单位：万人次）

根据相关调查发现，季节性的轨道客流规律与节日特点密切相关，7 月至 9 月与学生假期有关，10 月至 12 月与“十一”长假期、元旦节日活动强相关。

4. 车站高峰小时客流分布特征

车站高峰小时客流是确定车站设备容量或能力的基本依据。车站高峰小时客流分析，首先应确定进、出站高峰小时的出现时间，其次才是分析客流量的大小。此外，还应分析客流的发展趋势，随着轨道交通新线投入运营，既有轨道交通线路延伸，高峰小时进、出站客流会发生较大的变化。而车站吸引区内在住宅、商业和文化娱乐等方面的发展也会使高峰小时进、出站客流发生较大的变化。研究表明轨道交通车站高峰小时客流具有以下特征。

① 车站客流的进、出站高峰小时出现时间与断面客流的高峰小时出现时间通常不相同。

② 各个车站客流的进、出站高峰小时出现时间通常不相同。

③ 同一车站客流的进、出站高峰小时出现时间通常不相同。

④ 同一车站工作日客流与双休日客流的进、出站高峰小时出现时间通常不相同。

⑤ 工作日高峰小时进、出站客流通常大于双休日高峰小时进、出站客流。

5. 车站超高峰期客流分布特征

为了避免因超高峰期内特别集中的客流而影响乘客不能顺畅地进出车站，甚至影响列车的正常运行秩序，在确定车站设备容量或能力时有必要适当考虑车站客流在高峰小时内分布的不均衡性。车站超高峰期的客流强度可用超高峰系数来反映，它是单位时间内的超高峰期平均客流量与高峰小时平均客流量的比值。超高峰系数一般可取值为 1.1 ~ 1.4。对终点站、换乘站和客流较大的中间站通常取高限值，而其余车站则可取低限值。

2.4.2　客流的空间分布特征分析

1. 各条线路客流分布特征

沿线土地利用状况的不同是各条线路客流不均衡的决定因素，而轨道交通线网与接运交通的现状也是各条线路客流不均衡的影响因素。各条线路客流的不均衡包括现状客流分布的不均衡和客流增长的不均衡两个方面，它们构成了整个轨道交通线网客流分布的不均衡。

2. 上下行方向客流分布特征

由于客流的流向原因，轨道交通线路上下行方向的最大断面客流通常是不均衡的。在放射状的轨道交通线路上，早、晚高峰小时上下行方向的最大断面客流不均衡尤为明显。反映轨道交通线路上下行方向客流不均衡程度的系数可按下式计算：

$$\alpha_2 = \max\{P_{max}^{上}, P_{max}^{下}\}/[(P_{max}^{上} + P_{max}^{下})/2] \tag{2-7}$$

式中：α_2——上下行方向客流不均衡系数；

$P_{max}^{上}$——上行方向最大断面客流量，人；

$P_{max}^{下}$——下行方向最大断面客流量，人。

上下行方向客流不均衡系数值大于 1。α_2趋向于 1 表明上下行方向客流比较均衡，α_2越大表明上下行方向客流越不均衡。当 $\alpha_2 \geqslant 1.5$ 时，表明上下行方向客流的不均衡程度比较大，而且不同线路的时间分布特点也不同。

北京地铁 5 号线早高峰小时断面客流图如图 2-21 所示。

位于市区范围内地铁、轻轨线路的 α_2值通常小于 1.5；而通往远郊区域轨道交通线路的 α_2值有可能大于 3。

地铁 5 号线早高峰线路不均衡系数为：

$$\begin{aligned}\alpha_2 &= \max\{P_{max}^{上}, P_{max}^{下}\}/[(P_{max}^{上} + P_{max}^{下})/2] \\ &= \max\{16\,116, 15\,787\} \times 0.5 \times (16\,116 + 15\,787) \\ &= 1.01\end{aligned}$$

即早高峰上、下行方向基本均衡。

在上、下行方向的最大断面客流不均衡程度较大的情况下，直线线路上要做到经济合理地配备运力比较困难，无法避免断面客流较小方向因车辆满载率过低而引起的运能闲置；但在环形线路上可采取内、外环线路安排不同运力的措施，避免断面客流较小方向的运能浪费。

3. 线路断面客流分布特征

在轨道交通线路上，由于各个车站乘降人数的不同，线路上各区间的断面客流通常各不相同，甚至相差悬殊。断面客流分布通常是阶梯型与凸字型两种情形，前者是指线路上各区间的断面客流为一头大、一头小；后者是指线路上各区间的断面客流为中间大、两头小。反映轨道交通线路单向各个断面客流不均衡程度的系数可按下式计算：

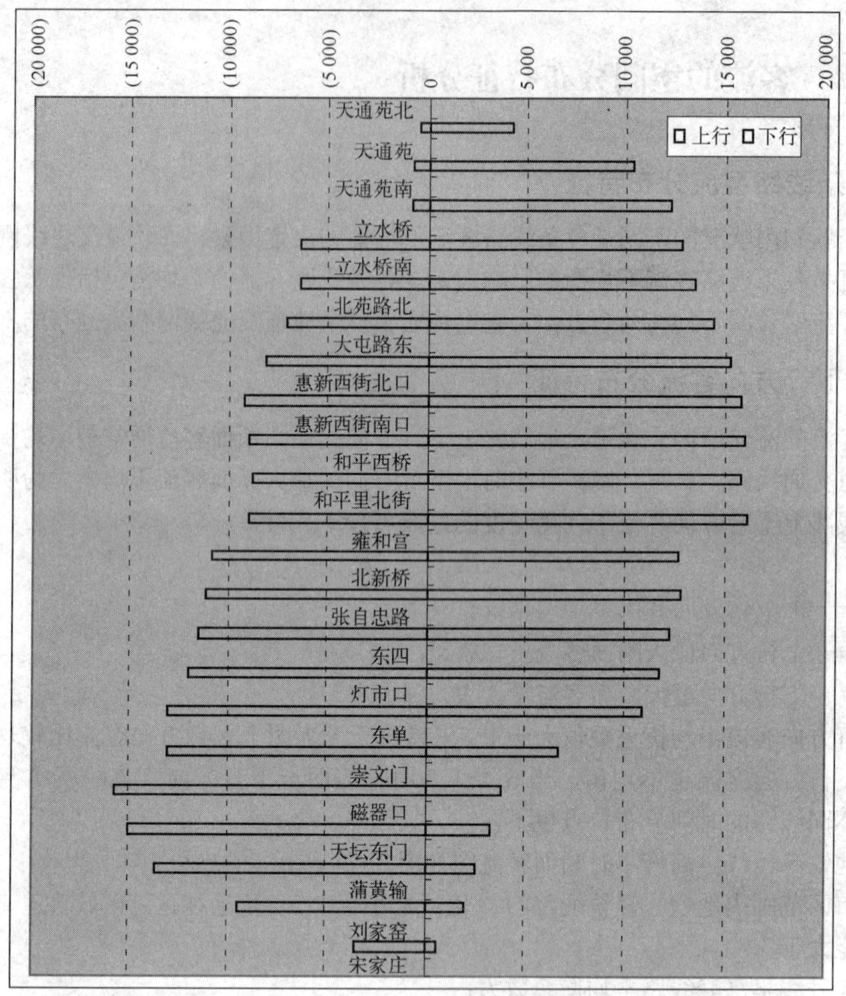

图 2-21　北京地铁 5 号线早高峰小时断面客流图

$$\alpha_3 = \sum_{i=1}^{k} p_i / KP_{\max} \tag{2-8}$$

式中：α_3——单向断面客流不均衡系数；

p_i——单向断面客流量，人；

K——单向线路断面数，个；

$P_{\max}$——最大断面客流量，个。

断面客流不均衡系数 α_3 值大于 1。α_3 趋向于 1 表明断面客流比较均衡，α_3 越大表明断面客流越不均衡。当 $\alpha_3 \geqslant 1.5$ 时，表明断面客流的不均衡程度比较大。

轨道线路客流空间分布特点一般呈现出中间大、两端小的“枣核”型特征。不同方向的段面客流特点也不完全相同。图 2-22 为北京地铁 2 号线的线路断面客流分布情况。

在断面客流不均衡程度较大的情况下，为了运营的经济性，可考虑采用特殊交路列车开行方案。断面客流分布为阶梯型时，可采用大客流区段和小客流区段分别开行不同数量列车的衔接交路方案，或在大客流区段加开区段列车的混合交路方案；断面客流分布为凸字型时，可采用在大客流区段加开区段列车的混合交路方案。在列车密度较大的情况下，采用特殊列车交路与加道；区段列车对行车组织和折返设备都会提出新的要求，此时线路通过能力与间站折返能力是否适应，是采用特殊列车交路与加开区段列车措施的充分条件，因此必须进行能力适应性的验算。

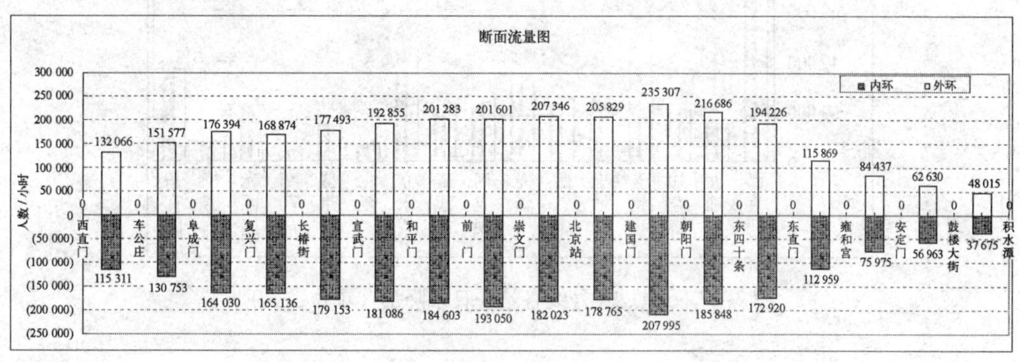

图 2-22 北京地铁 2 号线的线路断面客流分布

4. 站间 OD 客流分布特征

为使轨道交通运营管理和运营调度能够更好地满足高峰、平峰需求特征，要对轨道交通客流出行 OD 进行分析。站间 OD 客流分析的重点是各个客流区段内和不同客流区段间的各站发、到客流分布特征。在轨道交通线路较长，并且各个客流区段的断面客流不均衡程度较大时，大客流区段通常位于市区段、小客流区段通常位于郊区段。站间 OD 客流分布特征可以用市区段内与郊区段内各站间发到客流分别占全线各站总发到客流的比例，以及在市区段与郊区段间各站发到客流占全线各站总发到客流的比例来反映。

在如果短途断面客流为阶梯型，可采用衔接交路、站站停车方案；如果断面客流为凸字型，可采用混合交路、站站停车方案；若长距离出行乘客比例较大及某些发到站间的直达客流也较大时，为避免大量乘客换乘，不宜采用衔接交路方案，而应考虑采用混合交路、部分列车跨多站停车方案。如果在非高峰时间，通勤、通学的长距离出行乘客比例明显下降，则可停开跨多站停车的列车。

5. 各个车站乘降客流分布特征

轨道交通各个车站的乘降人数不均衡，甚至相差悬殊情况并不少见。在不少线路上，全线各站乘降量总和的大部分往往是集中在少数几个车站上，示例见图 2-23。此外，车站乘降客流是动态变化的，新的居民住宅区形成规模，新的轨道交通线路建成通车，既有轨道交通线路延伸使一些车站由中间站变为换乘站或由终点站变为中间站，列车共线运营等都会使车站乘降量发生较大的变化和加剧不均衡或带来新的不均衡。

车站乘降人数的不均衡决定了各个车站的客运工作量、设备容量或能力的配置、客运作业人员的配备以及日常运营管理的重点。

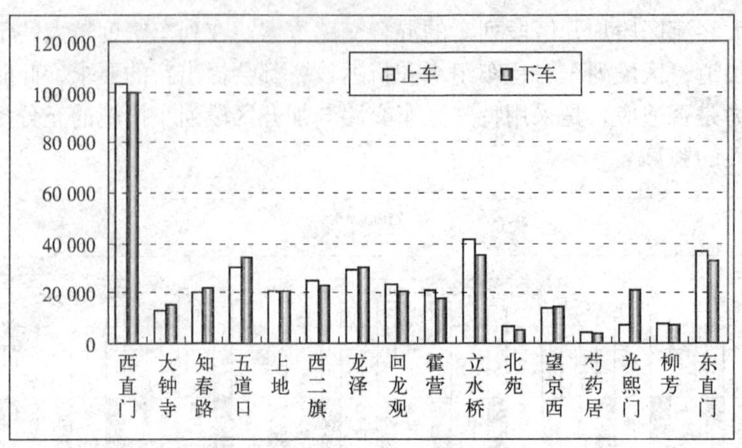

图 2-23 地铁 13 号线各站平日乘降量（单位：人）

6. 车站内客流分布特征

分析轨道交通车站内乘客流向及行程轨迹，车站内客流在空间分布上也存在不均衡现象，它们包括经由不同出入口的客流不均衡、通过不同收费区的客流不均衡、通过同一收费区不同检票机的客流不均衡和上下行方向的乘降客流不均衡等。

进一步分析可以发现，通过各台进站检票机客流按距离售票区域的近远而呈现明显的阶梯状递减态势，而通过各台出站检票机客流则相对均匀。究其原因，进站客流是陆续到达，乘客为争取时间通常会选择最近的进站检票机；而出站客流是集中到达，乘客为避免排队通常会选择比较空闲的出站检票机。

2.5 地铁客流调查案例分析

2.5.1 香港地铁客流调查

在地铁交通运营过程中，为了掌握客流现状与变化规律，必须经常地进行各种形式的客流调查，因此客流调查是轨道交通日常营运活动的组成部分。

客流调查涉及客流调查内容、地点和时间的确定，调查表格的设计、调查设备的选用和调查方式的选择，以及调查数据汇总整理、指标计算和结果分析等多方面问题。

1. 全面客流调查

全面客流调查是对全线客流的综合调查，通常也包含了乘客情况抽样调查。这种类型的客流调查时间长、工作量大、需要配备较多的调查人员。但通过调查及对调查资料进行整理及统计分析，能对客流现状及变化规律有一个全面清晰的了解。全面客流调查有随车调查和站点调查两种调查方式。随车调查是在列车车门处对营运时间内所有上落车乘客进行写实调查；站点调查是在车站检票口对营运时间内所有进出站乘客进行写实调查。在上述两种调查方式中，香港地下铁路公司的全面客流调查基本上都是采用站点调查。全面客流调查一般连续进行两至三天，在车站营运时间内，调查所有乘客的下车地点和票种情况，并将调整数据以 5 min 或 15 min 为间隔分组记录下来。

2. 乘客情况抽样调查

抽样调查是用样本来近似地代替总体，这样有利于减少客流调查的人力、物力和时间。乘客情况抽样调查通常采用问卷方式进行，调查内容包括乘客构成情况和乘客乘车情况两方面。

乘客构成情况调查一般在车站进行，调查内容包括年龄、性别、职业、家庭住址和出行目的等，调查的时间可选择在客流比较正常的营运时间段。

乘客乘车情况调查的安排视调查对象及调查内容的不同而不同。调查内容除年龄、性别和职业外，还可包括家庭收入、日均乘车次数、上车和下车站、到达车站的方式和所需时间、下车后到达目的地的方式和所需时间、乘坐轨道交通列车后节省的出行时间以及对现行票价的认同度等。

进行抽样调查，必须首先确定抽样方法与抽样数量，以确保抽样调查的结果具有实用意义。在地铁公司而言，一般在比较繁忙的车站调查。

3. 地铁尖沙咀车站调查数据分析

数据皆来自地铁尖沙咀车站进行的乘客抽样调查结果，样本数是800 份（2008 -06 -21）。

（1）尖沙咀车站乘客接驳模式及出行目的分布如图 2-24 ~ 图 2-25 所示。

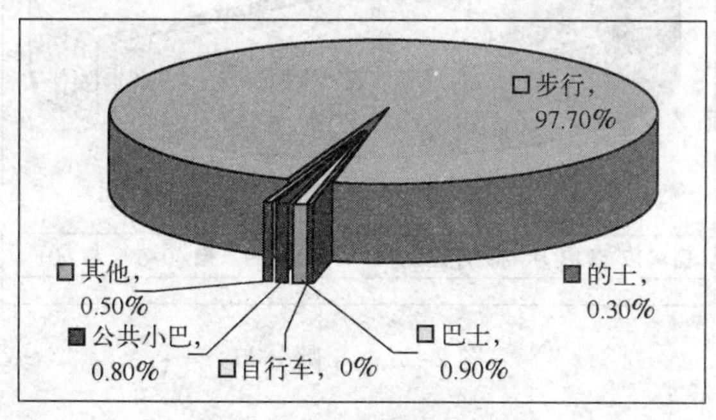

图 2-24 乘客接驳模式选择

（2）尖沙咀车站乘客出行性别及年龄分布如图 2-26 ~ 图 2-27 所示。

（3）尖沙咀车站乘客出行职业及平均薪资调查统计，结果如图 2-28 所示。

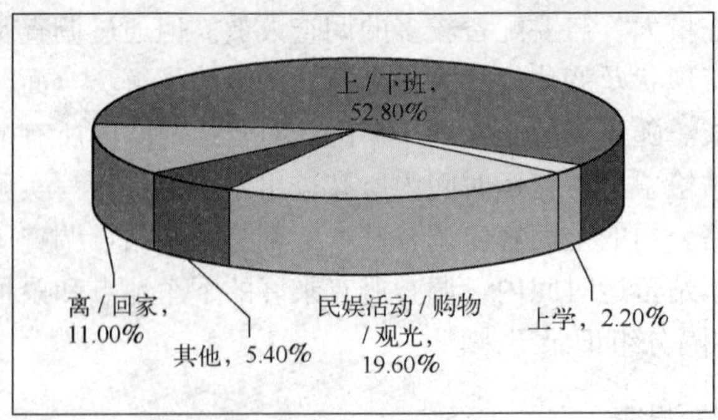

图 2-25　出行目的分布

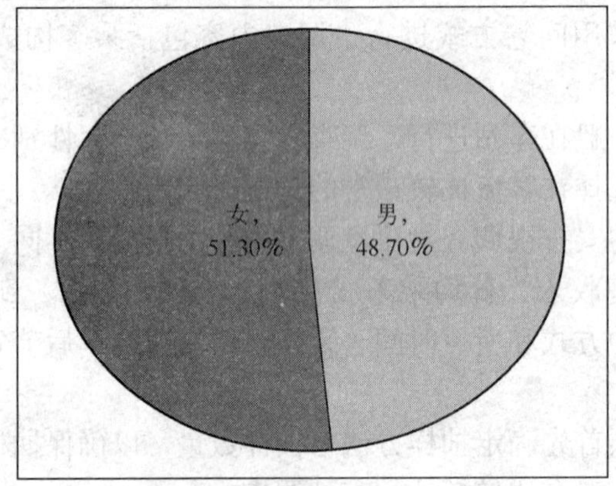

图 2-26　性别分布

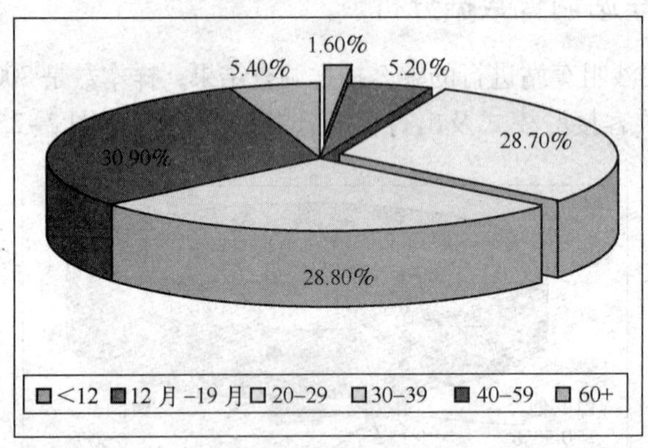

图 2-27　年龄分布

4. 客流调查统计数据分析

在出行性别的统计上，女性的比例是 51.3%，比 2005 年（53.9%）为少；而男性的比例（48.7%）相对比 2005 年的（46.1%）提升了。在香港地铁乘客交通“接驳”的统计中，“其他”种类的比例（7.8%）比 2005 年（0.5%）增多。

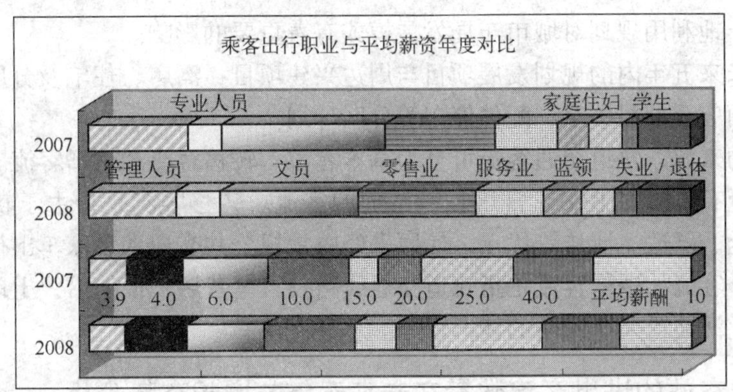

图2-28　乘客出行职业与平均薪资年度对比

形成上述地铁“接驳”数据特点的主要原因是：住在偏远地区的市民（如上水、元朗、粉岭、大埔等）多选择使用“邨巴”服务，直接从居住处接驳到尖沙咀站，再换乘香港地铁服务；下班的时候则反之。随着皇冈与深圳的二十四小时通关政策实施，内地与香港来往频繁，直通接驳巴士服务大受欢迎，而尖沙咀就是其中一个设有直通接驳巴士的地区，很多香港市民皆选择乘搭香港地铁到尖沙咀车站并在此转乘巴士前往深圳；而内地居民则乘搭直通接驳巴士从皇冈到尖沙咀再转乘香港地铁服务。

随着部分工商业企业的北移情况，香港地铁乘客在职业分类调查中的（文员13%）及（蓝领4%）的比例有下调情况；2005年的比例，分别为14%及7%；而旅游业的兴旺则为零售业（15%）及服务业员工（7%）比例分别提升了2%，随着2005年香港经济的持续增长，失业人数所占的百分比（12%）则下调了4%。随着失业人数的减少，乘客使用交通工具的次数自然增加，地铁的客流量随之会上升。

自由行政策的实施为旅游业的兴旺带来正面影响，这种说法在出行目的调查中已被验证，2006年在出行目的调查中旅游、购物的比例是19.6%，比2005年的18.1%多了1.5%。随着部分企业将总部办事处移至中国内地，今年在出行目的调查中以工作为目的的比例（52.8%）则比2005年的统计（50.3%）下跌了2.5%。

在乘客年龄的统计中，增长幅度最多的是年纪在40～49（30.9%）及超过60岁以上（5.4%）的长者；比去年的26.8%及2.5%分别多了4.1%及2.9%。长者一般来说已经是退休人士，没有收入，所以他们对票价的增减反应相对比其他年龄的人士较为敏感。

香港经济在2006年出现复苏势头，普遍行业也因而受惠；大部分员工都获得加薪奖励，这可在乘客平均薪金调查报告（$10 158）中获得验证；2005年的平均薪金只有（$9 567）。除了收入的增加，市民在消费方面的支出会相应提高；而乘客使用地铁出外娱乐的次数也会有所增长。但我们仍要考虑的一点是市民的收入增加，他们选择出行交通工具时，票价并不完全是他们考虑因素；相反服务的质素，如快捷、准时、舒适，才是他们考虑的主要关键。

尖沙咀区未来土地利用的概况，土地利用包括以下三方面的演绎：土地的用途，涉及城市各区域功能的定位；在用地上建造的建筑类型，涉及用地上进行的社会经济类型；土地的利用情况，涉及用地上进行的社会经济活动的强度，如人口、就业、产量等。土地利用与客流的关系是“源”与“流”的关系，城市各区域功能的定位决定了出行活动及出行流量、流向。此外，土地利用规划对城市布局发展模式有着重要的影响。

尖沙咀区未来五年内的规划发展项目与周边兴建项目：酒店、住宅及分层楼宇，主要包括尖沙咀拟议酒店及分层楼宇、配件停车等分区计划。

根据客流的来源，轨道交通客流可分为基本客流、转移客流和诱增客流。基本客流是指轨道交通线路既有客流加上按正常增长率增加的客流。转移客流是指由于轨道交通具有快速、准时、安全、舒适、清洁等优点，使原来经由常规公共交通和私家车出行转移到经由轨道出行的这部分客流。诱增客流是指轨道交通线路投入运营后，促使沿线土地开发、住宅区形成规划、商业活动繁荣所诱增的新增客源。

5. 尖沙咀车站的进出客流数量在未来五年内增长态势分析

1）基本客流的递增

过去三年尖沙咀车站的客流量平均每年有1.6%的增长，随着旅游业的兴旺、自由行计划的持续扩张于中国各地。而尖沙咀车站正位于旅游热点、大型购物中心、饮食广场区段，所以尖沙咀车站的进出客流人数在未来数年应该有所增展，这是可预期的。

2）转移客流的递增

两铁合并之后，因协同效应结果，乘客在两铁（包括马铁、西铁）换乘过程中将会获得减价优惠，相信有一部分市民会利用此优惠重新使用轨道服务，而尖沙咀车站正与九广东铁的尖东站相连接，在进出客流人数增长方面必定有所得益。

3）诱增客流的递增

香港地铁公司与政府及发展商正计划兴建新通道连接香港凯悦酒店及东英大厦地底。车站大堂日后将直接接驳凯悦酒店现址地底，而东英大厦则倾向以行人隧道由月台楼层接驳；加上两个未来即将在尖沙咀车站附近兴建的酒店项目（科学馆道及河内道）及尖东海滨长廊的扩建；此三个项目完成后，对尖沙咀车站未来诱增客流方面将有着深远影响。

2.5.2　北京天通苑小汽车出行换乘意向调查

北京市地铁5号线是一条穿越城市中心区的放射性地铁线路，从丰台区宋家庄到昌平区太平庄，由南向北经过丰台、崇文、东城、朝阳、昌平五个城区。天通苑地区作为地铁5号线终端站所在的区域，开发性质较为单一，以住宅为主，区内缺乏就业岗位，就地吸纳劳动力比例很小，造成大量的区域内外交换交通量，尤其是在早晚上下班的高峰期，呈现明显的潮汐式交通流向，对地面交通的压力较大。天通苑地区的轨道交通站对缓解该地区的交通压力起了较大的作用，地铁5号线在此有三个轨道交通站点，分别为天通苑南站、天通苑站和天通苑北站。天通苑地区地铁终端站是连接昌平地区和城市中心区很好的中间衔接点，对于发挥轨道交通终端站的辐射功能有重要意义。

1. 调查内容

为了得到天通苑地区轨道交通和常规公交客流路段断面流量，以便对客流的空间分布和方式选择进行分析，对地铁5号线开通初期和稳定期居民选择轨道交通和常规公交出行情况进行了调查。调查的主要内容如图2-29所示。

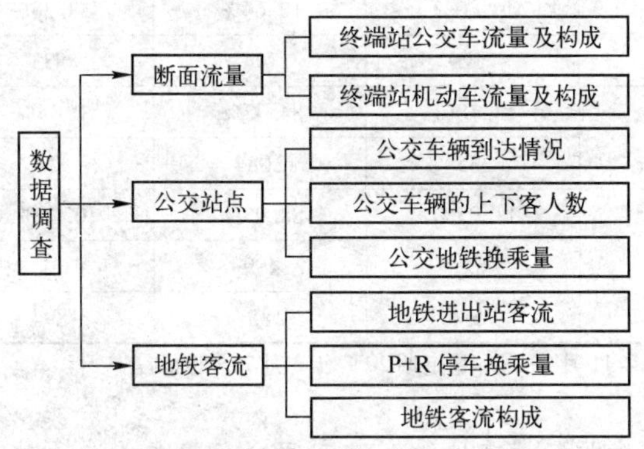

图2-29 调查的主要内容

地铁运营初期选择的调查时间为2007年11月29日的上午7:00—9:00，运营稳定期选择的调查时间为2008年3月20日的上午7:00—9:00。从调查数据中提取上午7:30—8:30一个小时的数据统计得出地铁运营初期和稳定期各路段高峰小时各公交断面客流量。

根据公交车线的走向和所服务的对象，把天通苑地区的公交线分为三种类型：过境线、直接服务区线和昌平线。

① 过境线是指公交线经过天通苑地区，与城市中心区联系的车线，过境线为地铁5号线带来了大量的转移客流和诱增客流。

② 直接服务区线是指始发于天通苑地区或天通苑周边2km以内的公交线路。

③ 昌平线是指连接昌平区和天通苑地区轨道交通站的昌平始发公交车线，终点站一般设在天通苑地区的轨道交通站或延伸进入城市中心区。方便了昌平居民换乘轨道交通和增强轨道交通终端站对昌平区的辐射功能。

2. 调查结论

1) 公交线路客流空间分布

公交换乘地铁早高峰客流的调查统计，得出不同公交车线客流的空间分布，如表2-4所示。

表2-4 三种公交车线换乘地铁人数和比例 人

时期	地铁站	过境线	直接服务区线	昌平线	总公交换地铁量
初期	天通苑北	49.97%	9.90%	40.13%	1 895
		929	184	746	
	天通苑	11.95%	86.04%	2.01%	2 292
		274	1972	46	
	天通苑南	21.28%	76.92%	1.79%	390
		83	300	7	
	合计	1286	2 456	799	4 541

续表

时期	地铁站	过境线	直接服务区线	昌平线	总公交换地铁量
稳定期	天通苑北	49. 60%	12. 64%	38. 38%	2 276
		1 129	274	873	
	天通苑	14. 78%	84. 37%	0. 85%	470
		365	2 084	21	
	天通苑南	11. 05%	88. 95%	0. 00%	561
		62	499	0	
	合计	1 556	2 857	894	5 307

注：数据来源于初期 2007 年 11 月 29 号和稳定期 2008 年 3 月 20 号的调查统计。

2）小汽车、自行车和步行换乘地铁客流空间分布和方式选择对比分析

轨道交通终端站影响范围的客流空间分布可以分为直接服务区客流和辐射区客流。直接服务区客流，也就是选择步行、自行车和区内短途公交至轨道交通站点乘坐轨道交通的客流，这类客流分布在轨道交通站点附近，也就是在其直接吸引范围之内。辐射区客流，指乘坐其他交通方式来换乘轨道交通的客流，交通方式包括常规公交、小汽车以及摩托车，这些客流分布在离轨道交通站有一定距离的地方，是在其间接吸引范围之内。早高峰换乘地铁的客流选择交通方式有明显的分割现象，选择小汽车出行的客流主要来源于辐射区，直接服务区的客流很少，可以忽略不计。而选择自行车和步行的客流主要来源于直接服务区。根据对通过小汽车、自行车和步行换乘地铁早高峰客流的调查统计，得出了小汽车、自行车和步行客流空间分布和方式选择，如表 2-5 所示。

表 2-5　小汽车、自行车和步行换乘地铁人数　　人

时期	地铁站	小汽车（辐射区）	自行车（直接）	步行（直接）
初期	天通苑北	701	260	2 007
	天通苑	146	360	4 744
	天通苑南	50	380	1 698
	合计	897	1 000	8 449
稳定期	天通苑北	1 002	286	2 600
	天通苑	176	394	5 759
	天通苑南	30	412	2 064
	合计	1 208	1 092	10 423

注：数据来源于初期 2007 年 11 月 29 号和稳定期 2008 年 3 月 20 号的调查统计。

由表 2-5 可以看出，一方面，在辐射区内一部分客流选择乘坐小汽车在地铁终端站换乘地铁出行，这部分客流基本上都选择在天通苑北站换乘，这主要是因为天通苑北站新建了一个P + R换乘站，方便了辐射区的客流进行 P + R 换乘。而在直接服务区内选择步行乘坐地铁的量是很大的，相对来说选择骑自行车换乘地铁的客流很少，这主要受到出行距离和自行车存放不方便的影响。另一方面，辐射区选择小汽车出行换乘地铁的客流增加了 311 人，而

且在以后还有继续增加的趋势，这说明 P+R 换乘站的建立方便了辐射区的客流进行 P+R 换乘，从而减少了小汽车的进城量。在直接服务区内，选择自行车和步行的客流也增加了 2 075人，这就说明地铁末端站在直接服务区和辐射区都诱增了大量的客流，地铁的开通改变了人们的出行方式。

2.5.3　早高峰客流换乘地铁空间分布对比分析

轨道交通终端站的吸引范围影响居民换乘方式的选择，直接服务区的乘客主要选择步行、自行车和区内短途公交（直接服务区线）的方式换乘轨道交通，小汽车的换乘客流比较少；辐射区的乘客一般选择常规公交（过境线和昌平线）和小汽车换乘轨道交通。当把空间分布看成是辐射区和直接服务区时，得到了天通苑轨道交通终端站的初期和稳定期客流来源比例，如表 2-6 所示。

表 2-6　三个地铁站不同空间分布人数和比例　　人

时期	地铁站	辐射区	直接服务区	总进站量
初期	天通苑北	49. 22%	50. 78%	4 827
		2376	2451	
	天通苑	6. 18%	93. 82%	7 542
		466	7 076	
	天通苑南	5. 56%	94. 44%	2 518
		140	2 378	
	合计	2 982	11 905	14 887
稳定期	天通苑北	48. 73%	51. 27%	6 164
		3 004	3 160	
	天通苑	6. 36%	93. 64%	8 834
		562	8 272	
	天通苑南	3. 00%	97. 00%	3 067
		92	2 975	
	合计	3 658	14 407	18 056

注：数据来源于初期 2007 年 11 月 29 号和稳定期 2008 年 3 月 20 号的调查统计。

由表 2-6 可以看出，三个轨道交通站的客流空间分布形态不尽相同，其中天通苑北站的辐射区的客流比较多，很多昌平公交线作为临时线在天通苑北站停靠，再加上 P+R 停车场的修建，使得早高峰在天通苑北站换乘地铁的客流中辐射区的客流占据了很大的一部分；天通苑站和天通苑南站的客流主要来自轨道交通直接服务区的乘客，服务的主要对象是天通苑社区，辐射区的客流量比较少。由初期和稳定期对比可知，辐射区内不同方式换乘地铁的客流增加了 676 人，增幅达到了 18. 48%，充分体现了地铁终端站对周围辐射区的吸引作用；直接服务区内不同方式换乘地铁的客流增加了 2 505 人，增幅为 17. 34%。所以由上表可以更加形象具体地看出，地铁终端站在直接服务区和辐射区都诱增了大量的客流。

本章练习题

1. 根据客流的时间和空间分布特征，轨道交通客流可分为哪几种？
2. 轨道交通客流预测一般包含哪些流程？试简要概述。
3. 根据客流预测的结果及目的，客流预测可以分为哪几类？
4. 客流预测主要包含哪几类方法？各自有什么特点？
5. 客流调查过程中应注意哪些问题？调查的一般步骤是什么？调查的指标主要有哪些？
6. 简述客流时间、空间分布特征各指标的计算方法。

3 第3章 车站客流作业

本章概述

把地铁车站按照一般站、大型换乘站、终端站，以及商业区的大型换乘站、居住区大型换乘站进行分类，分别分析高峰、低峰、全天客流峰形。

城市轨道交通车站是轨道交通系统客流集散的重要节点，是乘客接受轨道交通服务的起点和终点。它除了承担轨道交通运营企业内部大量列车的到发、通过和折返等行车技术作业外，还承担了大量的乘客售检票、乘降、换乘等客运作业。轨道交通车站的客运组织不仅直接影响到乘客的安全、出行效率、方便程度、舒适程度，同时还影响着轨道交通系统运营管理的效率。车站客流包括站内客流、候车流、换乘流、进站流、出站流、断面流等。地铁车站客流组织方案，主要是指经过对车站设备、设施和空间的分析，根据车站某个时间段的进出车站乘客数量预测，制定符合地铁车站实际情况的乘客进站、乘车、换乘、下车、出站的疏导、指引方案，以及根据方案进行的车站行车、票务和人员组织。其中车站设备主要是指自动售检票设备、车站行车设备及其他的服务设施等。地铁车站客流组织首要的任务就是要考虑如何实现安全的旅客运输，同时，既要考虑如何吸引乘客乘坐地铁，使客流量最大，又要使运营成本最低，并取得最佳的经济效益，而良好的客流组织是实现这一目标的前提。

学习重点

1. 了解车站客流作业的基本概念及其主要作业部分。
2. 熟悉车站客流构成，了解各类客流的特点，重点掌握轨道交通与其他交通方式的换乘。
3. 学会轨道车站客流的特征分析。

3.1 车站客运作业

3.1.1 客运作业基本要求

车站客运作业包括售票作业、检票作业和站台服务等。车站是轨道交通对乘客服务的窗口，车站客运作业直接面对乘客，客运作业（服务）的质量，既反映了轨道交通的乘客服务水平，也反映了轨道交通的运营管理水平，关系到市民对轨道交通的满意度。对车站客运作业的基本要求如下。

1）站容整洁

车站内外应门窗完整、明净；各种设备和设施摆放整齐、有序；站台、站厅、通道及出入口的墙壁光洁，地面无痰迹和废物；厕所清洁卫生。

2）导向标志齐全

在各种导向标志中，为乘客指引方向的导向标志是主要的。车站外应有车站出入口、站名等导向标志；车站内应有到达出入口、售票处、检票口、站台和紧急出口等导向标志；站台上应有站名、列车运行方向等导向标志。此外，还应有示警性和服务性导向标志，如指引乘客换乘其他轨道交通线路或常规公交线路的导向标志等。

3）优质服务

客运作业人员应遵守职业道德，文明礼貌、规范地为乘客提供服务，对老弱病残孕乘客应重点照顾。耐心、正确地回答乘客提出的询问，帮助乘客解决疑难问题。经常征询乘客的意见，及时改进工作，提高客运服务水平。

4）遵章守纪

客运作业人员应认真执行客运规章制度，服从命令、听从指挥。执行职务时，客运人员要仪表整洁，按规定着装，并佩戴标志。

5）掌握客流规律

分析客流统计资料，掌握车站客流在时间、空间上的分布与变动，对可能出现的大客流应有预见性。

6）搞好联劳协作

客运作业人员应与车站值班员、列车司机、公安人员等有关工种作业人员加强联系，密切配合，协同工作，确保列车按图运行，以及保证行车安全与乘客安全。

3.1.2 售检票作业

轨道交通系统售检票作业方式有开放式售检票和封闭式售检票两类。按是否采用自动售检票设备，封闭式售检票又分为人工售检票、自动售检票及半人工售检票三种方式。其主要设备和功能如表3-1所示。

表3-1　设备种类及具体功能

设备	功能
自动售票机	自动发售车票
半自动售/补票机	发售车票，充值，补票及查询
进站闸机	进、出站自动检票，回收车票（出站闸机、双向闸机），金额显示，操作提示
出站闸机	
双向闸机	
便携式验/检票机	车票人工验票及检票
自动充值机	车票自动充值和信息查询
自动补票机	自动补票
查询机	车票、路网信息查询

人工售检票方式的缺点是售检票人员配备较多，且无法杜绝无票乘车、越站乘车。自动售检票能为乘客提供便捷的服务，检票口通过能力较大，售检票人员配备较少，能杜绝无票乘车、越站乘车。

1. 售票作业

1）人工售票作业

人工售票要求售票员按票号顺序出售车票，在售票中执行“一唱、二售、三找、四清”作业程序。售票作业既要有较快的售票速度，又要求票款不出差错，还要求售票员随时、耐心解答乘客的询问。

车站应根据客流情况开足售票窗口。遇有大客流集中到达，应指定专人维护售票处秩序，并增加开设售票窗口。遇有列车运行秩序紊乱等特殊情况时，车站应按行车调度员的调度命令要求进行售票。停止出售当日车票，必须要有调度命令。

严格执行票务有关规章制度，车票与票款的管理做到不丢失、无差错，做到日清、月结、账款相符。车票遗失、票款缺少，有关责任人应赔偿。

2）自动售票作业

自动售票由自动售票机（见图3-1）自动完成售票作业，具体的完成流程与售票机的设计有关。在早晚高峰，售票机处容易产生排队现象，特别是当某些人对于售票使用流程不熟悉时，则使得售票时间延长，并使得排队的时间延长（见图3-2）。

图 3-1　自动售票机

图 3-2　世界之窗地铁站售票机前排长队

3）半人工售票作业

半人工售票作业为“人工收费找零、机器出票”方式，售票机将作为主要售票设备。车站不仅需要配置半自动售票机，还需要配备售票员。此外，每一个收费区还应配备一名票务员。

售票员输入密码和识别码，登录半自动售票机，进行车票发售、车票分析和对车票进行更新等作业。

收费区票务员作业的主要内容是车票分析、处理和补票，以及指导乘客正确使用检票机等。

2. 安全检查

为配合北京 2008 奥运会，保证奥运会安全举行，北京地铁于 2008 年 7 月 1 日开始实行进站安检，成为了世界上第一次在城市轨道车站上进行的安检。地铁安检主要是在车站入口处设置 X 光检测机，对进站乘客所携带的物品进行检查。而奥运会结束之后，北京地铁车站仍延续安检原则，对乘坐地铁的乘客所携带的物品进行安全检查。

通过对北京地铁安检的观察中可以发现：工作日的早晚高峰，进站客流很大，轨道车站的安检设施处有排队的情况出现；而周末的商业区，例如北京西单站，特别是在晚上容易在安检设施处排队，且排队较集中。排队等待安检（示例见图 3-3）的现象非常明显，且排队持续时间过长，严重影响乘客进出站效率。

图 3-3　西直门站安检处排队

对厅式车站而言，由于站厅空间有限，排队等待安检的进站乘客会占用进出站通道空间，严重影响了乘客进出站的通行速度。图 3-3 为西直门站安检处乘客排队情况，为了减小出站乘客与等待安检的进站乘客之间的对向客流影响，车站设置了简易的隔离护栏，将进、出站客流分离。

3. 检票作业

1）人工检票作业

人工检票作业中检票员应执行“一看、二撕、三放行”作业程序，认真核对车票的日期、车站等，防止无票乘车或使用废票、伪票与无效证件乘车。认真做好票卡分析和补票工作。严禁以售代检和收存有效车票。在客流较大时，应积极疏导乘客，组织乘客有秩序地进站乘车。

2）自动检票作业

自动检票由自动检票机完成检票作业，一般是由乘客手持磁介质车票在进、出站检票机处刷卡，自动检票机对客票上二维条码进行识读，系统自动辨别车票的真伪并将相应信息存入系统，且反映在检票机上；绿灯可通过检票机，红灯则不能通过检票机。乘客通过检票机的情形如图 3-4 所示。

图 3-4　旅客通过自动检票机

从我国地铁设计规范中，售检票设施的通行能力如表 3-2 所示，从中可以看出，自动售检票机的能力较人工售检票的能力低。因此，当自动售检票机的设置不合理时，较人工售检更容易产生排队现象。

表 3-2　自动售检票机的设计通过能力

部位名称	每小时通过人数
人工售票口	1 200
自动售票机	300
人工检票口	2 600

续表

部位名称			每小时通过人数
自动检票机	三杆式	磁卡	1 500
		非接触 IC 卡	1 800
	门式	磁卡	1 800
		非接触 IC 卡	2 100

3.1.3　站台服务作业

站台服务作业的主要内容是接送列车、组织乘降和站台管理。

1. 接送列车

在接送列车时，应精神饱满、思想集中，站在指定位置面向列车，目送目迎，注意列车运行状态，遇有危及行车安全和乘客安全的险情，应立即采取有效措施并及时向车站值班员报告。

在列车到发过程中，提醒乘客在安全线内候车，上车时注意安全，维持站台上的候车秩序。

2. 组织乘降

列车到达前，应组织乘客尽可能在站台上均匀分布候车，以缩短列车停站时间。列车到达后，提醒乘客先下后上。对通过列车，应及时广播通知候车乘客。列车到达终点站后，要及时做好清客工作，严禁列车带客进入折返线或车辆段。因特殊原因需在中间站清客时，应耐心做好解释工作，迅速清客。

3. 站台管理

加强站台巡视，防止乘客跳下站台或进入隧道。注意候车乘客动态及其携带物品，发现异常、可疑情况，或闲杂人员在站台上长时间停留，应及时与有关人员取得联系，进行处理。与列车司机密切配合，防止车门夹人、夹物，或车门未关闭时的列车启动等现象，保证乘客安全。遇发生伤亡事故，应保护现场、疏导乘客、做好取证，并协助清理现场。

3.1.4　大客流时应急处置

大客流，是指客流集中到达，使车站候车、滞留的乘客人数接近或达到车站设施的设计容量，以及超过线路输送能力的情形。短期性的客流骤增往往与大型文体活动等有关。对可以预见的大客流，除增加开行列车外，车站应设专门窗口发售应急票，以及采取增设临时检票口或采取进站免检、出站检票等措施尽快疏散乘客。对突发性大客流，车站应按应急预案的规定及时向控制中心等报告，报告的内容包括大客流发生的地点、时间、原因、程度与造成影响。同时，立即采取有关措施，如停止售票、办理退票，限制或阻止乘客继续进站，通过广播安抚和疏导客流，人工引导乘客出站，监控乘客聚集情况与维护现场治安秩序。

在地铁高峰时段，没有预留应急措施的车站，管理公司可以在高峰时段内增加维护秩序人员。特别是在进入站厅前的疏散通道内更应该增加工作人员来维护乘客进出的秩序。增设一些临时设备，把进出客流在空间上分离开来，避免客流的相互冲撞和干扰。

1. 早晚高峰及节假日期间的客流协调组织

早晚高峰及节假日期间，换乘站客流密集，流动情况复杂，由于建设条件等原因造成各个车站候车厅的布局不一致，对候车厅内客流影响等问题会更加明显。冲突可能增大，最终导致候车时间变长。

合理规划设计换乘站车站周边环境，尤其是公交换乘环境，密度过高会使客流运动受阻、速度下降，这些需要通过协调组织客流来解决。地铁公司要给乘客提供一个舒适、干净的乘车环境，更重要的是要给乘客提供快捷、方便的出行方式。地铁出行方式的出行时间是由接驳时间和地铁运行时间组成。而接驳时间中，乘客从进入疏散通道到到达候车站台所需要的时间很大程度决定于换乘站的布局。为更好地协调和组织客流，首先要注意的就是车站站厅的合理设计与规划。在规划设计中体现“以人为本”的理念，站内建筑布置既要满足使用功能要求，规模也应得到有效控制。各种设施、设备的布置，以能更好地为客流服务为前提。车站的功能分区一般由付费区、非付费区及设备管理用房组成。乘客基本都在付费区和非付费区之间流动，这两个区域被分隔栅栏分开，由一个通道进行连通。在两个区域中如何布设自动扶梯、检票机、售票亭都要以尽量避免进出站客流交叉为前提。客流交叉点的减少能有效地提供乘客的流动速度，从而减少乘客的候车时间。图 3-5 是常规车站站厅的典型布置方式，客流组织较为合理，在付费区内乘客流线无交叉现象。非付费区内进、出站流线分明，出站检票机至出入口通道路径短，乘客能迅速出站，2 个非付费区之间的联系通道为出站乘客选择出站通道提供了便利，紧急疏散通道设置也符合消防要求。因此，这种站厅建筑布置形式已在城市地铁线路建设一般车站设计中被普遍采用。站厅的建筑形式在标准的布置形式上做相应改动，更适用于站台宽度较小的车站。

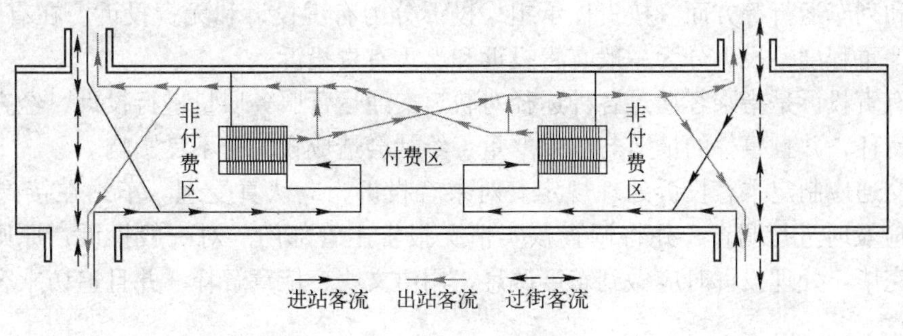

图 3-5　车站站厅建筑布局

地铁车站站厅建筑形式的合理布置，是客流组织的基础，特别是客流密度较大的时候，车站合理布设所起的作用更为突出。

2. 紧急措施的实施

在不同的时间段，车站客流量有着明显的差别。每天地铁车站都会有两个高峰时段，周末全天也是地铁运营的高峰时间。如果再考虑到其他的一些特殊情况，比如某车站距离大型公共设施较近，某一时间内，此公共设施举办大型活动，此时车站的客流量会成倍地增长，车站客流组织遇到了新的问题，原有的客流组织方案在一定程度上无法更好地疏导客流，造成客流拥堵、甚至会导致事故的发生。要解决这一问题，可以采取加开应急设备和增加维护秩序人员的措施。

1）加开应急设备

在特殊的时间内，可能会有突发客流的产生，比如博览会、运动会等大型公共活动的召开，会给会场周边的车站带来额外的压力。此时，客流疏散牵涉到该站的建筑结构、出入口、闸机口、楼扶梯等通道的数量及通过能力、站台面的容纳能力、列车的装载量、售检票方式、行车交通组织等诸多因素控制。在车站的布置形式方案选择时，应该充分考虑到这一问题，可以选择能承受较大客流的站台形式，如一岛一侧站台。无大规模突发客流时，侧式站台一侧的扶梯、屏蔽门等设备关闭；遇大规模突发客流时，为满足行车交通组织的上下车要求，同时开放站台一侧的扶梯和屏蔽门，方便疏导客流。

2）增加维护秩序人员

在地铁高峰时段，没有预留应急措施的车站，管理公司可以在高峰时段内增加维护秩序人员。特别是在进入站厅前的疏散通道内更应该增加工作人员来维护乘客进出的秩序。增设一些临时设备，把进出客流在空间上分离开来，避免客流的相互冲撞和干扰。我国地铁运营公司多采用这种方式，并取得了良好的效果。

3.1.5　乘客投诉处理

乘客投诉是指乘客对轨道交通运营服务质量提出不满意见，涉及规范服务、乘车环境、票款差错和列车运行等方面。按责任承担，投诉分为有责投诉和无责投诉。在有责投诉中，按事件的严重程度，投诉分为一般有责投诉和严重有责投诉。

严重有责投诉是指乘客通过各种途径对轨道交通运营服务质量进行投诉，经查实确为轨道交通方责任，并且事件的情节与后果严重、给社会造成较大的不良影响。

轨道交通应制定乘客投诉处理规定。对乘客投诉，应认真受理。车站在接到投诉（通知）后，应及时进行调查，并将调查核实情况报告主管部门。对一般投诉，原则上应在3日内处理完毕。处理投诉时应做到态度诚恳、用语文明、依章解释，并且追访乘客对投诉处理是否满意。

3.2 车站客流构成及特点分析

3.2.1　进站客流

进站的乘客虽然是随机到达的，但是在高峰时段，进站的客流量一般会维持在一个稳定、相对较高的值。通过实地观察和数据分析可知，上下班高峰时期，进站客流的流量随时间变化不大，基本上呈现比较稳定的趋势，这是由于进站的乘客是由不同的地方在毫无约定的情况下到达轨道交通枢纽，因此乘客交通量呈现比较平稳的特征。图 3-6 是北京西直门地铁站乘客进站情形。

图 3-6　西直门进站客流

乘客到达车站是一个随机过程，通过实际的统计调查可以得到乘客到达车站的分布规律，根据乘客到达规律，设置合理数量的检票机，调节其服务时间，使其能力利用率、乘客平均排队长度和平均等待时间等系统运行指标控制在乘客可以接受的范围内，并满足高峰时段客流通过的要求。乘客购票后或持卡准备从非付费区进入付费区候车时，首先到达自动检票机，接受检票设施服务，但是在客流高峰时段，乘客并不能立即得到服务，而是在非付费区域出现缓行的状况，乘客从无序至有序的过程使得在经过检票机时形成自动渠化队列，排队现象发生。自动检票机能将来自不同方向的乘客交通流混合渠化成为若干股独立无干扰的交通流，从而使乘客有序进站，安全乘车。此时自动检票机起到了延缓客流冲击效应的作用，减少了客流对其后设施（如楼梯、自动扶梯等）的瞬时压力，图 3-7 为检票设备处乘客所处的不同阶段示意图。

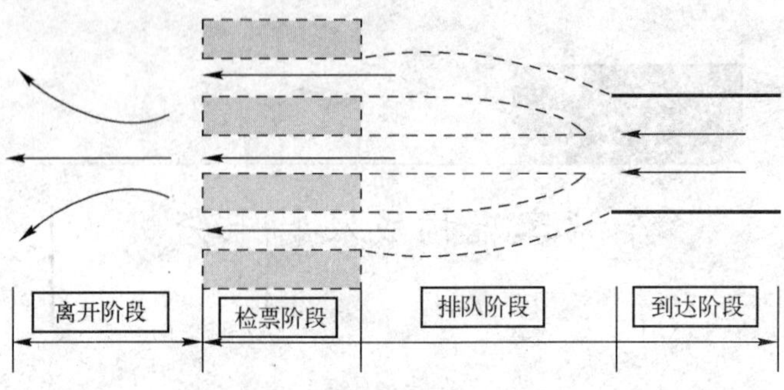

图 3-7　检票设备处乘客所处阶段

高峰时期乘客进站或出站时，到达自动检票机前可以保持较正常的行人走行速度，进入排队系统之后，速度降低，进入排队等候状态，进入检票机接受服务时，速度出现回升趋势。图 3-8 为进出站自动检票机处的乘客速度 - 位置关系图。

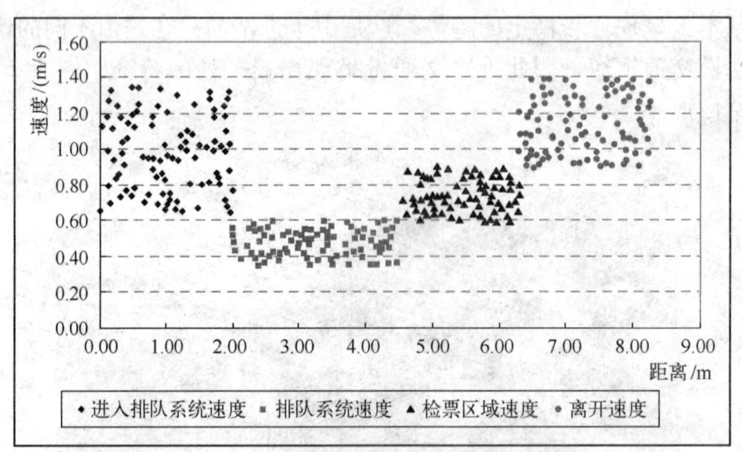

图 3-8　进出站自动检票处客流速度 - 位置关系

由图 3-8 可以看出，进出站 0 ~ 2 m 范围表示乘客即将进入排队系统的区域，此区域内乘客的平均速度为 0.98 m/s；2 ~ 4.5 m 范围表示乘客排队系统区域，此区域内乘客的平均速度为 0.47 m/s；4.5 ~ 6.27 m 范围（北京地铁系统内自动检票机长度为 1.77 m）表示乘客检票区域，此区域内乘客的平均速度为 0.74 m/s；6.27 m 以外范围表示乘客离开区域，此区域内乘客的平均速度为 1.21 m/s。从中可以直观、清晰地看出乘客在自动检票机处走行速度随着所处阶段不同而发生的变化。

1）进站楼梯

乘客在进站时，由于受到地面和车站站台平面的高差影响，通常无法满足正常的步行需求，必须在适当的位置设置下行楼梯（见图 3-9）。

很多情况下，车站内的人行楼梯是上下混行的，而楼梯内有上下混行的乘客时，乘客的走行行为更加复杂，很难反映出乘客在楼梯内下行时的交通特性。本章中所使用的数据是在楼梯内只有单向下行乘客时采集的，图 3-10 为进站楼梯内客流速度 - 密度关系示意图。

图 3-9　下行楼梯

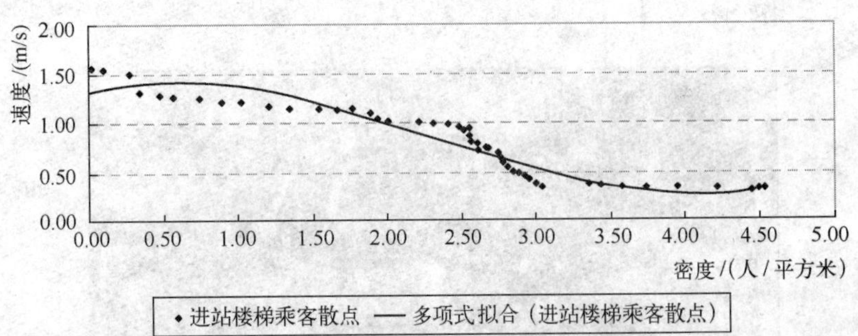

图 3-10　进站楼梯内客流速度 - 密度关系图

从图 3-10 中曲线的变化趋势可以看出，随着密度的增加，乘客速度逐渐降低。在密度较低时，乘客速度降低的程度大，随着密度的提高，乘客速度降低的程度也变小。

根据拟合曲线的形式可得到进站楼梯内最小密度时乘客的速度约为 1.32 m/s。由图中散点的数据可得：进站楼梯内乘客的平均速度约为 0.76 m/s，密度约为 2.56 人/平方米。

2）进站通道

进站通道是乘客进入付费区后进入车站站台的走行径路，图 3-11 为车站进站通道内客

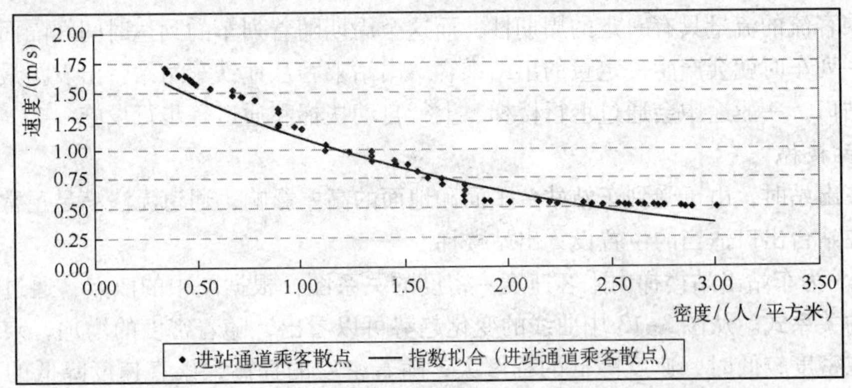

图 3-11　进站通道内客流速度 - 密度关系

流速度 - 密度的关系图，根据图中的散点，通过数据拟合得到速度 - 密度关系式为：

$$y = 1.9166e^{-0.5512x}$$

其中，散点与曲线间的相关系数 $R^2 = 0.884$。

由拟合曲线可得进站通道内最大密度时乘客的速度约为 0.38 m/s。由图中散点的数据可得：进站通道内乘客的平均速度约为 0.87 m/s，密度约为 1.58 人/平方米。

3.2.2　出站客流

由于受到列车的到达时间间隔限制，出站客流的流量呈现明显的周期性。列车的到达会产生一定量的出站乘客，使乘客流量在短时间内由零迅速增加，而后保持稳定且较强的客流强度，直至乘客疏散完毕，如图 3-12 所示。出站乘客流在高峰时段速度缓慢，且速度趋于一致。

图 3-12　地铁出站客流

出站乘客流的流量具有一定的周期性，而这个周期随着列车的到达时间间隔而改变，当车站到达一列车时就会产生一定量的出站乘客。出站乘客从地铁车站站台出发，最终目的地是车站出站口，一般途中会通过上行楼梯、上行自动扶梯和通道等步行设施。

1）出站楼梯

乘客在出站时，由于受到车站站台平面和地面的高差影响，通道无法满足正常的步行需求，必须在站台出口适当的位置设置出站楼梯。

图 3-13 为车站出站楼梯内乘客速度 - 密度的关系图，根据图中的散点，通过数据拟合得到两者的关系式。从图 3-13 中曲线的变化趋势可以看出，随着密度的增加，乘客速度逐渐降低。在密度较低时，速度降低的程度大，随着密度的提高，乘客速度降低的程度也变小。由于出站乘客流的到达与列车发行间隔密切相关，在高峰时期，列车的到达必然导致乘

客流量的激增，从而在出站楼梯处产生了高密度出站乘客流，导致乘客的速度降低，在高密度区间内，乘客的速度几近于零，处于停滞状态。

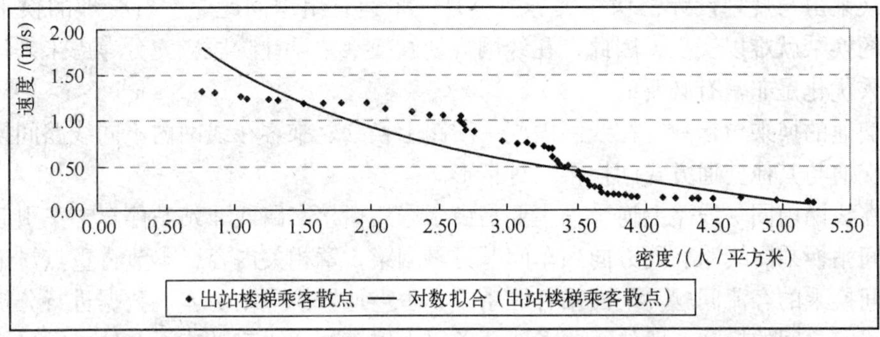

图 3-13　出站楼梯内客流速度 - 密度关系图

由图中散点数据可得：出站楼梯内乘客的平均速度约为 0.52 m/s，密度约为 3.30 人/平方米。

2）出站通道

出站通道是乘客从车站内站台通往车站外的走行径路，图 3-14 为车站出站通道内客流速度 - 密度的关系图。

根据图中的散点，通过数据拟合得到乘客流的速度 - 密度关系式为：

$$y = 2.2429e^{-0.3859x}$$

其中，散点与曲线间的相关系数 $R^2 = 0.7589$。

由图 3-14 中散点的数据可得：出站通道内乘客流的平均速度约为 1.17 m/s，密度约为 1.75 人/平方米。

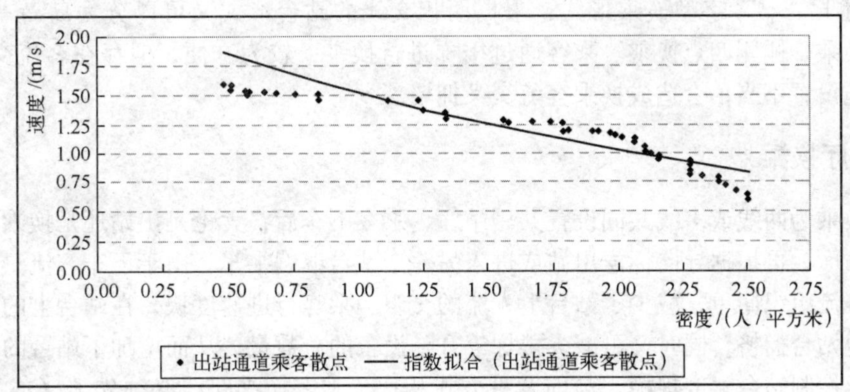

图 3-14　出站通道内客流速度 - 密度关系图

3.2.3　不同地铁线路换乘客流

随着国内轨道交通线网的加快建设和逐步形成，以及市民对减少换乘时间、提高出行质量的要求，换乘问题逐渐凸显、并得到重视。良好的换乘不但关系到轨道交通的服务水平，而且关系到城市公共交通的吸引力。

乘客换乘虽与规划设计密切相关，但也是一个运营组织问题。没有合理的换乘规划设计，良好的换乘就难以实现，因此，在线网规划及换乘站设计阶段应充分考虑未来运营阶段的客流换乘优化是非常有必要的。

轨道交通的换乘包括乘客在线网内同一线路上换乘、乘客在线网内不同线路间换乘、乘客在轨道交通与其他交通方式间换乘三种情形。

乘客在线网内同一线路上换乘，主要是由于采用衔接交路或非站站停车方案引起。部分乘客在中间站换乘同线路、同方向列车问题可参阅第 3 章相关内容，本节将重点讨论乘客在不同线路间换乘的客流问题。下面结合北京市、香港地铁换乘站的客流数据进行分析。

不同线路之间的换乘一般位于两条或两条以上轨道交通线交叉或汇合处。常采用的换乘形式可分为同站台换乘、结点换乘、站厅换乘、通道换乘等基本形式。

1. 同站台换乘

同站台换乘一般适用于两条线路平行交织且采用岛式站台的车站形式。乘客换乘时，由岛式站台的一侧下车，横过站台到另一侧上车，完成转线换乘。这种换乘方式比较方便，但是存在部分客流换乘距离较大的缺陷。一般通过标识系统合理引导客流，减少换乘滞留和绕行现象。

2. 节点换乘

节点换乘是在两线交叉处，将两线隧道重叠部分的结构做成整体的节点，并采用楼梯将两座车站站台直接连通的换乘形式，一般有“十”字型、“T”字型、“L”字型等几种形式，其中对于“十”字型换乘形式，根据两相交线的站台形式又可以分为岛岛一点换乘、岛侧两点换乘、侧侧四点换乘。乘客通过楼梯进行换乘，较为方便，但存在客流交叉问题。若换乘设施设置不当，会造成换乘客流交叉拥堵。

3. 站厅换乘

站厅换乘为两线或多线共同设置共用站厅，乘客下车后，无论是出站还是换乘，都必须经过公用站厅，再根据导向标志出站或进入另一个站台继续乘车。由于下车客流只朝一个方向流动，客流组织简单，减少了站台上人流的交织。乘客行进速度快，在站台上的滞留时间短，可避免站台拥挤，同时又可减少楼梯等升降设备的总数量，从而增加了站台的有效使用面积，利于控制站台宽度规模。与前两种方式相比，乘客换乘路线必须先上（或下）再下（或上），换乘总量大。另外，由于出站客流和换乘客流一起经过站厅，因此引导标志的设置显得格外重要。

4. 通道换乘

通道换乘是在两线交叉处，车站结构完全脱开，用通道和楼梯将两车站连接起来，属于一种间接换乘形式，乘客换乘步行距离长，换乘能力有限，但是布置灵活，连接通道可以设于两站站厅之间，也可以直接设置在站台上。

鉴于上述不利于运营的因素存在，在客流量较大的轨道交通线网一般很少采用列车跨线运行组织方案。

应该指出，实践中采用的往往是几种换乘形式的组合，如同站台换乘与站厅换乘组合，通道换乘与站厅换乘组合等。为使所有换乘方向的乘客均能实现换乘，同站台换乘方式必须辅以其他换乘方式。而通道换乘与站厅换乘组合，对减少预留工程量，降低分期建设难度是有利的。

3.2.4　轨道交通与其他交通方式换乘客流

轨道交通与其他交通方式的换乘客流包括轨道交通与城市对外交通的换乘、轨道交通与市内常规公交的换乘、轨道交通与私人交通的换乘客流。

1. 与对外交通换乘

轨道交通与对外交通的换乘是指轨道交通与铁路、民航、公路、海运等的换乘。轨道交通线路延伸至城市对外交通的车站或港区，轨道交通车站与铁路客站、机场、长途汽车站、港口等形成换乘枢纽，充分发挥轨道交通的大运量、快速集散乘客的功能，完成接运换乘。

1）换乘方式

轨道交通与对外交通的换乘方式主要有层间换乘、通道换乘与站外换乘三种。

(1) 层间换乘

在层间换乘时，不同交通方式的站厅设置在换乘枢纽的不同层面，乘客通过自动扶梯完成轨道交通与对外交通的换乘。对乘客而言，换乘距离及换乘时间较短，比较理想。但要实现层间换乘，需要对换乘枢纽进行统筹规划、同步建设，并在票务管理方面为乘客提供方便。

(2) 通道换乘

在通道换乘时，不同交通方式的站厅设置在换乘枢纽的不同位置，由通道连接。换乘的便捷性取决于通道长度，以及是否设置自动人行道。从换乘枢纽规划的角度，通道换乘是主要的换乘方式。

(3) 站外换乘

在站外换乘时，乘客一般需要走出地面，完成出站（港）和进站（港）的换乘过程，换乘距离及换乘时间较长。由于乘客通常携带行李，这种换乘方式对乘客很不方便。

2）与铁路换乘

在轨道交通与对外交通的衔接中，与铁路的衔接是不可缺少的。但轨道交通与铁路管理体制分属两家而且票务系统相互独立，乘客在两者间的无缝换乘目前难以实现。在过去，由于缺乏统筹规划和建设各自进行等原因，轨道交通车站的出入口一般是设置在铁路客站的站前广场，乘客换乘走行距离较远。近年来，新建铁路客站时，便捷换乘问题得到重视。例如，上海南站换乘枢纽在规划建设过程中，较好考虑了换乘问题。

铁路上海南站是上海两个主要铁路客站之一，轨道交通 1、3 号线和规划的 L1 号线在此呈“工字形”交汇。L1 号线设于铁路客站下方（地下一层或地下三层），1 号线地面车站配合铁路客站建设同步改建为地下二层车站，3 号线为地面车站。由于统筹规划、同步实施，上海南站换乘枢纽建成后，可实现轨道交通与铁路的便捷换乘。

3）与民航换乘

近年来，许多城市在规划建设连接机场的轨道交通线路，为民航乘客提供快捷的换乘服务。轨道交通机场线建设应注意下面两方面的问题。

首先是客流量大小，它直接关系到机场线的运营效益。因此，需要对客流来源及数量、旅客出行需求特征和机场客流接运市场份额等进行分析。机场线的客流来源相对稳定和单一，由乘坐飞机乘客与接送亲友、机场及周边企业职员构成。分析飞机乘客对接运服务的需求，由于随身携带行李，方便、舒适是主要的；并由于去机场时间通常安排比较充裕，因此快捷是次要的。由于机场巴士和出租汽车在门到门服务方面具有一定优势，因而在机场客流接运市场占有相当份额。在上海，地铁 2 号线和磁浮线连接浦东机场，飞机乘客携带行李乘地铁，再换磁浮线到机场与乘坐机场巴士到机场相比，不具有方便、舒适与价格方面的优势。

其次是换乘的便捷性。轨道交通车站与机场候机厅应尽可能实现无缝连接。如果连接车站与候机厅的通道较长，应考虑安装自动人行道或配备专用小车供旅客推运行李。换乘路径应设置导向标志。此外，在市中心的机场线车站设市区航站楼，预先办理除安检以外的登机手续，如行李托运、发放登机牌等，可以方便乘客乘坐机场线换乘飞机。

2. 与常规公交换乘

轨道交通与常规公交的换乘是指轨道交通与公共汽车等常规公交车辆的换乘。乘坐轨道交通列车出行，常规公交接运是到达轨道交通车站的方式之一。改善轨道交通与常规公交的换乘，主要涉及公交换乘站点设置的优化和公交线网布局及运营的优化，它们对轨道交通吸引客流、提高交通服务水平具有重要作用。

1）公交换乘站点设置

由于常规公交系统的运营特性，公交换乘站点设置的弹性较大，它们可以设置在高架车站下面、地下车站地面或附近，也可以设置在建筑设施的地面一层等，乘客可通过自动扶梯（楼梯）、通道或人行天桥等进入轨道交通车站，进行换乘。

按轨道交通车站客流量以及综合换乘情形的不同，轨道交通与常规公交的换乘有一般换乘点和大型换乘点两种。

一般换乘点是指常规公交衔接客流不大的轨道交通中间站。对一般换乘点，要求公交车站尽可能离轨道交通车站的出入口近些。由于缺乏前瞻性考虑，国内轨道交通与常规公交换乘存在换乘距离较远及时间较长问题。例如，广州地铁 1 号线沿线的大部分公交站点与地铁车站有相当距离，其中距离在 50 ~ 200 m 有 27 个，200 ~ 500 m 有 32 个，公交站点与地铁车站间的换乘走行时间平均为 7 min。

大型换乘点是指常规公交衔接客流较大的轨道交通换乘站或终点站，通常还与铁路、长途汽车站衔接，形成综合换乘枢纽。对大型换乘点，理想的规划设计是将轨道交通车站、铁路车站、公共汽车站、出租汽车站、大型商场和地下停车场等布局在同一建筑设施内或由自动扶梯（楼梯）、通道连接的不同建筑设施内，从而实现地下、地面和地上的立体换乘，有效减少街道上的人流，缓解地面交通拥挤。

大型换乘点的公交车站设置，在用地受到限制时，可考虑设置在建筑设施的地面一层，如我国香港的沙田换乘枢纽；在土地利用宽裕时，宜设计成具有多条公交线路车位的港湾式车站。在规划设计时，公交车站与轨道交通车站的间距不宜过远，并应通过采取人车合理分流、设置导向标志等措施，减少换乘过程中的进站客流与出站客流及客流与车流的径路交叉。

2）公交线网布局及运营

从提高整体运行效率，增加轨道交通客流和减少地面交通拥挤出发，在轨道交通线路投入运营后，应适当调整公交线网布局，如减少平行运营的公交线路，增加垂直方向的接运公交线路等。

轨道交通车站合理接运区的半径为 2 500 ~ 3 000 m。在超过 3 000 m 时，由于接运时间过长，市民会放弃换乘轨道交通出行。但在缩短公交接运耗时的情况下，能够扩大合理接运区的范围，提高常规公交换乘轨道交通的乘客比例。缩短公交接运耗时的措施有：使乘客一次乘车就能换乘轨道交通，高峰时间增开跨站运行公交线路，开通连接大型住宅区的公交接运专线等。

3. 与私人交通换乘

轨道交通与私人交通的换乘是指轨道交通与自行车、私人汽车等交通工具的换乘。鉴于国内自行车出行的比例较高、私人汽车拥有量增长较快，鼓励采用“停车 + 换乘”出行方式对轨道交通吸引客流、缓解市区道路拥挤以及节约能源和保护环境均具有积极意义。为了实现 P + R 换乘，主要需要解决的问题就是换乘停车点或停车场的设置问题。

为适应自行车换乘的需求，轨道交通车站应设置停车点。对高架车站，可在高架结构下的地面层设置自行车停车点；对地下和地面车站，在出入口附近设置自行车停放场地。自行车停车点的规模取决于采用自行车方式换乘轨道交通的客流大小。

根据对自行车接运区的合理半径、自行车换乘出行目的等进行的分析，合理的自行车接运范围应是以轨道交通车站为圆心、半径为 800 ~ 2 000 m 的区域，采用自行车换乘方式的大多是通勤客流。因此，如果自行车接运半径内有大型住宅区，由于到站客流中的自行车换乘比例通常会比较高，自行车停车点的设计规模一般也应大些。

私人小汽车交通与轨道交通的换乘在小汽车拥有率较高的国家非常普遍。存车换乘（P + R）或开车接送（K + R）是现代化公共交通系统中不可缺少的一个组成部分。实践证明，P + R 系统规划建成以后，许多以前使用小汽车出行的人都转而使用 P + R 系统，先开车到 P + R 停车场，然后换乘公共交通前往目的地。P + R 系统一方面有效地缓解了城市交通的拥堵，而且对于步行政策、公交优先、环境的保护等方面具有一定的作用。为减少私人汽车进入市中心区，设置公共停车场、提供“停车 + 换乘”的服务是十分必要的。

3.3

车站客流特征分析

城市轨道交通客流是动态变化的，是对城市经济活动、市民生活规律、轨道交通自身特征的客观反映。轨道交通车站客流的基本特征主要包括客流沿时间分布的不均匀性、站台客流分布特征和换乘客流特征。

3.3.1　车站客流时间分布特征

轨道交通车站所处城市区位的用地性质不同，车站客流在全天各时间段的分布截然不同。纵观不同区位、不同类型轨道交通车站的客流规律，可归纳出以下 5 种客流日分布曲线类型，如图 3–15 所示。

1）单向峰型

轨道交通线路所处的交通走廊具有明显的潮汐特征，或车站周边地区用地功能性质单一时，车站客流分布集中，有早晚错开的一个上车高峰和一个下车高峰，如图 3–15（a）所示。

2）双向峰型

车站位于综合功能用地区位时，客流分布与其他交通方式的客流分布一致，有两个配对的早晚上下车高峰，如图 3–16（b）所示。

3）全峰型

轨道交通线路位于用地已高度开发的交通走廊，或车站位于公共建筑和公用设施高度集中的地区时，客流分布无明显的低谷，双向上下车客流全天都很大，如图 3–16（c）所示。

4）突峰型

车站位于体育场、影剧院等大型公用设施附近，演出节目或体育比赛结束时，有一个持续时间较短的突变的上车高峰。一段时间后，其他部分车站可能有一个突变的下车高峰，如图 3–15（d）所示。

5）无峰型

当轨道交通本身的运能比较小或车站位于用地还没有完全开发的地区时，客流无明显的上下车高峰，双向上下车客流全天都较小，如图 3–15（e）所示。

城市轨道交通车站客流在时间上的不均衡规律可以用分时客流的不均衡系数 K 来表示，算式为：

$$K = Q_{\max} \Big/ \left(\sum_{i=1}^{H} Q_t \Big/ H \right) \tag{3–1}$$

式中：$Q_{\max}$——单向最大断面客流量，人；

Q_t——单向断面分时客流量，人；

H——轨道交通全日营业小时数。

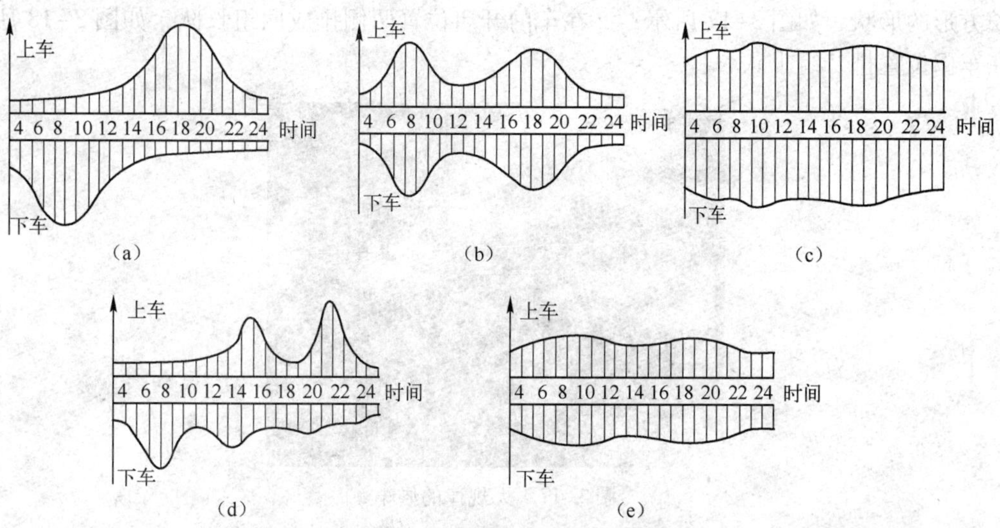

图3-15　轨道交通客流时间分布特征

K越大，则单向分时最大断面客流不均衡程度越大，即车站客流高峰小时的客流量越大。

3.3.2　车站（站台）客流特征

站台客流是动态的，从一趟列车到站前乘客进入站台候车，到列车到站乘客乘降，再到列车离站下车乘客离开站台乘降区，可以作为一个周期的动态变化过程。虽然每一个周期持续时间不太长，但每个周期内不同时段乘降区乘客分布状态却迥然不同，根据对北京地铁车站站台客流特征的长期实地观察，站台乘降区客流可以分解为如下三种乘客分布状态。

1. 候车状态

当车站进站客流量较小时，乘客一般会选择距离进站楼扶梯较近的乘降区进行候车，而且乘客会三三两两随机分布，没有明显规律。当车站客流较大时，乘降区候车乘客会在车门开启位置附近等待列车，其分布特征不尽相同。

候车状态为列车未到站时，乘降区候车乘客的分布状态特征，如图3-16所示。

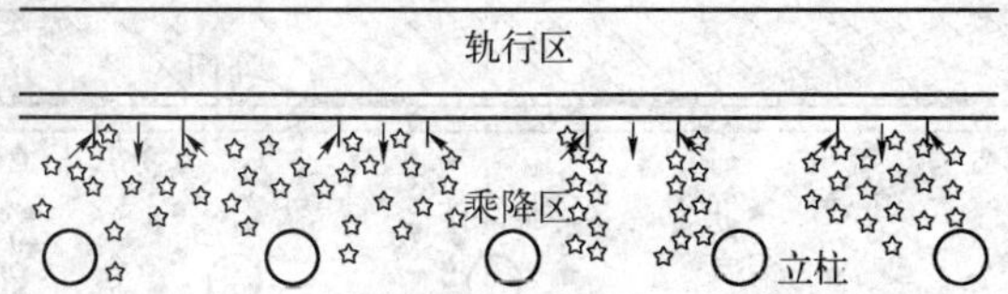

图3-16　站台乘降区候车状态示意图

此时，候车乘客会根据地板上的车门开启位置标志，选择合适的候车位置。乘降区客流较大时，候车客流的主要候车形式有：①无规律的聚集状态，人数较多时聚集客流会构成近似长方形的形状，如图 3–17 所示；②在车门开启位置两侧排成两组长队，如图 3–18 所示；③在车门位置排几组小队。

图 3–17　无规律的候车

图 3–18　排队候车状态

2. 上车前集结状态

在列车到站停车后，但在车门开启之前，乘客会自动向每个车门两侧集结，在开车门对应区域，等待车门开启，此时安全带区已被乘客占用。各车门位置对应的乘客候车特征见图 3–19，图中实心车门表示车门处于未开启状态，此时乘降区候车乘客向车门位置聚集，同时刚进站的乘客也从站台集散区向乘降区车门位置附近聚集过来。该状态下，各车门开启位置的候车客流会自动分为两组，列于车门开启位置两侧，等待车门打开，遵守“乘客先下后上”的规则。北京地铁车站乘客等候上车的状态如图 3–20 所示。

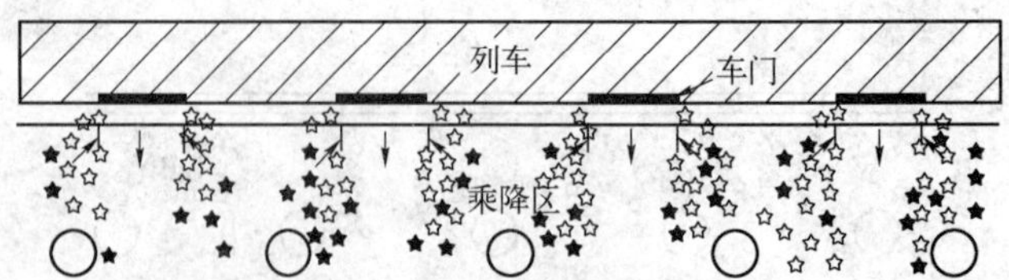

图 3–19　列车进站但车门未开启状态

图3-20　候车乘客列于车门开启位置两侧

3. 乘降互换状态

该状态为列车停站，车门已经开启，各车门位置对应的乘客候车特征见图3-21，图中空心车门表示车门处于开启状态，此时，各车门附近等待上车的乘客（✩）会继续分散成两部分，分别聚集在车门两侧，等待车上乘客下车（○表示正在下车的乘客），刚进站的乘客（★）也继续补充候车区位置，其中，在下车客流较小的车门，乘客的上、下车是同时进行的。北京地铁车站乘客乘降互换状态见图3-22。

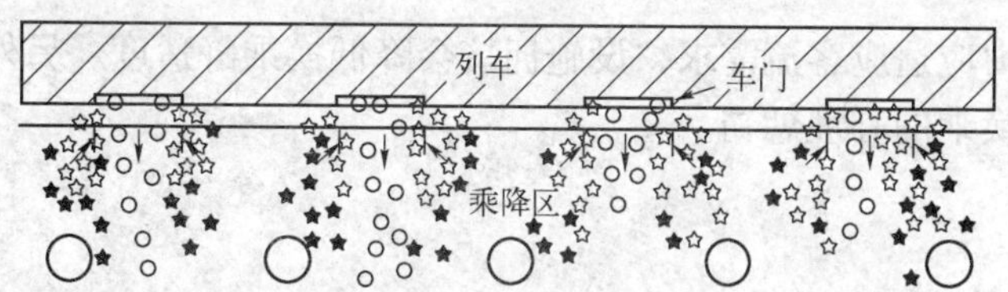

图3-21　列车停站时乘降互换状态

图3-22　乘降互换状态

3.3.3　换乘客流特征

换乘客流是指各换乘车站分向换乘客流量，此项数据对线路主客流方向的评价很重要，并为换乘形式设计和换乘车站间的换乘通道或楼梯的宽度计算提供依据。换乘方式应满足换乘客流功能需要，因此换乘客流的特点对于换乘方式的选择十分重要。轨道交通的不同换乘客流需要合适的换乘方式与之相适应，这样便于客流的疏散、缓解交通压力、提高换乘站的换乘效率与换乘功能。

了解乘客的行为特性，有助于对地铁换乘空间进行人性化设计，并准确、有效地组织换乘客流。换乘行为特征包括乘客的心理需求和行为特征。

1. 心理需求

1）方便性

乘客对换乘时耗有一定的心理可接受度，换乘时间过长会产生焦虑心理。参照香港地铁研究，如能将换乘通道长度控制在 60 m 以内，换乘时间是适宜的。

2）顺畅性

换乘流线顺畅，尽量减少不必要的绕行，减少高程起伏带来的心理惩罚；换乘设施摆放位置和方向应与流线一致，减少客流交织和冲突；同时换乘路径中的设施能力匹配，避免能力瓶颈带来的拥堵。

3）舒适性

换乘站设施能力应适应客流需求，设施拥挤会降低换乘舒适度。另外，配有自动扶梯或自动步道也会降低换乘的心理惩罚。

2. 行为特征

1）简单化

要求保证换乘设施空间布局的紧凑性、明确性。由于地下空间的封闭性，很容易使人失去方向感。因此，应尽量减少对换乘路径的选择性，从而减少乘客的站台滞留，提高站台的疏散速度，如岛式站台较侧式站台具有这方面的优势。

2）就近性

在换乘路径上人们习惯选择最短路径，如在到达站台时，倾向就近选择换乘车厢，由此易导致站台换乘客流分布的不均衡，如 T 型换乘站（2 号线复兴门换乘站）的客流易聚集在端头，造成“一端沉”现象。

3）快走性

前方客流行走速度较快，期望尽快进入换乘设施，导致换乘路径上客流速度分布的不均衡；同时，也可以利用此特点拉开换乘客流，以延缓换乘楼梯前的聚集程度，减少短时冲击。

随着国内轨道交通线网的加快建设和逐步形成，以及市民对减少换乘时间、提高出行质量的要求，换乘问题逐渐凸现、并得到重视。良好的换乘不但关系到轨道交通的服务水平，而且关系到城市公共交通的吸引力。

3.3.4 上下车客流特征

地铁车站作为一个特殊的活动空间，人们的走行速度受到不同因素的制约。当前，随着人们出行水平的提高、时间观念的增强，以及对安全的需求增长，行人交通越来越多地受到研究人员的关注。在地铁车站中，上下车是主要的交通活动之一。上下车的速度不仅影响着地铁站内人群的活动，同时也影响地铁列车的停车时间以及地铁的服务水平。对地铁乘客上下车效率进行因素影响分析，对改善地铁乘车环境、提高地铁服务水平具有重要的意义。

地铁乘客上下车速度受到很多因素的影响，自然因素中有气候条件、乘车时间等；社会因素中有乘客群社会关系、乘客社会层次等；硬件因素中有站台布设、列车型号等；个人因素中有性别、年龄、生活习惯差异等。分析出每种因素的影响将是一个庞大的工程，需要不断地深入研究。

迄今为止，国内外对行人交通研究深度远远不及机动车交通，其调查和分析方法需要不断地改进和完善。传统的研究仅仅对影响上下车的因素进行定性的研究。通过对北京地铁 1 号线、2 号线和 13 号线进行实地调查统计，并对统计数据整理分析，采用方差分析的数学方法对影响地铁站内乘客上下车效率的主要因素进行定量分析研究。

1. 方差分析法

方差分析法是常见的数理统计分析方法，由英国统计学家 R. A. Fisher 首创。为纪念 Fisher，以 F 命名，故方差分析又称 F 检验，其目的是推断两组或多组资料的总体均数是否相同，检验两个或多个样本均数的差异是否有统计学意义。方差分析是数理统计基本方法之一，实质上是研究自变量（因素）与因变量（随机变量）的相关关系，辨明某个因素对因变量是不是有显著影响。

2. 地铁乘客上下车行为特点

乘客上下车是乘客乘车的一个重要组成部分，是发生在站台和列车连接点（车门）处的行为，如果控制失当很容易发生拥挤和堵塞，甚至发生危险事故。对乘客上下车花费时间进行实测是我们掌握乘客上下车行为主要特征的重要手段之一。乘客上下车花费时间的实测方法主要有现场人工观测、摄影、摄像等。

通过大量观测，可以总结出以下地铁乘客上下车行为特征。

① 当上下车乘客都赶时间时，整体上下车速度才可能加快；个别乘客上下车速度快，不代表上下车整体速度快。

② 乘客上下车速度很容易受上下车乘客群中的个别乘客影响，如负重过多、行动不便的乘客。

③ 个别乘客上下车效率具有随机性，乘客数量与乘客上下车平均花费时间没有明显的

线性关系。

④ 由于秩序混乱，乘客上下车互相影响，乘客上下车所用的总时间可能是某一方乘客上车或下车所用时间。

3. 地铁乘客上下车速度实测和统计

2006 年 7 月 25、26 日两天，分别对北京地铁 1 号线、2 号线和 13 号线的连续乘客上下车花费时间进行了抽查实测。抽查实测地点分别为：北京地铁 1 号线的西单、王府井地铁站，2 号线的安定门、积水潭地铁站，13 号线的五道口、回龙观地铁站。观察发现：所选车站的客流结构相对比较相似，包括上班、上学、出差、购物和娱乐客流等。实测的基本工具为秒表。进行实测获取的基本量为：连续上下车乘客数量，上下车所用时间。为了取得可用数据，先进行了实测训练，并达到比较稳定的状态。

连续上下车乘客是指当列车停稳后已经准备好上下车的乘客；上下车所用时间是指所有连续上下车乘客上下车完成过程所花费的时间。通过数学方法上下车所用时间与连续上下车乘客数量相除得到乘客上下车花费时间。

数据整理和统计分析步骤为：首先将实测数据分类输入，采用 Excel 软件进行编程；对各组数据进行筛选，去除不合理的数据；然后用程序计算，并用方差分析法进行分析。

为更好地应用方差分析法，将所有影响因素综合为两个大的因素，分别为自然因素和人为因素。自然因素指比较客观的因素，基本属于自然或地铁硬件设施方面的因素；此因素反映了由于因素的各个水平的不同作用在数据中引起的波动。人为因素指除客观因素以外与乘客本身相关的各种因素，此因素反映了由于随机误差的作用而在数据中引起的波动。

表 3-3 是 3 条地铁线自然因素的异同。所列自然因素包括：车辆型号、车厢总数、车门总数、线路特征、天气情况、调查时间、车门与站台距离、车门与站台高度、车门宽度、调查车站等。

表 3-3　3 条地铁线自然因素影响的异同

地铁线路	1 号线	2 号线	13 号线
车辆型号	A	A	A
车厢总数	6	6	4
车门总数	24	18	16
线路特征	地下	地下	地上
天气情况	阴天	阴天	阴天
调查时间	13:30—15:30	16:00—17:30	15:00—17:00
车门与站台距离/cm	9	8	9
车门与站台高度/cm	10	8.5	13
车门宽度/cm	132	122	132
调查车站	西单、王府井	安定门、积水潭	五道口、回龙观

人为因素包括：乘客同时上下车人数、乘客年龄、乘客性别、上下车秩序、乘客负重、乘客群文化水平、乘客群社会关系、乘客出行意图等。由于人为因素不容易量化，在此仅列

出影响因素。

北京地铁 1 号线抽查实测乘客上下车花费时间数据 14 组；北京地铁 2 号线抽查实测乘客上下车花费时间数据 14 组；北京地铁 13 号线抽查实测乘客上下车花费时间数据 17 组。通过对数据进行筛选、整理和计算，其有效数据和上、下车花费时间见表 3-4。

表 3-4　有效数据和上下车花费时间

序号	1 号线 下车时间/s	1 号线 上车时间/s	2 号线 下车时间/s	2 号线 上车时间/s	13 号线 下车时间/s	13 号线 上车时间/s
1	1.09	0.87	1.48	1.34	1.04	2.39
2	0.88	1.26	1.25	0.85	1.48	1.45
3	0.61	0.68	0.99	1.00	1.26	1.00
4	0.81	0.84	0.95	0.87	1.14	1.05
5	0.87	1.62	1.19	1.34	0.86	1.07
6	1.09	1.73	1.07	0.95	0.98	0.21
7	1.17	1.50	0.92	1.76	0.81	0.76
8	0.94	1.38	1.01	0.76	0.53	0.92
9	1.02	0.93	0.88	0.89	0.93	0.85
10	0.87	1.10	1.20	1.03	0.54	0.58
11	0.66	0.67	0.85	1.14	0.94	0.82
12	0.84	0.93	0.66	0.64	1.03	1.11
13	1.33	1.14		0.85	1.02	0.72
14	1.23				0.80	1.41
15					0.79	1.11
16					0.58	
平均时间	0.96	1.13	1.04	1.03	0.92	1.03

4. 数据分析

对表 3-4 进行统计，其有效数据个数、总平均上下车时间见表 3-5。

表 3-5　有效数据个数和总平均上下车时间

地铁线路	1 号线	2 号线	13 号线
上车有效数据个数	13	13	15
上车平均花费时间/（秒/人）	1.13	1.03	1.03
下车有效数据个数	14	12	16
下车平均花费时间/（秒/人）	0.96	1.04	0.92

从表 3-4、表 3-5 可以看出，上、下车花费时间之间存在差异，上、下车花费时间均受到多种因素影响，数据之间具有一定的可比性。每组上、下车花费时间分布基本符合正态分布规律。通过计算，平均花费时间存在一定差异，虽然 2 号线和 13 号线上车平均花费时间

基本相同，但是不能确定出其因素影响是否也相同，所以需要对数据再进行方差分析，得出如下结论。

① 地铁乘客上下车效率受多种因素影响，但主要影响因素为人为因素。

② 人为因素当中的主要影响因素还需要进一步统计分析。

③ 当前的地铁硬件设施水平已经基本能够满足人们普遍的上下车要求。

④ 乘客群体层次差异对整体效率有一定的影响。应通过不断改善地铁乘车环境、提高地铁服务水平来提高地铁运营效率。

3.4 车站客流分析案例

3.4.1 香港尖沙咀站客流分析

1. 客流分析

香港人口密度高，地域狭窄，城市空间发展余地有限，市区道路堵塞现象极为普遍，而香港地铁站点布置密集，又可提供快捷、舒适、可靠服务，所以乘搭港铁已成为市民的一种出行习惯。因此，地铁车站客流量在不同时间表现出不同的客流特点。例如，尖沙咀车站平日客流统计平均值如图 3-23 所示。

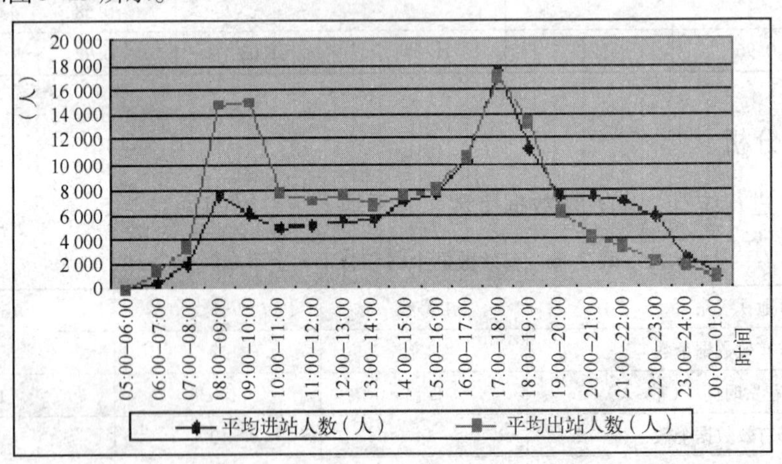

图 3-23　香港尖沙咀车站平日客流统计平均值

数据分析表明，尖沙咀港铁车站的客流时间分布是双向峰型，兹因车站位于综合功能用地区位，客流分布与其他交通方式的客流分布一致，有两个配对的早晚上下车高峰。

尖沙咀车站早上繁忙时段，尤其是 07:30—09:30 时段，出站的乘客明显比进站乘客多，其原因为此区是商厦林立地方，如写字楼、金融机构、政府办公室及其他贸易公司等，没有大量居住人口，进入车站的乘客相对较少。这个高峰期一般在星期一至五出现。中午11:00—16:00 时段，进出车站的乘客数量基本相同，因为这个区域是旅游热点，区内有大量酒店、饮食店及购物中心等吸引乘客到访。然而在这个非繁忙时段，乘客多为中产阶层人士，他们可能是老板或户外自由工作人士（如记者一类），加上那些浮动上班时间的业务推广员；闲逛和乘巴士兜风的旅游人士。在下午至傍晚 16:00—19:00 时段，另一个晚高峰再度涌现，积聚了大量下班或到尖沙咀附近地方消遣、观光、购物的乘客，所以乘客进出车站流量颇大。

表 3-6 给出尖沙咀一周内各天平均进站人数；表 3-7 给出了该站全年各月平均每天进站人数。

表 3-6　尖沙咀车站一周内各天平均进站人数

星期一平均进站人数	123 961
星期三平均进站人数	122 961
星期三平均进站人数	124 407
星期四平均进站人数	125 633
星期五平均进站人数	137 101
星期六平均进站人数	132 792
星期日平均进站人数	92 077
一星期平均进站人数	122 705

表 3-7　尖沙咀车站各月日均进站人数

月份	乘客进站人数	月份	乘客进站人数
一月份	122 406	七月份	150 756
二月份	120 841	八月份	133 794
三月份	121 344	九月份	125 425
四月份	119 663	十月份	127 055
五月份	123 616	十一月份	125 537
六月份	125 810	十二月份	136 163

常使用九龙塘车站的乘客，都会选择在尖东站换乘港铁服务；随着旅游业的发展、自由行计划的推广，以及访港旅游人士、经商及投资人士近年均有大幅增长；尖沙咀是观光旅游热点，商贸区及写字楼集结的区域客流肯定有正增长。对尖沙咀车站来说，人流控制的措施变得更为重要。所以应对车站的结构、设计、进出站设备的数量进行分析。车站管理人员必须事前准备各式各样的应急计划、对人流线的控制方案、进出站设备（闸机、扶手电梯、出入口）的灵活运用及导引指示措施等。

2. 车站客运流程及月台形式比较

不管是何种形式的车站（高架、地下），进站乘客最基本的流线是：购票→过检票机→通过楼梯上站台（侧式站台地面站一侧乘客可直接进入站台）→乘车。出站乘客则顺序相反。进、出站流程是两个完全对称的逆向过程。影响客运组织的因素较多，不同类型的车站，其客运组织的内容有着较大的区别，中小车站的客运组织比较简单，而大车站、换乘站因客流较大、客流方向比较复杂，其乘客组织也比较复杂。侧式站台的车站相对于岛式站台的车站容易将不同方向的客流分开，但不利于乘客的换乘，售检票设置较分散，不利于车站管理。尖沙咀车站的进出口分布和地铁结构示意图如图 3-24 所示。

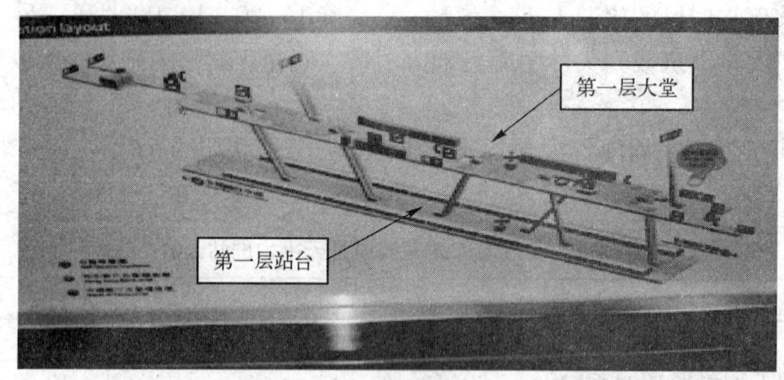

图 3-24　尖沙咀车站的进出口分布和地铁结构示意图

尖沙咀车站大堂功能分区示意图如图 3-25 所示

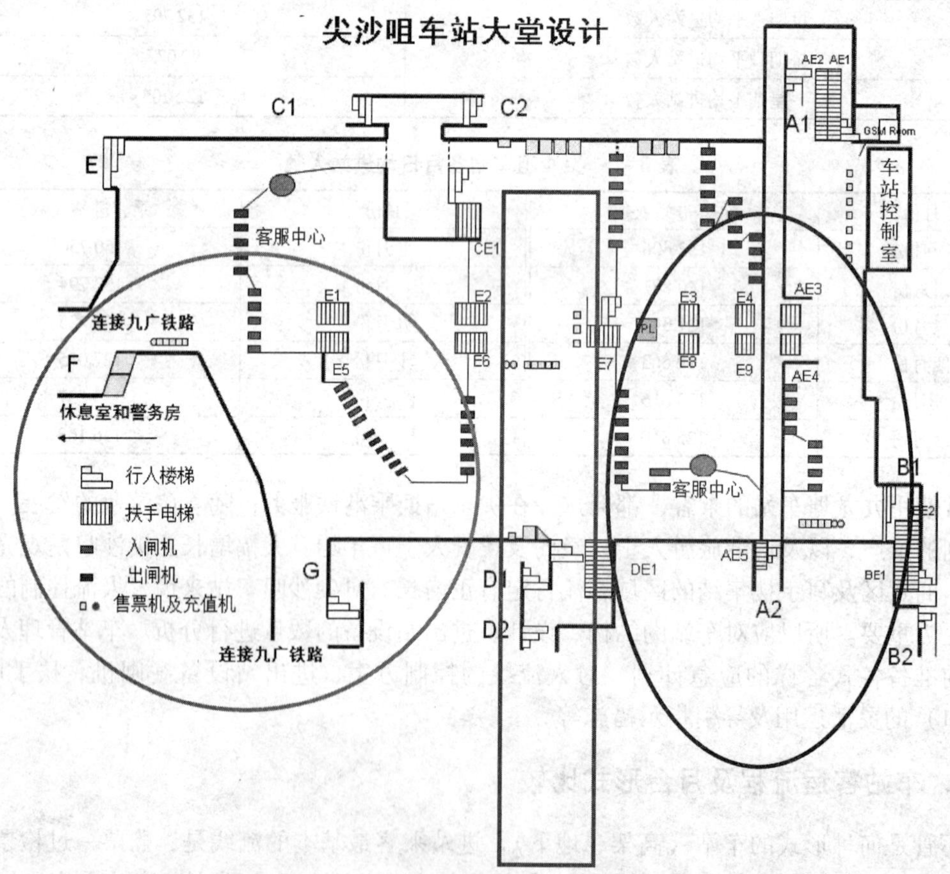

图 3-25　尖沙咀车站大堂功能分区示意图

尖沙咀车站大堂设备数量、车站大堂功能分区以及进出大堂的设备如表 3-8～表 3-10 所示。

表 3-8　尖沙咀车站大堂设备数量

车站位置	入闸机数量	出闸机数量	售票机数量	充值机数量
上行（upend）大堂（出口 A 及出口 B）	8	12	12	2
中间大堂（出口 C 及出口 D）	8	8	7	2
下行（downend）大堂（出口 E、F 及出口 G）	10	17	5	1

表 3-9　尖沙咀车站大堂功能划分

<table>
<tr><td>地面</td><td>—</td><td>出口</td></tr>
<tr><td rowspan="3">第一层大堂</td><td rowspan="2">大堂</td><td>客务中心、车站商店</td></tr>
<tr><td>恒生银行、自动售卖机、自动照相机、自动柜员机</td></tr>
<tr><td>行人隧道</td><td>行人隧道连接九广东铁尖东站</td></tr>
<tr><td rowspan="3">第一层站台</td><td>1 号月台</td><td>荃湾线列车往荃湾方向</td></tr>
<tr><td colspan="2">岛式月台，右边车门将会开启</td></tr>
<tr><td>2 号月台</td><td>荃湾线列车往中环方向</td></tr>
</table>

表 3-10　尖沙咀车站内扶手电梯及升降机资料

名称	连接地方	行走方向	备注
E1	大堂—月台	向上	
E2	大堂—月台	向下	
E3	大堂—月台	向下	
E4	大堂—月台	向上	
E5	大堂—月台	向下	
E6	大堂—月台	向上	
E7	大堂—月台	向上	
E8	大堂—月台	向上	
E9	大堂—月台	向下	
PL1	大堂—月台	上/下	

3.4.2　北京地铁车站客流分析

地铁车站高峰小时客流特点因地铁车站的空间位置和周边土地利用特点表现出不同形式。

① 不同轨道线路换乘站特点。以北京市中心区大型轨道换乘站为例（如图 3-26 所示，其中，进站量为正数，出站量为负数），车站客流具有以下特征：平日通勤客流的双峰特征

明显，周末呈现购物休闲全峰特征。

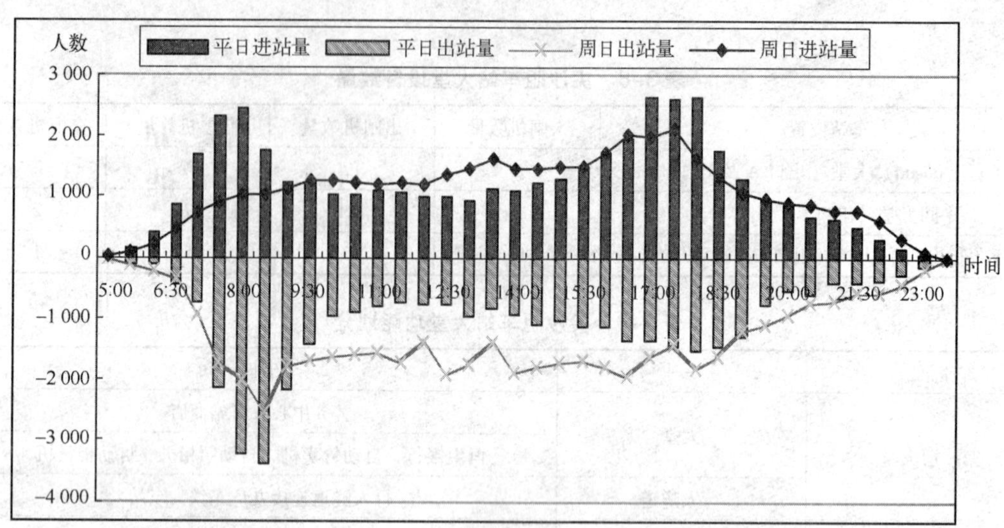

图 3-26　中心区轨道换乘站平日与周日客流对比示意图

② 放射性线路的终端站客流特点如图 3-27 所示（其中，进站为正数，出站为负数），其主要特征为平日向城市中心通勤出行，周末无峰型客流规律。

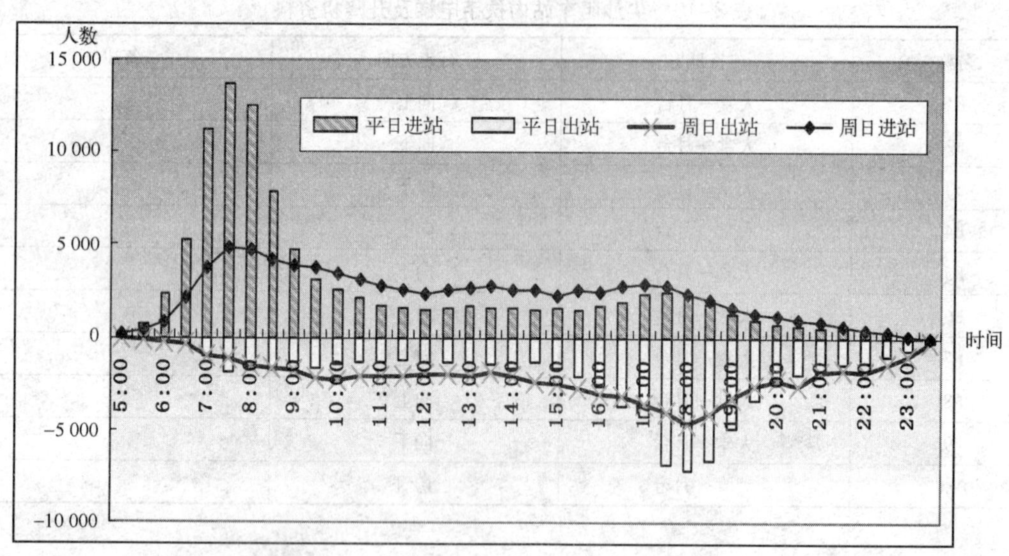

图 3-27　地铁放射性线路终端站平日向心通勤交通与周日客流对比示意图

③ 一般地铁车站客流特点如图 3-28 所示（其中，进站为正数，出站为负数），无明显变化规律。

总之，地铁车站客流在每个车站的进、出站高峰小时出现时间通常不相同，与车站在城市中心区还是外围的空间位置有关，也与周边用地性质有关；同一车站工作日客流与双休日客流的进、出站高峰小时出现时间通常也不相同。工作日高峰小时进、出站客流通常大于双休日高峰小时进、出站客流。

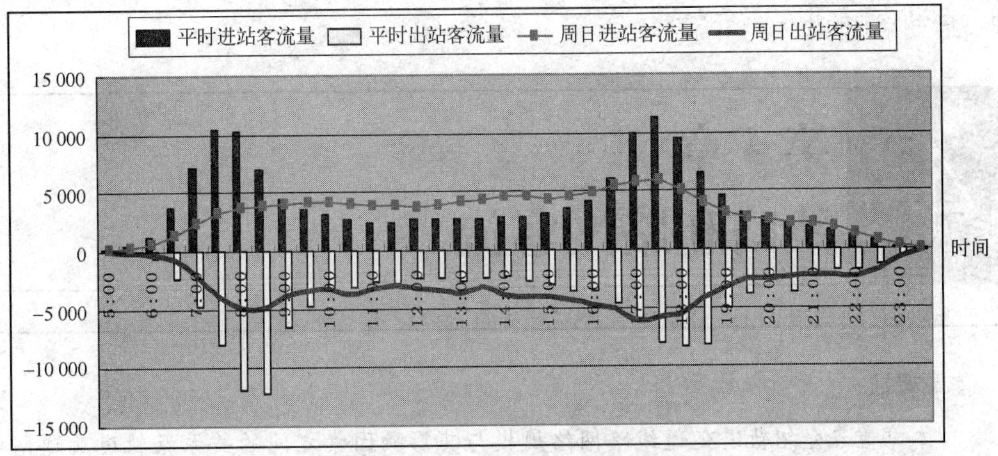

图 3-28　一般地铁车站日客流特点

本章练习题

1. 车站客流作业主要包含哪几部分作业？客运作业的基本要求是什么？
2. 简述大客流时车站应采取的措施。
3. 车站客流主要由哪几部分构成？各部分客流的特点是什么？
4. 不同地铁线路换乘主要包含哪几种换乘形式？试简要概述。
5. 分别以民航、铁路、公交和私人小汽车为例，试论述轨道交通与其他交通换乘时应注意的问题。
6. 根据车站客流时间分布规律可归纳哪五种客流日分布曲线类型、分时客流的不均衡系数 K 如何计算？

4 第4章 线路和路网客流

本章概述

本章重点介绍轨道交通线路网络规模与其影响因素之间的关系及轨道交通网络合作性评价指标，尤其是客流追随型、规划引导型两种轨道线路类型和轨道线路的客流特征分析；要求掌握路网结构、轨道交通网络基本形态、客流追随型、规划引导型、轨道交通线网评价指标、客流动态分布、吸引范围、路径选择、转移客流量和诱增客流量等主要知识点。

学习重点

1. 熟悉城市轨道交通路网的结构、基本形态与特征。
2. 了解城市土地利用对轨道交通客流的影响。
3. 重点学习客流追随型和规划引导型两种轨道线路类型，同时掌握轨道交通线网规模和客流特征。
4. 了解轨道客流的成长规律，熟悉客流的主要影响因素。

4.1 城市轨道交通线路

轨道交通线路由区间隧道（地面上为地面线路或高架线路）、车站及附属建筑物组成。

4.1.1　城市轨道交通路网结构

世界各国城市轨道交通路网结构形式虽然千差万别、各有特色，但从几何形状分，可主要归纳为放射（星）形结构、条带（树状）形结构、放射圆环结构、棋盘结构、棋盘加环线结构、棋盘环线对角线结构和其他几何形状，如十字、L 字、T 字等简单图形及混合图形等。常见路网结构如图 4-1 所示。

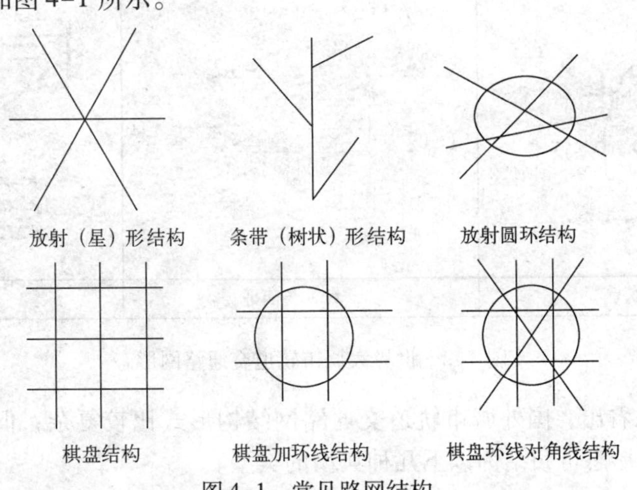

图 4-1　常见路网结构

一个城市的轨道交通是否成网，按国际上通行的说法，分为两种标准：从规模上分，80 km 以下的城市轨道交通称为小型网络，80 ~ 200 km 为中型网络，200 km 以上的为大型网络；从年客流量上分，5 亿人次以下的为中小型网络，5 亿人次以上的为大型网络。城市建设网络轨道交通的速度一般为 3 ~ 5 年可建成骨干网络，5 ~ 10 年建成基本网络，15 ~ 20 年建成末端网络。网络中的线路可分为区域主干线、次干线及支线。

4.1.2　城市轨道交通路网基本形态与特征

各国城市轨道交通路网呈现出不同的结构特征，连接城市中心区和市域范围内的活动，图 4-2 给出了一些城市的轨道交通线网。这些轨道网的终端站和大型轨道换乘枢纽站承担了大量的集散换乘客流。

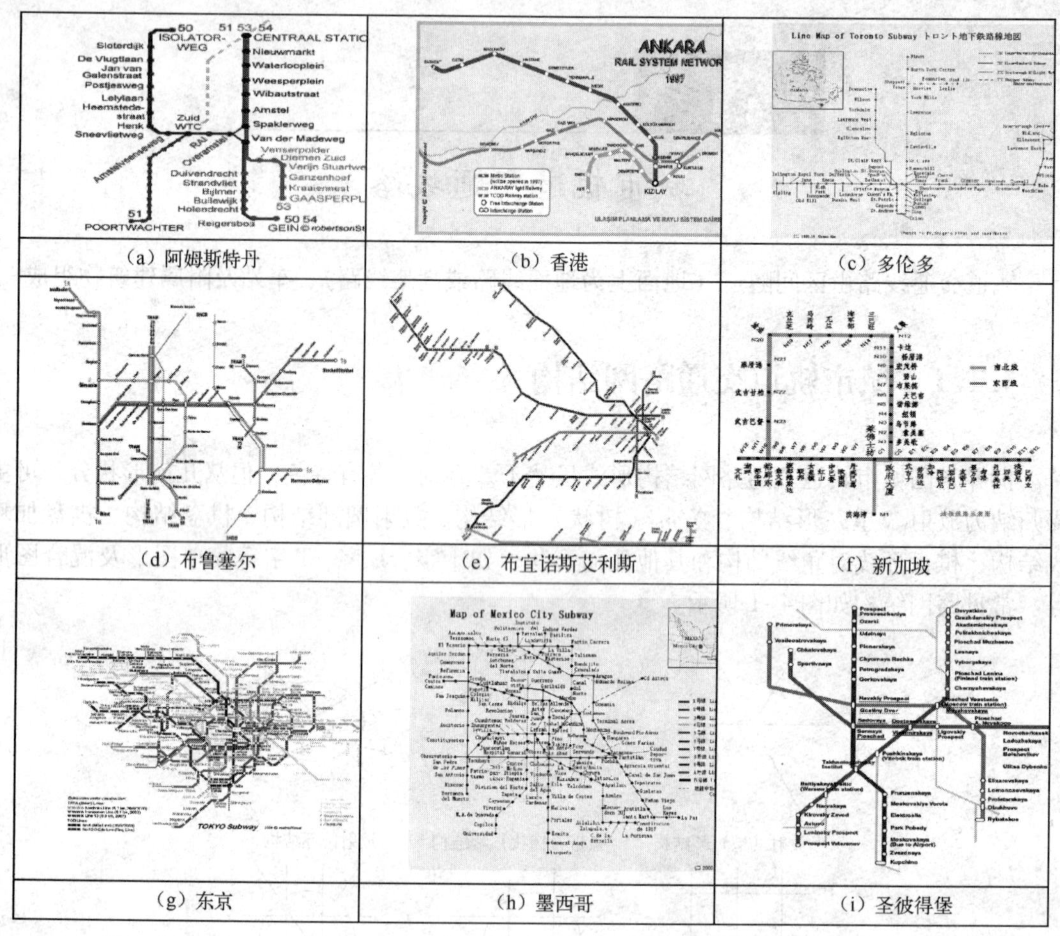

（a）阿姆斯特丹　（b）香港　（c）多伦多

（d）布鲁塞尔　（e）布宜诺斯艾利斯　（f）新加坡

（g）东京　（h）墨西哥　（i）圣彼得堡

图 4-2　世界大城市轨道交通路网形态

从图 4-2 可以看出，国外城市轨道交通路网结构形式比较复杂，但是仅从几何图形上考虑，其基本结构形态可归结为以下几种典型的类型。

1. 放射状结构

放射状结构的路网由若干直径线组成，所有的线路都经过市中心向外呈放射状，换乘站一般都位于市中心的客流集散中心。许多城市都采用了这种铁路线网结构，如图 4-2 中的（a）阿姆斯特丹、（b）香港、（d）布鲁塞尔、（e）布宜诺斯艾利斯以及（i）圣彼得堡都采用这种结构形式。采用这种结构形式的铁路线网具有的优势在于方便郊区乘客出行，使得乘客可以直达市中心，地铁终端站起到了集散大量客流的作用，并且乘客在出行过程中铁路线间的换乘次数也相对较少，大型枢纽站的集散和换乘客流较大。但使这种线网结构也增加了市中心的过境客流量和市中心的线路负荷，轨－轨换乘站内的换乘客流相互干扰大，易引起混乱和拥挤。此外，从某一郊区到相邻郊区的乘客必须到市中心大型枢纽站进行换乘，增加了出行时间。

2. 放射状 + 环形结构

当放射状路网规模较大时，往往在放射状路网的基础上增加一条环线，来缓解市中心的客流压力，弥补单纯放射状路网结构的不足。环线一般设在客流密度较大的地方，并且要尽量多地贯穿大型客流集散点，形成多个轨 - 轨换乘站。如图 4-2 中的（g）东京就是此种路网结构。这种结构形式除了具备放射状路网结构的优点以外，环线还起到了对流向市中心方向客流的截流作用，减轻市中心区的线路负荷，提高了环线上乘客的直达性，减少其换乘次数。但是，相邻郊区之间终端站间的出行则需要进行两次换乘，造成乘客出行不便。

3. 栅格网状结构

这种结构形式是指由若干条纵横线路组成的路网，线路大多呈平行四边形交叉，所构成的网格多为四边形。这种路网形式主要是由于城市的道路呈棋盘状所决定的，如图 4-2 中的（c）多伦多、（h）墨西哥和（f）新加坡都采用这种路网形式。此种线路网结构布局均匀，纵横线间换乘方便，在路网覆盖范围内联通性好，客流分布均衡。因为线路多为平行分布，每个方向上均能提供很大的运输能力。但是，这种路网结构的线路走向单一，对角线、平行线间换乘次数较多，没有通达市中心的径向斜线，市郊到市中心的出行不方便。

4. 网状 + 环线结构

在网状路网的基础上增加一条环线，环线应放在客流密度较大的地方，并要尽量多贯穿大的客流集散点，首尔采用了此种铁路线网布设方式。此外，北京市的地铁网也是典型的网状 + 环线路网。这种路网结构除具有栅格网状结构路网的优点之外，还提高了环线上乘客的直达性和减少其换乘次数，改善了环外平行线间乘客的换乘条件，缩短乘客的出行时间，减轻了市中心区的线路负荷，起到了疏解客流的作用。但是位于非环线上、对角线、平行线间的乘客出行时仍不方便。

由以上分析可以看出，无论采取哪种轨道路网结构形式，各国的城市轨道交通网络都呈现出网状和放射状的结构特征。网状和放射状的特征使得轨道交通网络扩大了轨道交通的服务范围，减轻路面交通的压力。同时这些轨道网的终端站和大型轨道换乘枢纽站也承担了大量的集散换乘客流。

4.1.3　城市轨道交通客流变化趋势

随着城市化进程加快，城市经济水平提高，人均出行次数也在不断提高。在轨道交通网络进一步完善的过程中，轨道交通客流产生、吸引和诱增能力呈现出指数级增长趋势。例如，北京市轨道交通日均客流量从 10 万人次增到 100 万人次用了 10 年；从 100 万人次增到 200 万人次用了 4 年时间；从 200 万人次增到 300 万人次仅用了 1 年时间；从 300 万人次到 400 万人次仅用不足 1 年时间。图 4-3 为北京市轨道客运量增长示意图。

2009年9月日均385万人次
最高日客流473.5万人次
2008年日均307万人次
2007年日均222万人次
2003年日均112万人次
1993年日均10万人次

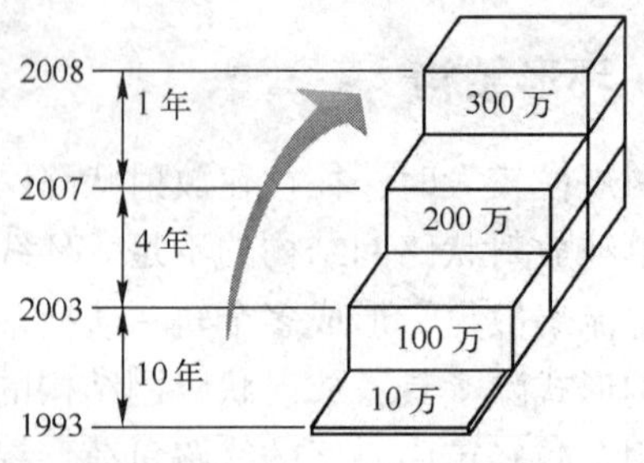

图4-3　北京市轨道客运量增长示意图

4.2 轨道客流的形成

城市客流主要取决于城市土地利用空间布局和交通组织，当城市的土地利用布局规划确定后，城市客流的产生和分布就会客观存在。轨道交通是一种快速、大运量的城市公共交通方式，它改变了轨道线路沿线的可达性，相应地会对城市土地利用空间布局产生一定的影响，如加快城市郊区化进程和提高轨道线路沿线土地的开发强度等，从而影响轨道客流的产生和分布。而城市客运交通结构和城市客流的流量流向是由城市的平均出行距离、城市所能提供的交通设施的服务水平、出行者的经济水平和价值观念，以及城市所采取的宏观控制政策和措施等因素综合决定的。

具体到轨道交通方式，由于轨道交通方式是一种线性交通方式，其承担的流量还涉及轨道交通方式与城市中其他交通方式的协调关系。也就是说，城市客流的产生、分布、方式和路径的选择并不是一个单向的作用机制，而是一种相互反馈的动态平衡机制。因此轨道客流的形成是建立在城市空间分布、不同区域之间空间相互作用，具有强弱演化及发展特点，受城市交通发展战略目标、城市各种客运方式的特点、最佳服务距离和相互间的协调关系以及出行者的经济能力和思想价值观等影响。

4.2.1　城市土地利用对轨道客流的影响分析

1. 沿线土地用地类型与客流的关系

土地利用是区域的各种联系、交通建设、经济活动和人口在空间上集聚的表现。城市土地利用按使用性质划分为商业用地、工业用地、政府机关用地、住宅用地、休憩用地及绿化带、交通用地和其他公用事业用地七大类，各种用地的划分强调了区位因素的差别而引起的地租差异，区位因素差异越大，各种用地的分化趋向越强，其分布在城市内形成了一个成熟土地利用的结构。而城市活动系统是由人们参与，不同场所和不同时间的一系列活动组成，人们是为了特定的目的（如居住、生产货物等）占有空间或建筑物。

城市轨道交通的建设改变了人们的交通方式，使得居住区、商业区、工业区在地域上分开，使居住用地疏散出市中心，沿轨道交通线高度聚集，逐渐形成沿线住宅和商业等设施用地的不断增加。因此，城市轨道交通沿线的土地类型也将按照市场规律发生改变，市中心的金融、贸易和服务业等功能用地增加。

轨道交通对住宅和商业的聚集效应越来越得到重视，在深圳市轨道交通的主要发展策略建议中提到，土地有限的高密度人口的大城市，必须进行土地的集约化开发，集约化的开发必须与轨道交通相结合。对站点周围地区实施较高强度的开发，人口和就业中心尽量安排在轨道车站邻近地区，并有良好的行人设施及其他接驳服务相配合，站点周围形成集公共交通枢纽、住宅、商业和娱乐设施为一体的繁华街区。

工业用地、商业用地、居住用地、娱乐休闲用地类型不同，对交通的需求类型和需求量也不同。工业用地客流需求为固定时段，在上下班时段客流集中，形成高峰；商业用地交通需求为非固定时段，周末、节假日形成高峰，平时则无高峰或只有小高峰，交通需求相对均衡分布；居住用地直接影响交通运输量，高峰时段要求高，非高峰时段客流较为均衡。不同用地类型产生不同的客流导向，香港地铁港岛线沿线已开发物业十几项，刺激沿线土地高强度开发，为地铁吸引了大量的客流。

国内外有研究表明，要使城市轨道交通达到一个理想的分担率，城市轨道交通要能覆盖70%的居住人口和工作岗位，并且线路走向及衔接要满足商业、居住功能。香港轨道交通建设的经验表明，轨道交通站点500 m 服务半径内覆盖人数（含居住人口和就业人口）是制约轨道运营客流的关键，站点覆盖的人口越多，轨道交通客流就越有保障。而土地开发的模式决定了交通生成、吸引量，从某种程度上也就决定了城市轨道交通的客运量。

2. 两类城市轨道交通线路与其客流量关系

城市各种经济活动在城市空间上所表现的土地利用是产生交通流的“源泉”。交通和土地利用实质上就是“流”和“源”、交通供给与交通需求的关系。两者相辅相成又相互制约，沿线土地利用对轨道交通客流规模存在举足轻重的影响。轨道交通路网中的线路，根据“源”与“流”的关系，按功能分为客流追随型（Service-Oriented-Development，SOD）和规划引导型（Transit-Oriented-Development，TOD）两种类型。

1）客流追随型

客流追随型（SOD）可以解决目前交通的紧迫问题，符合现状最大客流。客流追随型是以往轨道交通规划常采用的模式，在建设轨道交通之前，轨道交通走廊已经具有很高的交通需求。由于轨道交通客流大多数都是从常规公交转移过来，因此有研究提出单向每小时15 000人次以上的公共交通客流的走廊可建设轨道交通。北京地铁 1、2 号线即属于这种模式；广州地铁 1、2 号线的建设也秉承了这种模式，抓住了市区现有最大客流点和重要交通走廊，符合传统交通规划中的“流”适应“源”、“流”推动“源”的要求。

2）规划引导型

规划引导型（TOD）则是目前客流量不大，但可以引导土地发展，支持新区建设。北京地铁5 号线沿线商圈情况如图4-4 所示，从中可以看到，地铁5 号线在中心城区的功能属“客流追随型”，在5 号线两个端部地区，房地产开发比较明显地聚集在站点周边，5 号线在此的功能属“规划引导型”。北京地铁 13 号线和八通线线路大部分都位于新区或未开发区域，也属于“规划引导型”。其他城市的地铁，比如广州的地铁 3 号线，60% 以上的线路处于新区及未建成区域，广州地铁 4 号线则是彻底的 TOD 模式。

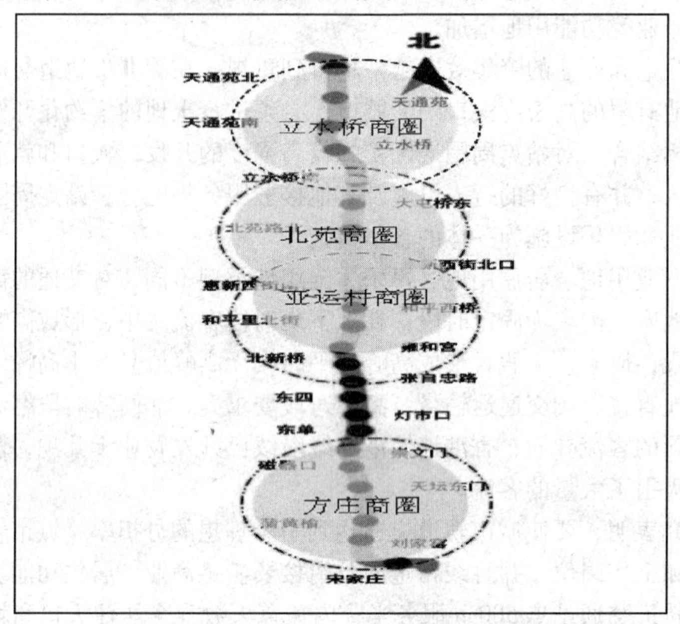

图 4–4　地铁 5 号线沿线商圈情况示意图

在国外，如美国，大多数 TOD 项目提案的重要依据都是在轨道交通站点附近推行合理的土地使用政策，使乘客增加。关于 TOD 与乘客之间的关系，在国外有学者调查研究显示，在可能选择轨道交通方式上下班的人群中，那些居住在公交社区（以公交为主要交通设施的社区）的人比居住在周边其他社区的居民多出 5 倍以上。

TOD 模式有利于合理开发城市土地资源和保证稳定的公交客流。但 TOD 模式与 SOD 模式相比，TOD 模式线路投入风险大，客流指标相对偏低。而 TOD 型线路初期客流小，但期望客流比较大，随着沿线土地的逐步开发，如果新城或者未开发区发展得好，客流将逐步增大，而且增长幅度比较大。出现较大的客流指标差异主要与沿线土地利用模式、强度及土地利用的综合程度等因素有关，土地利用是决定客流规模的基础。TOD 这种放眼于未来的模式，在初期需要投入的建设资金和运营补贴都较多，要改变投入和补贴巨额资金的现状，必须协调发展好轨道交通与沿线土地利用的关系，只有合理利用沿线土地，增大 TOD 模式线路站点的有效覆盖范围，改善轨道交通与其他公共交通的接驳条件，才能为轨道交通培育更多的客流，实现轨道交通与土地利用的双赢。

4. 2. 2　城市轨道交通网络规模对轨道客流的影响分析

1. 城市轨道交通网络规模的影响因素

规模合理的轨道交通路网，不仅可以充分满足城市日益增长的交通需要，提高公共服务水平，可以用较小的投入取得最佳的经济效益。所谓轨道交通路网的合理规模，实际上就是城市轨道交通方式合理的供给水平。

城市轨道交通网络与其外部环境发生着物质、能量和信息的交换，同时受各种复杂的外部环境因素的制约，这决定了城市轨道交通路网规模影响因素的多元化。因此，为了能够对城市轨道交通路网规模做出合理规划，应当对其影响因素进行综合分析，分清主次关系和各因素的联结关系，为分析奠定基础，同时也使决策者对影响路网发展的各种因素有一个清晰的认识。

一方面，路网规模受城市形态及布局、城市人口、城市面积、城市交通需求、城市国民生产总值和城市基础设施投资比例等因素的直接影响；另一方面，这些影响因素也相互制约。如城市人口、城市面积、城市形态及布局对城市交通需求又造成影响；国家交通政策、城市交通发展战略及政策、城市国民生产总值又对城市基础设施投资比例造成影响；城市交通发展战略及政策又受国家交通政策大环境的影响。这种相互影响和关联的复杂关系构成了一个大系统，如图 4-5 所示。

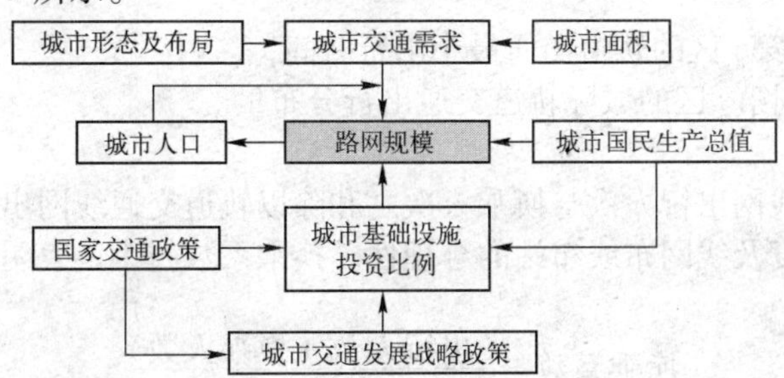

图 4-5　路网规模与其影响因素之间的相互关系

影响路网规模的因素众多，但每个因素对其的影响作用却不同，而城市交通需求和城市基础设施投资比例是城市轨道交通路网规模最直接的影响因素，城市形态及布局、城市人口、城市面积通过城市交通需求对路网规模产生间接的控制作用，城市国民生产总值和城市交通发展战略政策则决定了城市基础设施投资比例，体现了城市经济实力对路网规模的影响。各个因素对其的影响作用，见图 4-6。

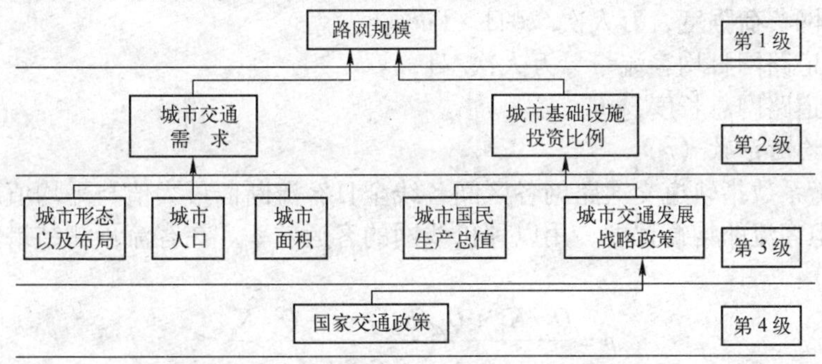

图 4-6　路网规模影响因素的层次结构模式

2. 轨道交通网络合作性评价指标

轨道交通网络对于保证城市用地功能的发挥、保持经济拉动和保障可持续发展都起着重要的作用，影响着城市的发展主向或规模。因此，其合理性也就尤为重要。主要的评价指标如下。

1）路网人口密度（km/万人）

路网人口密度为路网长度与所在区域的人口之比，表示每万人占有的城际轨道交通路网长度，可以表示为：

$$路网人口密度 = \frac{轨道交通路网长度}{规划区人口数} \tag{4-1}$$

2）路网面积覆盖率（%）

路网面积覆盖率表示路网吸引客流的能力，也在一定程度上反映轨道交通的可达性，计算公式为：

$$路网面积覆盖率（\%） = 客流吸引区面积/规划区域面积 \tag{4-2}$$

3）乘客平均出行最短时间（T）

乘客平均出行最短时间指以轨道交通方式出行的平均出行最短时间，用以评价轨道交通路网修建对居民出行时间的改善程度，同时也反映了整个轨道交通网络的效率，可以用公式表示：

$$T = \frac{\sum_{i,j} t_{ij}Q_{ij}}{\sum_{i,j} Q_{ij}} \tag{4-3}$$

式中：t_{ij}——第 i 区到第 j 区的轨道交通最小出行时间；

Q_{ij}——第 i 区到第 j 区的城际轨道交通出行分布量。

4）换乘系数

其值为轨道交通线网出行人次与换乘人次之和除以轨道交通线网出行人次，该指标用来衡量乘客出行直达程度及线网布线布站的合理性。换乘系数越小，表明直达程度越好。换乘系数可用公式表示：

$$换乘系数 = \frac{（出行人数 + 换乘人数）}{出行次数} \tag{4-4}$$

5）路网负荷强度（q）［万人次/（日 · km）］

路网负荷强度用来衡量轨道交通的运量与运能是否相适应，它反映轨道交通路网单位长度承担的客流量，用以评价轨道路网的运营效率和经济性。路网负荷强度是轨道路网日均客流量 R（万人次/日）与轨道路网总长度 L（km）的比值，其表达式为：

$$q = \frac{R}{L} \tag{4-5}$$

式中：q——路网负荷强度，万人次/（日 · km）；

R——轨道路网日均客流量，万人次/日；

L——轨道路网总长度，km。

6）客流不均衡系数（p）

客流不均衡系数指轨道交通路网各区间各线全日客流断面最大值与平均值之比，反映轨道交通线网承担客流的均衡程度，用以评价线网的客运效率。在客流预测结果的基础上，利用下列公式计算：

$$p = \frac{Q_1/K_1 + Q_2/K_2 + \cdots + Q_z/K_z}{n} \tag{4-6}$$

式中：$Q_1 \sim Q_z$——各线全日双向最大断面流量之和；

$K_1 \sim K_z$——各线流量平均值，为各全日断面流量之和除以断面数量。

4.2.3 轨道线路客流特征分析

1. 客流类型

线路上各停车站的上下车人数是不相等的，因此车辆经过各断面时的通过量也是不相等的，若把一条线路各断面通过量的数值按上行或下行各断面的前后次序排成一个数列，这个数列就能显示出断面上的客流动态。从这些数量关系中，可以看出客流在不同时间内在断面上的分布特点和演变规律。客流在线路各断面上的动态分布是有一定特点的，但对整条线路归纳起来，大致有以下几种主要类型。

1）均等型

当轨道交通线路呈环线布置或沿线用地已高度开发成熟时，各车站的上下车客流接近相等，沿线客流基本一致，不存在客流明显突增路段。

2）两端萎缩型

当轨道交通线路的两端伸入还没有完全开发的城市边缘地区或郊区时，线路两端路段的客流小于中间路段的客流。

3）中间突增型

当轨道交通线路途经大型的对外交通枢纽、高密度开发地区或者车站利用常规公交线路辐射吸引范围广阔时，位于该区位车站的上下车客流明显偏大，线路客流存在突增的路段。

4）逐渐缩小型

当轨道交通线路首末车站位于大型对外交通枢纽附近或城市中心地区时，随着线路向外延伸，线路客流逐渐缩小。

2. 客流波动周期

客流波动周期与现行工作制度紧密相关，在全年客流分布中存在着一个近似 7 天的客流波动周期，客流变化情况较低客流为星期日，较高客流为星期五。在没有新线路投入的情况下，日常客流波动（σ/μ）一般在 10% ~15%。

3. 客流高峰、低谷与客流密度

一年中，客流量按月份比较，形成一年中的最小客流月份以及“五一”和“十一”的长假期间客流量比较增幅特征。线路最大客流密度、线路平均客流密度进行分析对比，在列车发车间隔情况下形成线路，为轨道交通网络客流吸引、诱增和运营管理提供参数。

4.2.4　乘降量分析

乘降量分为站点全天总的乘降量和分时段乘降量，例如北京地铁 1 号线的平日乘降量如图 4-7 所示。

图 4-7 中大型地铁换乘站复兴门和东单、建国门站上下车客流量均为其他车站的两倍左右。主要原因是地铁线路各站所处的空间位置不同，周边土地利用性质差异较大，地铁 1 号线大型地铁换乘站都是位于城市中心区商业区和办公区，从而客流生成和吸引能力较大。国贸、大望路、四惠、四惠东等地铁站，由于通勤客流的规模较大，从而呈现上车与下车的不同特征。

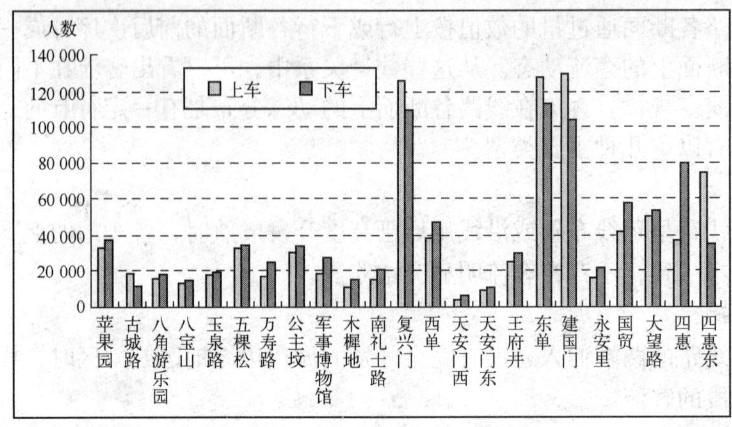

图 4-7　北京地铁 1 号线的平日乘降量

4.2.5　断面流量分析

断面流量反映客流主要吸引区域和线路通过能力。在轨道交通线路上由于各个车站乘降人数不同，必然存在线路单向各个断面的客流不均衡现象。通过全日站间到、发客流量得到地铁 1 号铁自东向西和自西向东两个方向全天断面客流量分布。高峰断面集中在军事博物馆和国贸地铁站之间（见图 4 -8）。可根据各站各方向上下车人数和全日分时最大断面客流量等客流数据，编制客流计划和全日行车计划。

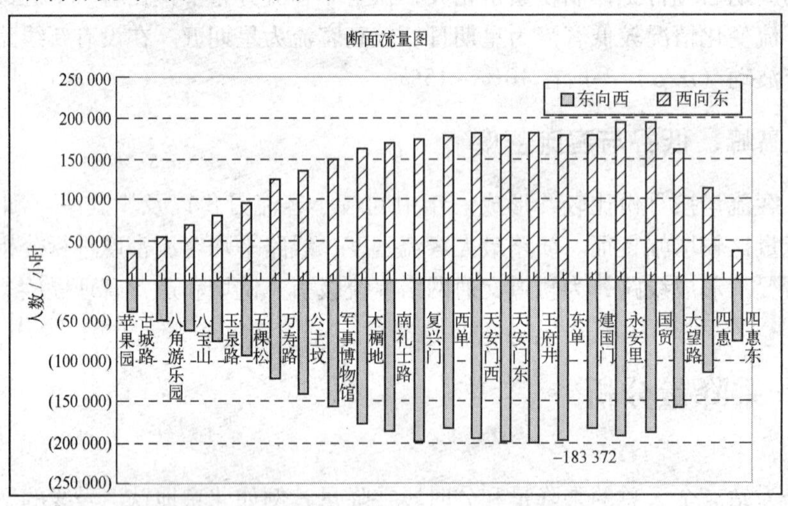

图 4-8　地铁 1 号铁全天分方向断面流量示意图

4.2.6　站间 OD 和区域 OD 分析

城市轨道交通系统线路客流的规划（即客流计划）是其他计划的基础和编制依据。客流计划编制主要依据站间客流资料（即站间 OD 和区域 OD 数据）。最基本的站间客流资料为站间交换量 OD 矩阵，可用一个二维矩阵来表示。

以北京地铁 1 号线高峰站间 OD 模拟数据为例，结果如表 4-1 所示。根据表 4-1 可以统

表4-1 北京地铁1号线高峰站间OD流量模拟数据

站间OD	苹果园	古城路	八角游乐园	八宝山	玉泉路	五棵松	万寿路	公主坟	军事博物馆	木樨地	南礼士路	复兴门	西单	天安门西	天安门东	王府井	东单	建国门	永安里	国贸	大望路	四惠	四惠东
苹果园	0.0	0.5	14.4	11.0	5.4	20.5	6.5	35.9	33.8	4.3	19.3	526.6	23.3	3.5	4.1	25.6	188.8	238.6	4.6	21.6	59.6	92.3	77.7
古城路	58.7	0.0	6.3	4.8	19.1	15.8	19.9	39.5	19.8	15.3	17.0	376.6	13.7	3.1	10.9	31.6	377.4	155.0	22.4	35.8	39.4	37.9	27.4
八角游乐园	80.3	6.9	0.0	0.7	7.0	16.5	12.5	37.6	3.6	2.8	37.4	290.6	35.2	1.1	8.0	16.5	154.2	87.8	3.0	34.9	34.6	15.8	10.0
八宝山	34.5	4.7	31.3	0.0	0.5	8.9	2.8	13.7	2.5	1.9	12.7	170.7	10.2	0.2	1.8	6.7	112.1	84.3	2.0	18.9	26.0	16.1	60.9
玉泉路	166.7	107.4	104.7	20.0	0.0	1.9	23.5	16.4	20.6	1.6	35.3	266.1	28.6	0.6	1.5	9.3	124.5	208.0	16.8	29.7	10.9	112.2	113.0
五棵松	194.8	40.6	108.6	27.7	27.3	0.0	0.9	25.9	56.9	21.9	62.8	711.5	104.1	6.4	6.0	33.2	690.1	196.8	69.8	70.3	64.5	177.3	122.9
万寿路	121.0	14.9	79.6	30.4	30.0	7.1	0.0	31.1	1.6	6.0	93.9	725.9	54.2	0.5	22.9	21.3	379.0	31.6	19.2	22.5	49.6	119.3	85.9
公主坟	805.3	247.3	376.9	116.9	405.0	237.4	153.1	0.0	7.1	5.5	2.4	303.7	73.8	0.4	1.0	89.8	213.2	100.3	23.0	81.6	127.0	184.7	38.7
军事博物馆	149.1	100.4	187.3	35.9	193.8	292.7	21.0	44.0	0.0	1.4	3.2	277.7	25.6	0.6	1.4	58.5	167.0	242.5	7.5	79.8	126.6	120.4	202.0
木樨地	150.2	57.1	61.0	73.8	111.1	72.5	159.9	19.1	4.0	0.0	1.4	380.8	5.5	7.5	2.9	14.5	400.2	234.1	13.1	23.0	71.8	26.1	285.6
南礼士路	204.9	31.9	85.8	164.4	96.8	214.8	19.3	121.1	42.4	195.6	0.0	271.7	52.9	2.6	18.6	99.6	407.4	170.7	55.1	57.0	152.0	82.9	46.3
复兴门	1 232.1	276.9	830.6	729.6	988.9	1 163.2	792.0	803.4	807.6	200.0	444.7	0.0	835.6	38.4	49.9	309.1	1 356.4	83.0	88.9	472.4	806.7	1 528.4	782.9
西单	164.6	68.9	16.7	108.4	88.2	47.6	90.1	302.8	32.8	55.6	11.3	2 300.9	0.0	18.5	4.8	47.7	1 195.6	700.0	69.8	138.7	187.5	222.0	108.5
天安门西	15.9	3.7	13.7	1.5	5.9	16.7	1.8	4.9	18.4	9.5	7.9	69.9	2.1	0.0	3.4	9.8	177.4	86.6	6.3	8.9	13.0	25.2	0.8
天安门东	76.8	9.9	3.3	0.5	62.4	40.2	53.6	68.5	0.5	10.0	35.8	202.6	0.4	0.8	0.0	61.5	189.5	89.5	14.9	15.0	24.8	56.8	50.1
王府井	141.7	25.1	76.8	183.4	151.7	164.3	133.6	123.1	56.6	75.6	135.9	553.5	117.6	10.6	47.0	0.0	662.6	624.0	70.9	137.8	83.8	390.8	103.6
东单	881.7	117.2	314.5	507.1	535.3	792.4	534.8	716.0	535.9	241.4	380.4	1 234.6	960.8	28.5	57.3	260.1	0.0	978.6	148.8	927.5	881.1	2 737.3	1 462.6
建国门	629.8	98.9	386.8	259.7	363.5	778.5	564.1	713.5	344.7	206.0	261.8	8.2	664.5	17.9	125.6	466.5	3 386.4	0.0	232.8	1 578.0	1 268.4	6 075.6	2 446.8
永安里	117.0	6.3	58.9	19.3	31.7	47.9	7.5	31.5	6.6	20.4	22.7	129.2	68.5	0.4	1.0	78.0	381.7	683.9	0.0	57.0	104.6	711.3	1 052.7
国贸	117.1	22.6	49.2	133.3	94.7	128.2	147.3	204.5	47.0	59.4	95.6	819.8	65.0	4.0	12.6	93.5	2 310.0	2 021.0	35.1	0.0	0.9	1 032.8	732.7
大望路	180.8	52.4	82.1	81.4	154.7	251.3	199.3	169.1	147.8	124.1	243.1	628.8	315.6	34.3	14.2	152.3	1 411.1	2 072.1	174.1	123.7	0.0	168.8	106.6
四惠	43.7	8.3	17.8	13.5	33.5	37.9	27.9	63.6	76.3	8.0	29.8	340.6	50.3	3.3	7.7	34.8	456.1	657.2	5.7	110.1	66.3	0.0	38.4
四惠东	156.2	7.5	99.8	38.0	30.1	63.8	18.0	105.7	62.3	24.1	53.6	408.5	64.6	4.9	28.7	85.4	930.5	1 412.6	32.1	75.0	58.0	17.1	0.0

计各站上下车人数。即每行之和为上车人数，每列之和为下车人数。如果要分方向，则还需要看车站的排列顺序。区间或区域的断面流量可以在此基础上生成。

某地铁线分为四个区域，OD 结果如表 4-2 所示。

表 4-2　某地铁线路四个区域的 OD 流量

区域	A	B	C	D	合计
A	110 467	66 249	25 540	42 120	244 376
B	65 920	3 686	4 615	19 335	93 556
C	26 098	4 729	253	4 739	35 619
D	41 795	29 299	4 634	1 879	67 606
合计	244 280	93 962	34 842	68 073	441 157

4.3 轨道线网客流成长规律

轨道交通线路建成后各年限的客流规模、分布、特征、规律等相关指标均会发生一定的变化，对其进行研究分析是轨道交通建设必要性、系统规模选择、系统建设效益分析、各项专业设计的基础和前提依据，是轨道交通建设各阶段的必不可少的定量依据和参考。

同时，我国有自己特殊的国情，国外的轨道交通的线路的成长规律并不一定能适用于我国，因此，通过对国内轨道建设较早的北京、上海、广州等城市典型轨道线路的运营资料的分析，有助于我们更好地把握适合我国国情的轨道线网客流成长规律。

4.3.1　新建轨道交通网络规模的影响分析

一般而言，新建轨道交通的客流包括两部分：转移客流量和诱增客流量。其中转移客流量是指由于轨道交通所具有的快速、准时、安全、方便、票价低等优点，而从其他交通方式转移过来的客流量，这部分流量通常被称为是模式竞争之后的流量。转移客流量一部分来源是那部分本来选择常规公交以及自行车方式的出行者，还有一部分客流量会从小汽车方式（主要以出租车为主）转移过来。因为相对于小汽车的出行，轨道交通的出行成本较低（含出行时间），出行距离越大这种优势越明显。对于诱增客流量，则主要指的是快速轨道交通线路的建设促进沿线土地的开发、人口的集聚，使区域之间的可达性提高，服务水平提高，居民的出行强度增加，从而诱增了客流量，最直接的体现就是居民可能会选择“住在郊区，工作休闲在市中心”的生活方式。下面以具体城市进行说明。

1. 上海

上海地铁 1 号线 1995 年投入运营已超过 10 年，2 号线、3 号线投入使用近 15 年。10 多年来，上海轨道交通逐步建立起一套安全高效的运营管理体系，积累了丰富的运营管理经验。根据历年客流数据结合实际运营生产情况，对客流变化规律进行了深入研究，并就影响客流量的主要因素进行了分析，可以为运营管理提供参考和指导。

2005 年 4 月 10 日，上海轨道交通网地铁 1 号线一期工程开通。10 年间，上海轨道交通整体上已发生了巨大变化，运营线路从开通之初的 1 条发展到目前 4 条，累计输送乘客 23 亿人次，到 2005 年年底运营线路达到 5 条，运营里程从开通之初的 16. 365 km 达到 112 km，日均客流量从开通之初的 24 万人次，提高到 160 多万人次。除 5 号线（5 号线有 11 座车站，约 17 km，日均客流 2 万多人次）外，目前 3 条运营线路长达 77. 4 km，计 57 座车站。1 号线北延伸于 2004 年 12 月 28 日开通，在车辆严重匮乏、发车间隔 12 min 的情况下，北延伸日均客流仍保持 15 万人次以上。“五一” 期间，3 条线（1、2、3 号）的最大日客流超过 203. 3 万人次。

自进入 2005 年以来，3 条线路的客流量继续稳定增长，与 2004 年相比，日净增客流 30 多万人次。客流稳定高速增长使 3 条线的运营设备长期处于高负荷运转状态，早晚高峰时间段列车超载严重，据现场测算，每节车辆乘客超过 450 人，列车满载率超过 130%，由于轨道交通线路网络式的连接，与其他交通相比，具有运量大、速度快、安全、准时、环保等特点，运营设施的完善及管理水平的不断提高，使越来越多的出行者选择地铁这一安全畅达交通工具，大容量轨道交通的重要性和优势使轨道交通吸引和诱增初步显现。

在轨道交通基本路网形成后，线路间将形成换乘和部分设施空间的共享，以实现线路之间的方便换乘和资源共享。但当个别线路因故处于非正常运营状态后，换乘站和不同线路之间会产生相互影响，并有可能将一条线路上的故障放大到其他线路上。为确保建成后的大规模轨道交通网安全高效运转，应加强对客流分布特点的分析，不断完善客运安全管理体系。

根据票务统计，上海轨道交通 1、2 号线的最大断面客流近年来以每年 2 000 ~ 4 000 人次的速度上升，多条线路的断面客流和客流量在持续增加，但 1、2 号线客流增加比例趋缓。与 2006 年相比，2007 年 3 月份 1 号线日均客流量环比增加 5. 4 万人次；2 号线增加 13. 0 万人次；3 号线增加 8. 6 万人次；4 号线增加 12. 2 万人次；5 号线增加近 2. 2 万人次，全网络 3 月份日均客流环比增加 39. 4 万人次。高峰小时断面客流量见表 4-3，日均客流情况见表 4-4。

表 4-3　高峰小时断面客流量

时间	断面客流/（人次）							
	1 号线		2 号线		3 号线		4 号线	
	上行线	下行线	上行线	下行线	上行线	下行线	上行线	下行线
2002 年	29 541	21 746	21 274	18 813				
2003 年	34 969	29 021	26 827	25 041				
2004 年	38 140	28 203	28 635	27 945	13 318	17 726		
2005 年	41 964	29 800	32 397	31 130	12 891	19 001		
2006 年	46 289	33 267	36 998	33 628	14 507	20 419	12 844	13 588
2007 年	47 511	322 448	39 180	34 560	13 431	21 763	10 630	12 298

表 4–4　日均客流情况

时间	日均客流情况/（万人次）				
	1 号线	2 号线	3 号线	4 号线	5 号线
2002 年全年日均	49. 30	29. 40	19. 22		
2003 年全年日均	54. 60	34. 74	22. 33		
2004 年全年日均	62. 47	42. 25	24. 30		
2005 年全年日均	80. 80	51. 23	27. 12		
2006 年全年日均	79. 25	48. 35	26. 62	18. 47	5. 80
2007 年全年日均	86. 46	62. 22	34. 80	28. 59	7. 66

1 号线最大断面客流基本稳定在“漕宝路站—徐家汇站”区间；2 号线最大断面客流发生在“人民广场站—陆家嘴站”区间；3 号线最大断面客流发生在“宝山路站—上海火车站站”区间；4 号线最大断面客流发生在“金沙江路站—中山公园站”区间。

总体来讲，1995—2005 年 10 年来的客流发展情况大致分成三个大阶段。

第一阶段：1995 年的地铁 1 号线开通到 1999 年 2 月，持续约 4 年时间。在此期间，客流量总体上呈稳步小幅度上升的态势，处于缓慢上升通道，日均客流从 20 万人次缓慢增加到 40 万人次左右。

第二阶段：1999 年 3 月到 2000 年年底，持续约 22 个月的时间。总体上，客流呈下降趋势。1999 年的客流比前两年都低，日客流从年初未调价前两个月的 36. 4 万人次，很快地下降到调价后的 28. 86 万人次，与之前相比，客流下降了 7. 7 万人次。

第三阶段：2000 年 12 月到 2005 年年底，这一阶段已经持续了 5 年的时间。在此阶段的客流绝对增长量和增长速率远大于第一阶段。随着 2、3 号线开通，轨道交通局部网络优势初步形成，客流呈快速增长的态势，日均客流从 2000 年上半年的 27. 49 万人次稳步增加到现在的 160 多万人次。若无调价或其他重大情况的改变，据此推算，今年的客流量预期将达到 5. 8 亿人次。

1）新老线路客流分布特征

刚投入使用和运营多年的线路，其客流分布特征截然不同。当一条新线路投入使用的当年，正式投入使用前后的客流会有较大差异，全年的客流一般呈双峰分布。开通前，客流量围绕一个较低的期望值上下波动；正式开通后，通过采取相应的措施吸引客流，客流逐步呈稳步上升态势，开通年的客流波动较大，可达 20% ~30%。当线路投入运营几年后，客流一般呈稳定增长的特点，年内的客流量一般近似呈正态或偏正态分布，客流不均衡系数一般小于 15%。1995 年 4 月 1 号线开通，2000 年 6 月 2 号线开通后，2 号线的全年客流和 1、2 号线全年总客流明显呈双峰分布，而其他年份的客流多近似呈正态或偏正态分布。

2）客流波动周期

自 1999 年之后，星期五的客流量最大，比平均客流超出 10% 以上，星期日的客流成为最低，比平均客流低 8% ~15%，星期一至星期四的客流量不相上下。

3）客流高峰、低谷与客流密度

一年中，上半年的客流量一般比下半年低，1、2、6 月份的客流量与其他月份低，但在

7 月份之后，客流量开始明显持续走高，直到年底。下半年客流一般约占到全年总客流量的 52% ~55%。全年最大月度客流基本发生在 10 月份，年中最高日客流基本上是在“十一”期间创下的。

4）轨道交通网络效应

单一线路不能对客流形成很好的吸引。在 2000 年前，地铁刚开通之际，客流量总体呈增加趋势，但增加的绝对量和相对比例较小。在 2、3 号线投入运营后，线路间形成了有效换乘，线路之间出现相互推动效应，路网对客流量的提升和推动效应开始显现。2001—2004 年虽然没有新增线路，但年客流量平均增加了 6 400 万人次，年平均增幅超过 20%。2001 年之前，1 号线单线最大客流为 1.08 亿人次，2004 年 1 号线客流量已达到 2.28 亿人次。线路成网后，对客流增加起到推波助澜的作用，4 年来的客流迅速攀升，2004 年 3 条线路的客流量已超过 4.7 亿多人次，网络效应日趋明显，尤其是 2、3 号线对 1 号客流的推高更为明显。还有一个十分有趣的现象，4 年来，1 号线的客流量几乎严格地等于 2、3 号线客流量之和。

2. 伦敦

伦敦早高峰以不同交通方式进入中心区的数据统计分析特点见表 4-5。可以看出：伦敦市早高峰进入伦敦中心区的客流随时间推移，虽然有所波动，但是总客流量还是有所增加。公共交通特别是轨道交通的通勤客流量大，并且有较大的增长，同时选择小汽车出行的客流量却减少了近一半。从图 4-9 可以看出：选择小汽车出行方式比例下降到以前的一半左右，同时选择公共交通出行的比例显著增加。

表 4-5　1991—2006 年早高峰以不同交通方式进入伦敦中心区人数　千人

年度	铁路	铁路换乘地铁或轻轨	地铁和轻轨	公交	小汽车	其他
1991	258	168	347	74	155	41
1992	245	156	337	61	150	44
1993	214	168	340	64	150	40
1994	221	171	346	63	145	43
1995	221	174	348	63	145	42
1996	223	176	333	68	143	50
1997	240	195	341	68	142	50
1998	252	196	360	68	140	47
1999	259	201	363	68	135	50
2000	269	196	383	73	137	52
2001	263	204	377	81	122	46
2002	245	206	380	88	105	43
2003	265	191	339	104	86	44
2004	256	196	344	116	86	45
2005	273	200	344	115	84	50
2006	280	211	380	116	78	49

注：估计值主要来源于伦敦中心区路边停车的数据调查（1996 年以后，从自动检票口获得数据）。

伦敦的内部环形路所围成的范围略大于伦敦中心交通拥挤收费区（包括西部的延伸区域）。市际间的乘客到达伦敦中心区则依赖于铁路线。数据来源于在主要地区的地铁站出口对离站乘客的技术统计。

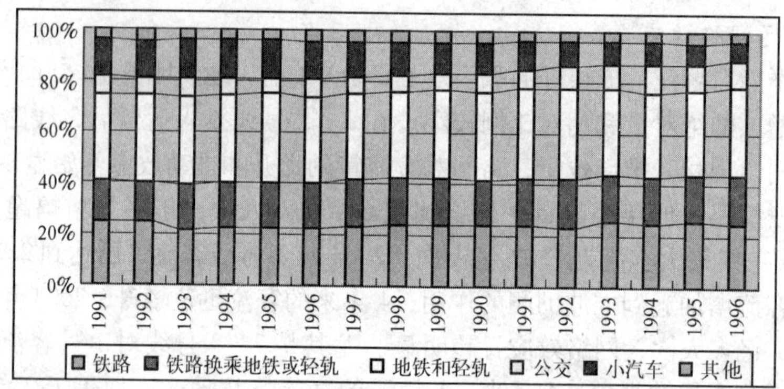

图 4-9　1991—2006 年早高峰进入伦敦中心区人数比例图

综合以上分析，可以得出以下结论。

① 伦敦市早高峰进入伦敦中心区的客流量增长并不大，但是选择小汽车出行的客流量和出行方式比例却缩小至以前的 50% 左右，同时选择公共交通出行特别是轨道交通进入中心区的高峰客流量和出行方式比例却有很大增幅，这说明轨道交通将原一半左右的小汽车客流量吸引到了公共交通上来，有效地缓解了伦敦中心区的道路拥挤问题。

② 伦敦市通勤客流的出行方式构成以公共交通为主，特别是轨道交通占到通勤客流总量的一半以上。并且随着轨道交通的发展，其吸引量也越来越大。

3. 纽约

纽约市由多个聚集中心构成，形成大量的客流，纽约的地铁线网中放射性线路很多，对于客流空间分布和方式选择研究有一定的参考价值。纽约市公共交通工具年乘客周转量和出行总距离如图 4-10 所示。

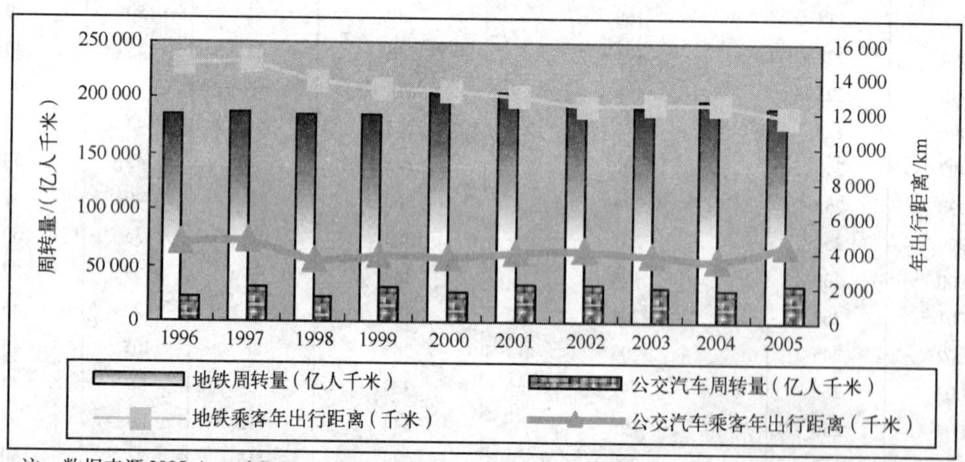

注：数据来源 2005 Annual Report，MTA

图 4-10　纽约市公共交通工具（1996—2005）年乘客周转量和出行总距离

从图 4-10 可以看出，地铁的放射性分布，促进中心区域外围的交流，地铁周转量、公交汽车周转量以及公交汽车乘客年出行距离，从 1996 年到 2005 年这段时间内变化不大。而地铁乘客出行距离则有所下降。这是因为随着地铁线网密度和换乘点的增加，乘客可选择的路径增加，使得出行距离减少。同时地铁周转量和乘客年出行距离均远大于公交汽车周转量和乘客年出行距离，这是因为，公交汽车是作为地铁交通的辅助和补充，多以短线为主，运量也较小。而地铁的运量大，承担城市的大部分公共交通客流量，且线路一般较长。另外，地铁的速度要远快于公交汽车，所以乘客从节约出行时间的方面考虑选择交通方式出行时，也会优先考虑地铁出行。

4.3.2　轨道交通供给对交通需求的影响

交通供给影响交通需求，反映到轨道交通实际运营上就是由于不断有新线接入，轨道网络客流分布发生改变。主要体现在两个方面：一是网络规模的扩展改变了线路沿线的可达性，相应地会对土地利用空间布局产生一定的影响，包括城市郊区化进程的加快和沿线土地开发强度的加大等，扩大轨道交通的吸引范围，从而影响轨道交通客流的产生和分布；二是网络连通性的增强，使得乘客可供选择路径增多。

1. 地区吸引范围的扩展

轨道交通作为城市公共交通的一种模式，有旅行速度快、容量大、不受地面拥挤的干扰、准点率高等优势。与其他运输方式相比，能够缩短乘客的出行时间，提高线路沿线地区的可达性，提高对乘客的吸引力。

以北京地铁 5 号线为例，地铁 5 号线作为贯穿北京的南北大通道，向北直达以居住为主的天通苑社区。在没有引入轨道交通线前，天通苑社区周边地块的开发强度不大，与该地块道路交通网的负荷达到了一种动态平衡。

随着 2007 年 10 月 5 号线的试运营，在该地块接入地铁线路，由于轨道交通的快速性和大运量，对该地块及其周边造成一系列积极的影响。由于轨道交通的快速性，该地块对居民更具吸引力。由此打破原有的土地利用和交通的平衡状态，更多的开发商涌入该地块投资。轨道交通线方向增加地块的可达性，并且该地块的开发强度将提高、建设用地范围也将扩大、地价将升高，直至进入新的平衡状态。现在，天通苑社区周边配有地铁 5 号线、13 号线、快速公交线等，多达 30 多条公交线路构成四通八达的交通网络，使道路交通的其他方式与轨道交通有很好的接驳，为居民的出行提供了快速、充分、便捷的交通条件。轨道的吸引范围也在适当增大；例如，对昌平地区进入市区客流的 P + R 接驳、公共交通接续等，如图 4-11 所示。

地铁新线接入后对网络客流产生的第一个影响为：网络线路里程和车站数量的增加可以使原有线路部分车站的吸引范围扩大，网络客流在总体上肯定是增加的。

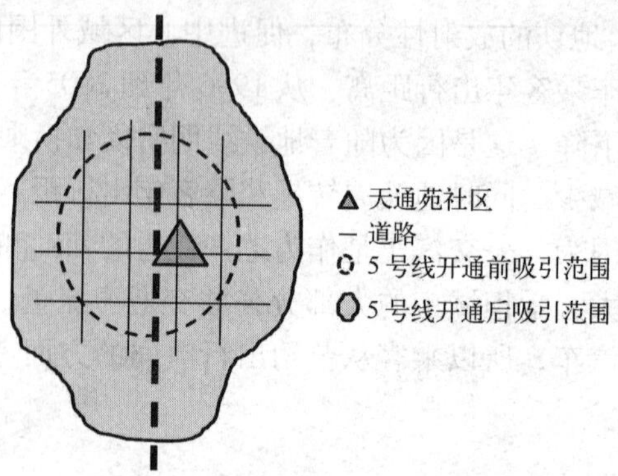

图 4-11 引入轨道交通线后地块的吸引范围变化

2. 路径选择多样化

轨道交通网络上任意一对 OD 节点（即车站）之间的一串连通的路段的有序排列叫做这对节点之间的路径。随着新线的接入，轨道网络的连通性增强，乘客在轨道交通系统中的出行路径由于存在不同的换乘选择而具有更明显的多样性，一对节点之间可以有多条路径。

3. 新增线路对网络上某些 OD 对出行路径的影响

图 4-12 中的网络结构示意图是北京市地铁 10 号线开通前的情况，当 10 号线没有接通时地铁运营图，从知春路到芍药居这一 OD 对的出行路径 2 条，分别为路径 1 和路径 2，其中路径 1 虽然比路径 2 的线路长，但是不需要换乘，与路径 2 相比，多花费了路上走行时间，但是节省了 2 次换乘时间，因而两条路径都会有乘客选择，只是被乘客选中的概率不同而已。

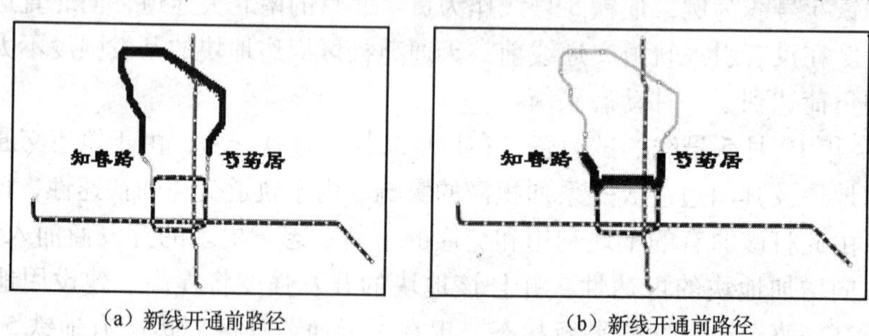

（a）新线开通前路径　　（b）新线开通前路径

图 4-12 北京市地铁线网 OD 路径示意图（地铁 10 号线开通前）

当网络中增加新线路使环线连通时，这时从 OD 的有效出行路径会增加，如图 4-13 中的新增地铁 10 号线所示，路径 3 与路径 1 相比，均无需换乘直达，但路上消耗时间的节省有较明显的优势，原来路径 1 和路径 2 上的客流会转移到路径 3 上来，打破原来网络的客流分布平衡，引起客流在各线路上的重新分布，达到新的平衡。

随着网络的形成和“一票换乘”的实施带来的换乘的便利，各车站之间路径选择呈现出多样性，乘客可以选择对自身来讲效用最大、阻抗最小的走行路径。

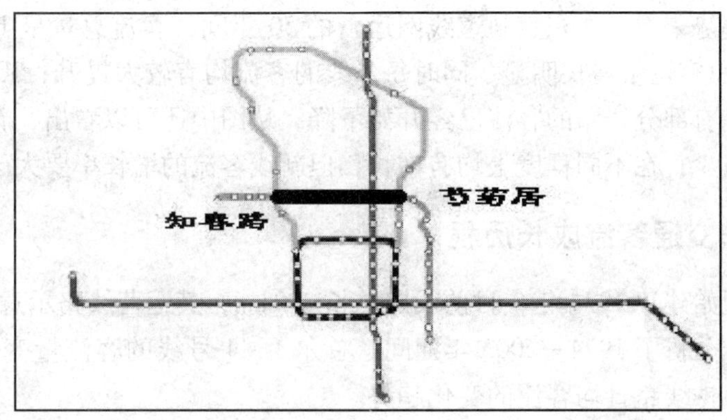

图 4-13　新增线路引起出行路径变化示意图（地铁 10 号线开通后）

4.3.3　国内外轨道交通网络建设及客流成长历程分析

目前，我国处于轨道建设高潮期，特别是像北京这样的大城市，平均每年有两条新线投入运营。在网络规模扩大的情况下，不仅沿线周边地区的出行结构将会产生较大调整，而且整个轨道网络的客流分布也将随着线路的增加呈现出新的特点。为了能够及时应对客流的各种变化，有必要对国内外城市新线接入后全网成长规律进行分析与研究，总结出轨道交通网络客流的成长规律。

1. 东京轨道交通客流成长历程

东京于 1927 年建成第一条地铁，现在已形成了由 12 条线路组成、全长约 300 km 的四通八达的地铁网络（见图 4-14），其中营团地铁线路 8 条，都营地铁线路 4 条。地铁线路主要位于 JR 山手线以内的城市中心区域。图 4-15 列出了营团轨道交通的 8 条线路在 1955—2000 年期间日均客流量的变化趋势。

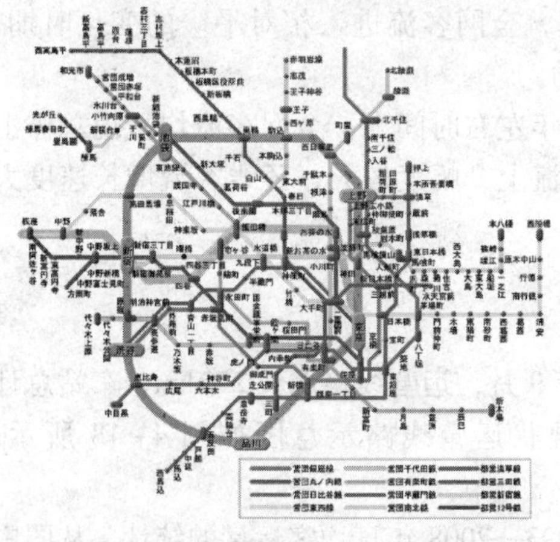

图 4-14　东京地铁运营线路示意图

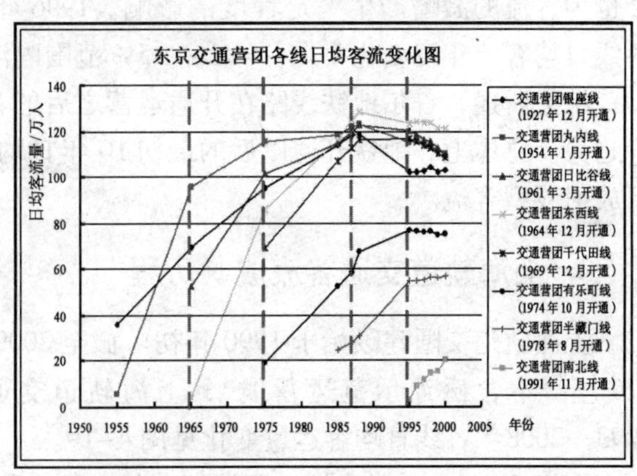

图 4-15　营团各线日均客流的变化趋势

从客流变化趋势来看，在东京轨道线网运营的 50 年间，客流总量呈上升趋势，特别是在头 30 年，不仅总客运量增长明显，同时每条线的客流均有较大提升；30 年以后，虽然总量仍在增长，但是有部分线路的客流已经开始下降。从图中还可以看出，新线开通后，既有线的客流并没有减少，在不同程度上均有增长，但新线客流的增长率要大于既有线。

2. 首尔轨道交通客流成长历程

首尔轨道交通始建于 1974 年，目前线路总长 290 km，其运营线路示意图见图 4-16。通过查阅资料，总结分析了 1974—2003 年期间，首尔 1 ~4 号线的客流量变化情况，图 4-17 列出了上述 4 条地铁线路日均客流的变化趋势。

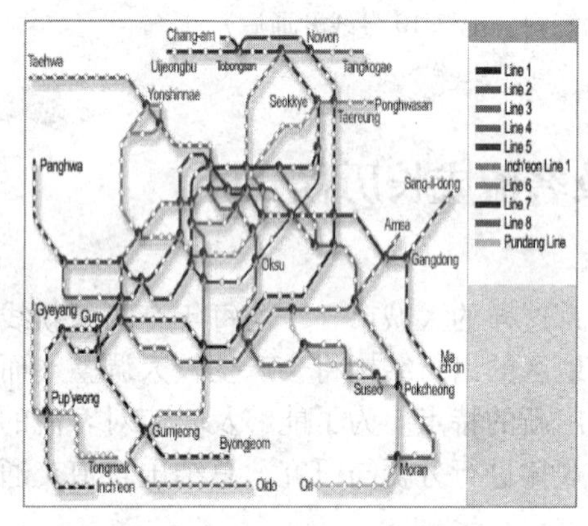

图 4-16　首尔地铁线路示意图

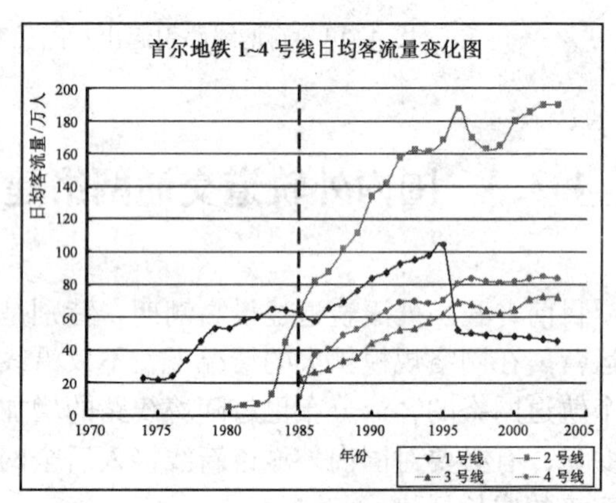

图 4-17　1 ~4 号线日均客流量的变化趋势

首尔地铁 1 ~4 号线主要位于市区范围，在 1 号线单线运营期间，日均客流上升缓慢，1985 年之后，随着 3 号线、4 号线的开通，首尔轨道线路逐渐成网，各线客流上升速度均较快。特别是 2 号线，2 号线是环线，在其衔接线路客流增长的影响下呈现出“网络效应”，客流增长迅速，客流增长速率明显大于其他线路的客流增长率。以上这一现象的出现，一方面与地铁客流开始由培养期步入成熟期有关，另一方面，1986 年的亚运会、1988 年的奥运会也为客流的激增产生一定程度的影响。1996 年起，全网客流进入相对平缓的变化时期，各线日均客流年度变化率在 -5% ~ +5% 范围内浮动。

综上所述，首尔地铁线路在开通运营之后的 20 年左右时间内，全网客流均呈现总体上升趋势。总体上，地铁开通以后的最初 10 年日均客流上升幅度较大，环线客流增长速度大于放射线型客流。

3. 上海轨道交通客流成长历程

上海轨道交通建设始于 1990 年初。截至 2009 年 9 月，运营线路总长 250 km，车站总计 170 座（不含磁浮示范运营线），上海轨道交通现状运营线路示意图如图 4-18 所示，1993—2008年各线日均客运量变化见图 4-19。

图 4-19 显示的是上海已开通运营的 8 条线路 1993—2008 年日均客运量的统计，从图中的走势可以看出，“轨道交通客流初期缓慢发育”，在市区轨道线路上表现不明显，尤以 4

号线突出，其在第二年的增长率达到 61%。

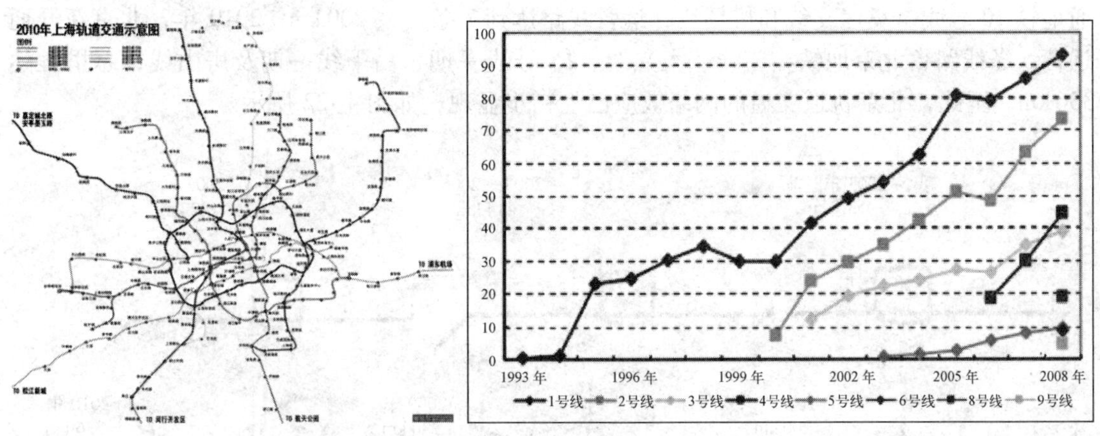

图 4-18　上海轨道交通示意图　　　　　图 4-19　1993—2008 年各线日均客运量变化图

位于郊区轨道交通线路，其客流的形成和培育时间则超出了预期。位于中心城内的径向线路，客流强度与线路走向和主要客运走廊的重合度有关，1、2 号线明显高于其他线路。

4. 广州轨道交通客流成长历程

广州地铁已建成开通 4 条线路，总里程 116 km，共 59 个站，其运营线路示意图如图 4-20所示，本文调查分析了 1999—2009 年期间广州地铁各线的客流量变化情况。

广州地铁通车至 2009 年，共运送旅客 24 亿人次，日客运总量从 17 万人次发展至 172 万人次（见图 4-21）。线网客流成长可分为三个阶段：第一个阶段是 1 号线单线运营期间，客流稳定在 17 万人次/日。第二个阶段是加入 2 号线，在“十”字轨道线型构架下，2006 年轨道全网日均客运量达到 77 万人次。3 号线、4 号线投入运营，全网总客运量激增至 172 万人次。新线通车后提高了轨道交通的可达性，促使全网客流发生量级变化。

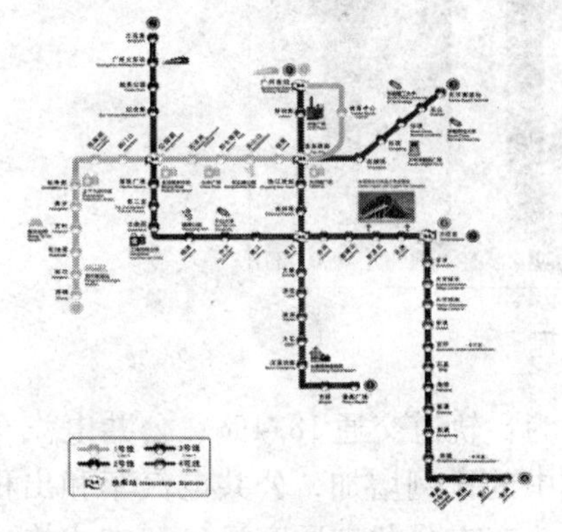

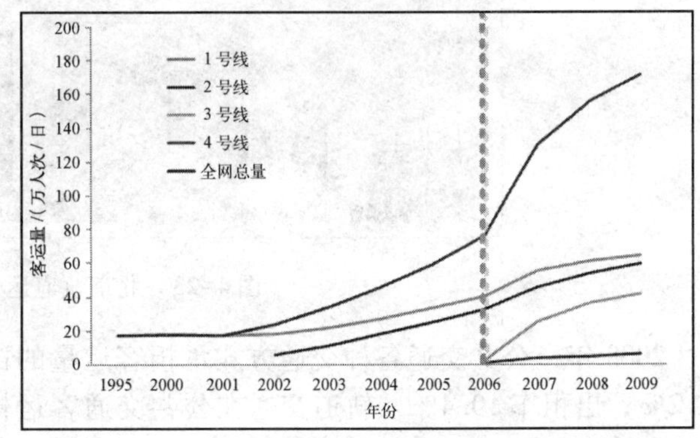

图 4-20　广州地铁示意图　　　　　图 4-21　广州地铁 1999—2009 年各线的客流量变化

5. 北京轨道交通客流成长历程

北京是中国第一个建设地铁的城市，从 1965 年建设北京第一条地铁开始，已经历了 40

多年。至2006年，已建成三条线，运营线路长114.1 km；借奥运契机，2008年北京先后开通地铁10号线、奥运支线和机场线，运营线路达到7条，共200 km；2010年，北京新开通运营5条线路：北京地铁亦庄线、大兴线、15号线一期、昌平线一期及房山线，总里程达336 km。至此，北京轨道交通的网络效应已经初步显现，如图4-22所示。

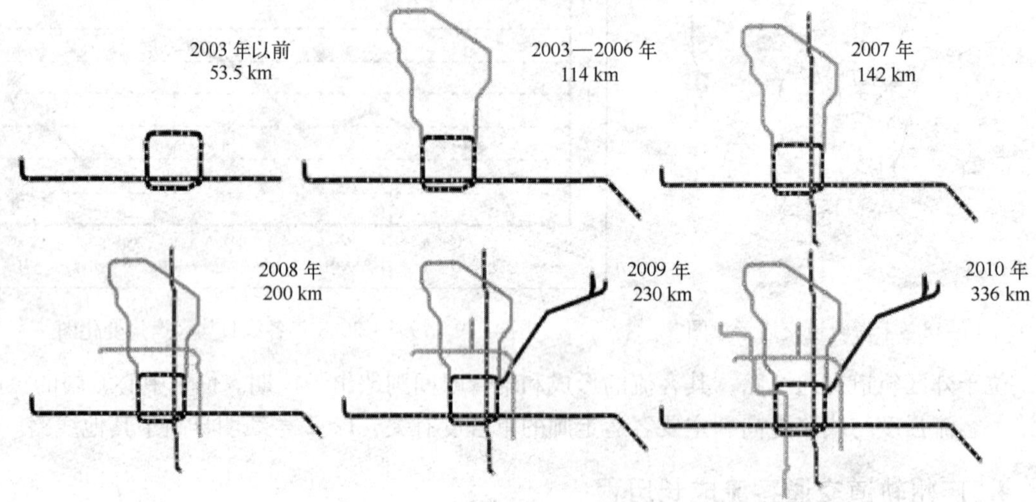

图4-22 北京轨道线网建设发展历程

新轨道线路的开通，轨道网络规模的扩大，可达性越来越高，北京市轨道交通客运量及分担率大幅提升，如图4-23所示（其中，2012—2020年为预测数字）。

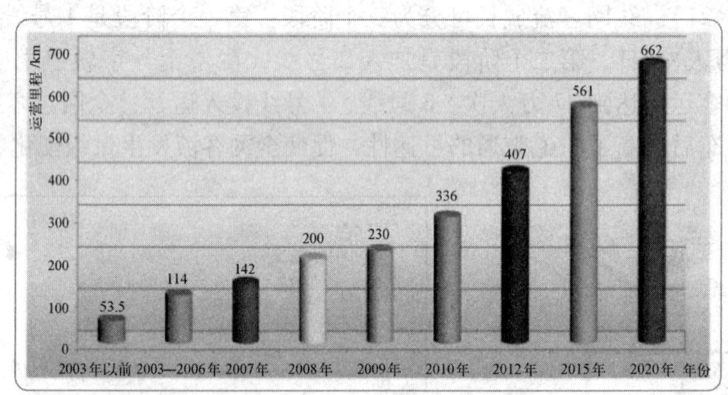

图4-23 北京轨道运营里程

2008年，公共交通各种交通方式承担客运量的比例为：轨道交通18.4%；公共电汽车71.2%；出租车10.4%。轨道交通在公共交通客运构成中的比例增加，公共电汽车和出租车比例有所下降，这是客流转移的结果。2003—2008年北京市公共交通客运量和方式构成比较具体构成如图4-24所示，柱状是绝对量，折线是占三种方式的比例。图4-25是北京各线2000—2009年日客运量统计。

从第一条地铁建成后的30多年里，北京运营的地铁线路只有两条，日均客流量在130万以内。随着轨道交通的发展，近十年来，北京地铁客运量迅速增长，随着5号线、10 号线的开通，北京轨道基本成网，提高了可达性，换乘系数逐年增加，网络规模的扩大也带动着各线客流的增长，日均客流量从 2000 年的 119 万人次增长至 2008 年的 400 万人次。

这个客流成长过程可分为三个阶段，分别为：

① 2000—2004 年，八通线开通前，日均客流量在 130 万以内；

② 2005—2007 年，5 号线开通前，日均客流量在 200 万以内；

③ 2007—2008 年，5 号线、10 号线、4 号线投入运营，日均客流量约 400 万人次。

各线客流增长情况如图 4–25 所示：1、2 号线很多年客流都没多大变化，随着 13 号线、八通线的开通，1、2 号线客流明显上涨，由于 13 号线和八通线是郊区线，它的客流存在一定的培育期，5 号线和 10 号线是市区线，客流从一开通起就增幅很快。随着 5 号线、10 号线的开通，北京轨道基本成网，提高了可达性，换乘系数逐年增加，网络规模的扩大也带动着各线客流的增长。

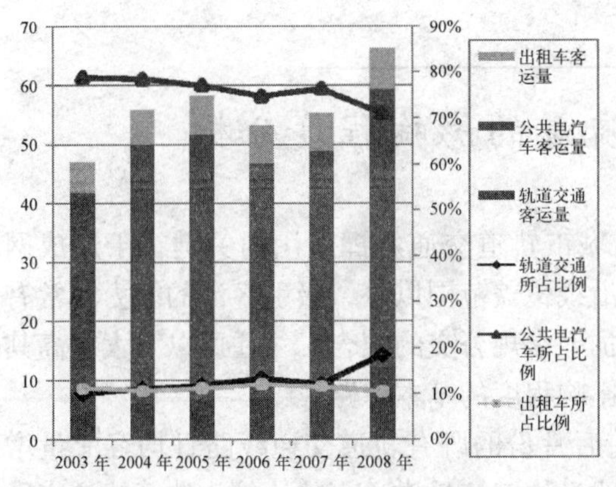

图 4–24　公共交通客运量和方式构成比较

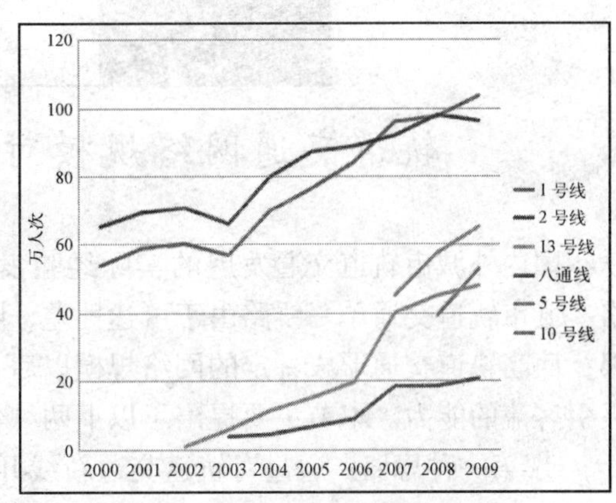

图 4–25　各线路 2000—2009 年日客运量

4.3.4　城市轨道交通线路及网络客流成长规律

通过调研国内外大城市轨道交通线网建设历程和运营数据，可发现其轨道交通客流变化趋势有一定的规律可循，主要研究结论归纳如下。

① 在城市轨道交通建设初期，运营轨道线路较少，且在开通前 3 年左右有一个客流培育的阶段，必须经历一个居民认知、适应、熟悉并搭乘直至形成一个合理的客流吸引区域的过程，客流的增长比较平缓。当城市轨道交通的运营进入成熟期后，一般在 10 年左右的时间，客流开始高速增长，经过 10 ~ 20 年左右的时间后又会趋于平缓，之后进入稳定期。城市轨道交通客流总体上是呈上升的趋势，在首尔和东京这样具有很长运营历史的线路中依然如此。

② 随着轨道线路逐步成网，再接入新线，它们的日均客流均呈现总体上升趋势，在初期、近期日均客流上升幅度均较大，且比较接近。

③ 位于郊区的轨道交通线路，其客流的形成和培育时间则超出了预期。位于中心城内的径向线路，客流强度与线路走向和主要客运走廊的重合度有关，一般在开通初期客流就增长较快。

④ 市区线路呈现客流总体保持增长、运营后初近期客流增长较快、中远期增长较慢、远期客流趋于平稳或稍微下降的趋势。

⑤ 郊区线轨道交通线路在开通运营之后相当长的时间内，客流呈现总体上升趋势，直至沿线区域开发相对成熟后趋于稳定，并没有出现通常认为的远期日均客流呈下降趋势的现象。可以认为这是沿线开发分步实施的结果，对我们把握市郊线路客流量，具有重要的参考作用。

城市轨道交通发挥效益的关键在于形成网络。城市轨道交通单一线路由于可达性差，除了沿线覆盖范围以外，吸引客流的能力非常有限；而当轨道交通形成一定的网络规模以后，再加上常规公交的配合，各线路客流量均有不同程度增加，且促使全网客流量级发生变化。

*4.4

轨道交通网络规模对客流量的影响程度分析

国内外城市轨道交通发展的实际经验表明，城市轨道交通发挥效用的关键在于形成网络。城市轨道交通单一线路由于可达性差，除了沿线覆盖范围以外，吸引客流的能力非常有限；而当轨道交通形成一定的网络规模以后，再加上常规公交的配合，往往可以大大提高其吸引客流的能力。本节主要提出了以下两种估算影响程度的基本思路。

① 第一种思路：通过对轨道交通新线开通前后月份的既有轨道交通线路日均客流量增长率与新线开通前后年度相同时段既有轨道交通线日均客流量增长率的比较，估算轨道交通新线开通对既有轨道交通客流量增长的影响程度。

② 第二种思路：通过对轨道交通新线开通月份的开通前后年度既有轨道交通线日均客流量增长率与轨道交通新线开通前一月份的开通前后年度既有轨道交通线日均客流量增长率的比较，估算轨道交通新线开通对既有轨道交通客流量增长的影响程度。

4.4.1　广州地铁新线开通对1号线的客流影响分析

广州地铁1号线一期工程（西郎至黄沙，全长5.5km）于1997年6月投入试运营，全线（西郎至广州东站，全长18.48km）于1999年6月28日开通运营；广州地铁2号线首期工程首段（三元里—晓港）于2002年12月29日开通运营，2号线首期工程全线（三元里—琶洲）于2003年6月28日开通运营；广州地铁3号线一期工程（客村—广州东站）、4号线一期工程（万顺围—新造）于2005年12月26日开通试运营。

表4-6为广州地铁1号线当月日均客流量对前1个月日均客流量的增长率情况。表4-7为广州地铁1号线各月日均客流量对上年同月日均客流量的增长率。

表 4-6　广州地铁 1 号线当月日均客流量对前 1 个月日均客流量的增长率　　%

年份	1 月	2 月	3 月	4 月	5 月	6 月	7 月	8 月	9 月	10 月	11 月	12 月
1999							66.0	6.3	-12.1	18.5	-20.0	13.6
2000	2.1	2.7	-13.2	-3.6	13.7	-13.4	26.4	0.8	-9.9	13.1	-13.4	10.9
2001	9.1	-24.7	10.3	-10.1	14.6	-14.5	20.7	1.3	-9.7	16.1	-11.3	4.3
2002	-1.1	4.5	-5.8	-5.7	13.1	-14.3	22.4	2.4	-11.0	12.2	-10.9	4.1
2003	**30.1**	-13.9	-0.9	-16.7	-17.7	12.6	**54.5**	3.3	-5.0	10.3	-9.1	4.4
2004	10.7	-14.1	2.0	2.5	6.5	-10.4	21.3	-5.0	-0.1	11.4	-7.1	11.5
2005	2.5	-9.6	6.6	3.5	1.4	-6.3	14.2	4.1	-4.0	7.5	-9.7	9.6
2006	**11.4**	-17.7	11.0	0.9	0.1	-4.7	15.9					

注：黑体字部分表示上月底有新线开通运营。

从表 4-6 得出以下几点结论。

① 广州地铁 2 号线首期工程首段（三元里—晓港）于 2002 年 12 月 29 日开通运营，从表 4-6 看出，2003 年 1 月对 2002 年 12 月的日均客流增长率达到了 30.1%，2002 年 1 月对 2001 年 12 月和 2004 年 1 月对 2003 年 12 月的日均客流增长率都在 11% 以下。由此可见，广州地铁 2 号线首期工程首段的开通使 1 号线客流量有一个较大的增长，涨幅估计达 20% 左右。

② 广州地铁 2 号线首期工程全线（三元里—琶洲）于 2003 年 6 月 28 日开通运营，从表 4-6 看出，2003 年 7 月对同年 6 月的日均客流增长率达到了 54.5%，而 2002 年 7 月对同年 6 月和 2004 年 7 月对同年 6 月的日均客流量增长率都在 20% 左右。由此可见，广州地铁 2 号线首期工程全线的开通使 1 号线客流量有一个较大的增长，涨幅估计达 30% 左右。这里需要强调的是，2003 年的比较特殊之处还在于该年发生了"非典"事件，而广州属于影响比较严重的城市。但由于表 4-7 是当月日均客流量对前 1 个月日均客流量的客流增长率，所以可以认为已经消除了"非典"引起的客流影响。

③ 广州地铁 3 号线、4 号线一期工程于 2005 年 12 月 26 日开通运营，从表 4-6 可以看出，2006 年 1 月对 2005 年 12 月的日均客流量增长率达到了 11.4%，而 2005 年 1 月对 2004 年 12 月的日均客流量增长率只有 2.5%。由此可见，广州地铁 3 号线、4 号线一期工程的开通使 1 号线客流量有一个较大的增长，涨幅估计达 10% 左右。

另外，表 4-7 列出了广州地铁 1 号线各月日均客流量对上年同月日均客流量的增长率情况。从表 4-7 可以得出以下几点结论。

① 广州地铁 2 号线首期工程首段（三元里—晓港）于 2002 年 12 月 29 日开通运营，从表 4-7 可以看出，2003 年 1 月对 2002 年 1 月的日均客流增长率达到了 35.6%，而 2002 年 12 月对 2001 年 12 月的日均客流增长率为 3.1%。由此可见，广州地铁 2 号线首期工程首段的开通使 1 号线客流量有一个较大的增长，涨幅估计达 30% 左右。

② 广州地铁 2 号线首期工程全线（三元里—琶洲）于 2003 年 6 月 28 日开通运营，从表 4-7 可以看出，2003 年 7 月对 2002 年 7 月的日均客流增长率达到了 25.7%，而 2003 年 6 月对 2002 年 6 月的日均客流增长率为 -0.5%。由此可见，广州地铁 2 号线首期工程全线的开通使 1 号线客流量有一个较大的增长，涨幅估计达 26% 以上。

③ 广州地铁3号线、4号线一期工程于2005年12月26日开通运营，从表4-7可以看出，2006年1月对2005年1月的日均客流增长率达到了28.3%，而2005年12月对2004年12月的日均客流增长率为18.0%。由此可见，广州地铁3号线、4号线一期工程的开通使1号线客流量有一个较大的增长，涨幅估计达10%左右。

表4-7　广州地铁1号线各月日均客流量对上年同月日均客流量的增长率　　%

年份	1月	2月	3月	4月	5月	6月	7月	8月	9月	10月	11月	12月
1999												
2000							9.8	4.2	6.8	2.0	10.4	7.8
2001	15.1	-15.5	7.4	0.1	0.9	-0.3	-4.9	-4.4	-4.2	-1.6	0.8	-5.2
2002	-14.1	19.2	1.8	6.7	5.3	5.5	7.0	8.1	6.5	2.9	3.4	3.1
2003	**35.6**	11.8	17.7	4.0	-24.3	-0.5	**25.7**	26.8	35.3	32.9	35.6	36.0
2004	15.7	15.4	18.7	46.1	89.0	50.4	18.1	8.6	14.2	15.3	17.9	25.9
2005	16.6	22.8	28.3	29.6	23.3	28.9	21.4	33.0	27.9	23.4	20.0	18.0
2006	**28.3**	16.9	21.7	18.6	17.2	19.1	20.9					

注：黑体字部分表示上月底有新线开通运营。

4.4.2　上海轨道交通新线开通对1号线的客流影响分析

上海轨道交通1号线于1995年开通运营；上海轨道交通2号线于2000年6月开通运营；上海轨道交通3号线于2000年12月开通运营；上海轨道交通5号线于2003年12月开通运营；上海轨道交通4号线于2005年12月开通运营。

表4-8和表4-9分别为上海轨道交通1号线当月日均客流量对前1个月日均客流量的增长率以及各月日均客流量对上年同月日均客流量的增长率情况，从表4-8和表4-9可以得出以下几点结论。

① 上海轨道交通3号线于2000年12月开通运营，从表4-8可以看出，2001年1月对2000年12月的日均客流增长率达到了11.2%，而2000年1月对1999年12月和2002年1月对2001年12月的日均客流增长率分别为-4.6%和-1.6%。由此可见，上海轨道交通3号线的开通使1号线客流量有一个较大的增长，涨幅估计达15%左右。

② 上海轨道交通3号线于2000年12月开通运营，从表4-9可以看出，2001年1月对2000年1月的日均客流增长率达到了40.8%，而2000年12月对1999年12月的日均客流增长率为20.8%。由此可见，上海轨道交通3号线的开通使1号线客流量有一个较大的增长，涨幅估计达20%左右。

③ 上海轨道交通2号线、4号线、5号线的开通运营对1号线客流量的影响不明显。其中，5号线初期日均客流量很小，每天只有2万人左右，加上5号线与1号线之间的换乘不便、换乘阻力大等原因，其开通难以为1号线带来明显的网络客流效应；4号线为上海轨道交通网络中的东半环，且初期行车间隔很大，日均客流量较小，同时与1号线换乘的线路区

段位于 3 号线的共线区段范围，因而其开通也难以为 1 号线带来明显的网络客流效应；2 号线开通对 1 号线客流量影响不明显的具体原因，目前尚难以说明。

表 4-8　上海轨道交通 1 号线当月日均客流量对前 1 个月日均客流量的增长　%

年份	1993 年	1994 年	1995 年	1996 年	1997 年	1998 年	1999 年	2000 年	2001 年	2002 年	2003 年	2004 年	2005 年	2006 年
1 月		-7.8	34.5	-10.8	2.4	4.0	-5.0	-4.6	**11.2**	-1.6	1.7	**-3.7**	15.9	**-4.7**
2 月		46.2	27.2	14.6	3.1	1.3	5.6	5.0	-0.1	9.9	1.0	6.9	-1.4	1.9
3 月		183.7	-8.1	-4.0	3.4	0.0	-21.2	-2.7	4.7	6.1	7.1	0.8	15.0	9.9
4 月		28.7	579.0	1.5	0.2	4.1	-0.6	1.7	-0.3	-2.1	-13.7	1.1	1.3	-0.4
5 月	-56.0	-31.8	41.7	-3.3	-9.6	-0.2	-3.4	1.9	2.5	4.6	-31.0	0.2	-4.7	-3.3
6 月	251.9	-24.4	-3.3	-9.7	0.7	-7.7	-11.8	-10.5	-9.1	-9.1	32.1	-3.5	-3.4	
7 月	-24.3	22.7	11.0	11.6	14.3	9.7	15.1	**11.2**	13.5	14.0	22.0	5.2	6.6	
8 月	-14.6	35.1	11.4	6.5	-0.8	3.1	-0.3	7.7	4.0	3.8	2.2	-1.8	0.1	
9 月	-35.5	-31.7	2.8	5.0	1.7	0.8	0.0	3.2	0.2	0.4	3.8	1.7	-4.2	
10 月	527.4	70.9	8.1	3.1	3.6	7.4	8.4	6.3	2.9	3.6	4.5	3.5	-7.3	
11 月	-1.0	-19.3	-4.6	-3.3	-6.5	-2.8	-11.2	-2.1	-1.8	-2.9	-4.9	-4.5	-2.2	
12 月	-57.2	-9.5	-8.2	6.8	-0.3	0.8	3.3	3.8	-6.6	-0.7	1.6	4.6	1.9	

注：黑体字部分表示上月底有新线开通运营。

表 4-9　上海轨道交通 1 号线各月日均客流量对上年同月日均客流量的增长率　%

年份	1993 年	1994 年	1995 年	1996 年	1997 年	1998 年	1999 年	2000 年	2001 年	2002 年	2003 年	2004 年	2005 年	2006 年
1 月			423.6	1068.0	32.7	12.6	10.7	-23.3	**40.8**	6.8	30.9	**7.0**	32.4	**-4.9**
2 月			355.6	952.4	19.4	10.7	15.5	-23.7	33.9	17.4	20.4	13.1	22.2	-1.7
3 月			47.7	999.2	28.5	7.1	-9.1	-5.8	44.0	19.0	21.5	6.5	39.4	-6.0
4 月		746.7	678.9	64.3	26.9	11.2	-13.1	-3.6	41.2	16.9	7.1	24.7	39.7	-7.6
5 月		1211.9	1517.2	12.1	18.7	22.8	-16.0	1.6	42.1	19.4	-29.3	81.0	32.9	-6.3
6 月		181.9	1968.6	4.7	32.4	12.6	-19.7	3.2	44.2	19.4	2.7	32.1	33.1	
7 月		356.7	1771.7	5.3	35.5	8.1	-15.8	**-0.3**	47.2	19.8	9.9	14.0	34.9	
8 月		622.5	1442.5	0.7	26.2	12.3	-18.6	7.7	42.2	19.6	8.2	9.5	37.5	
9 月		665.1	2223.4	2.8	22.2	11.3	-19.2	11.2	38.1	19.8	11.8	7.2	29.5	
10 月		108.4	1369.3	-1.9	22.8	15.4	-18.5	9.1	33.7	20.6	12.8	6.2	16.0	
11 月		69.9	1636.4	-0.7	18.8	19.9	-25.5	20.3	34.1	19.2	10.4	6.7	18.8	
12 月		259.0	1662.3	15.6	10.9	21.2	-23.6	20.8	20.7	26.7	13.0	9.9	15.7	

注：黑体字部分表示上月底有新线开通运营。

综上所述，新线开通对上海轨道交通 1 号线和广州地铁 1 号线客流增长的影响程度为 10% ~30%。

本章练习题

1. 城市轨道交通路网可划分为哪几种结构形式？试简要概述。
2. 试论述轨道沿线土地利用类型与客流的关系。
3. 简述客流追随型和规划引导型两种轨道线路的特点。
4. 城市轨道交通网络规模的影响因素有哪些？可用哪些指标来评价轨道交通网络？
5. 简述交通供给对交通需求的影响。
6. 试总结客流的主要影响因素。

5 第5章 轨道交通站吸引范围客流分析

本章概述

本章主要介绍以下内容：轨道交通站的吸引范围的界定概念及轨道交通换乘站点的合理吸引区确定方法；接驳换乘客流和接驳客流构成特点、各自的空间特性，以及两者的关系；对轨道交通换乘站客流时间分布进行分析，要求掌握吸引范围、直接吸引范围、间接吸引范围、轨道交通站换乘类型、接驳换乘客流、接驳客流、空间特性、时间分布等主要知识点。

学习重点

1. 熟悉轨道交通站的吸引范围界定方法。
2. 掌握轨道交通站的接驳换乘布局、接驳客流特点。
3. 了解轨道交通换乘站的客流构成特点、客流空间特性、客流时间分布及换乘轨道站点与客流的关系。
4. 重点掌握轨道交通站的换乘体系、接驳换乘客流与接驳客流的特点，同时区分两者的关系。

5.1 轨道交通站的吸引范围界定

轨道交通吸引范围是指轨道交通所吸引客流的全部区域范围。“吸引范围”是轨道交通站点对其他交通方式的乘客产生影响的区域，在这个区域内，人们能够比较方便地直接或间接地利用轨道交通。

轨道交通吸引范围包括一次吸引范围和二次吸引范围，一次吸引范围也称直接吸引范围，是指轨道交通吸引的直接客流区域范围。是步行到轨道交通的客流分布范围，是轨道交通的合理步行区的范围。二次吸引范围也称间接吸引范围，是指通过非步行交通方式与轨道交通换乘的客流区域范围，是轨道交通的影响区范围。

轨道交通对城市交通的组织是集中在一些有限的点（车站），通过这些点（车站）来组织交通，所以吸引范围是以车站为中心的，其吸引范围的大小取决于轨道交通的接驳方式。轨道交通吸引范围示意图如图 5-1 所示。

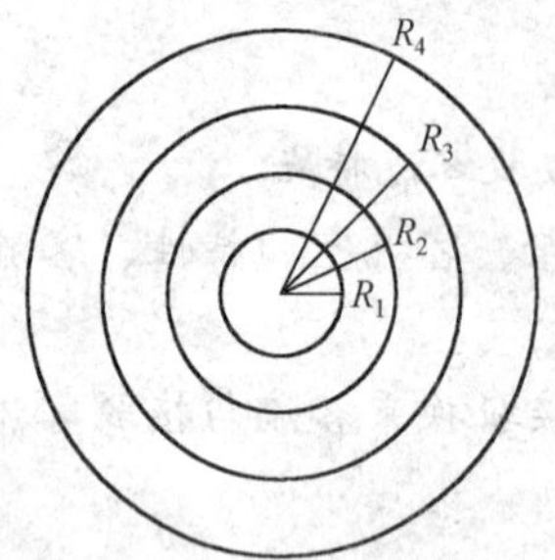

图 5-1 轨道交通吸引范围示意图

对莫斯科、汉堡、伦敦、巴黎等城市的研究表明：决定至车站步行距离的指标不是轨道交通路网密度，而是相对的称为“枢纽密度”的车站本身的布置密度，具体数据见表 5-1。表 5-1 中的城市是按车站（枢纽）密度由小到大和平均站距由大到小的顺序来排列的，从该表中可见，一个枢纽服务地域的平均面积、至枢纽的平均步行距离和步行时间也都按这个顺序减少，只有路网密度不按这个顺序排列，这说明不是路网密度，而是车站（枢纽）密度才是形成轨道交通城市建设效益参数的决定性指标。

表 5-1 城市中心区快速轨道交通路网特征

参数	城市				
	莫斯科		汉堡	伦敦	巴黎
	1980	1985—1990	1980	1980	1980
平均一个车站（枢纽）服务面积/公顷	144	133	81	46	26
至车站（枢纽）的平均步行距离/m	455	438	340	255	190
至车站（枢纽）的平均步行时间/min	7	7	5	4	3

轨道交通合理化的影响范围不取决于线网密度，而取决于车站（枢纽）密度，这一点和公共汽车线路明显不同。对于公共汽车线路，要想增加它的影响区，提高线网的覆盖率，须增加线网密度；而对于轨道交通则须增加车站密度。

以轨道交通车站为中心所形成的社区、商业区等在国际上称为“车站城市”，即由车站发展起来的城市，如图 5-2 所示。

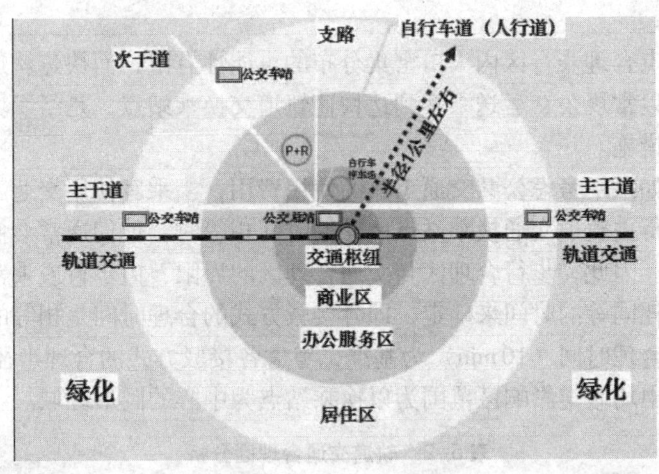

图 5-2　车站城市示意图

因此，组织好轨道交通及其接驳方式，至少有以下几个好处。

① 可以划分轨道交通影响区，作 OD 调查预测，为客流预测提供依据。

② 为轨道交通带动土地开发的范围提供依据。

③ 扩大轨道交通影响区，增加客流量，提高运行效率。

④ 组织好轨道交通接驳，使之吸引更多的自行车流及人流，改变目前不合理的客运交通结构，提高轨道交通运行效率。

5.1.1　轨道交通换乘站点的合理吸引区

首先是步行合理区的确定。出行者至换乘站点的合理步行距离主要取决于出行者的生理条件，只在很小的程度上取决于换乘站点在城市中的布局。由于居民出行都力求用于市内出行的时间最短，因此把步行或乘车去换乘站点的时间消耗为自变量的换乘站点服务半径 $R=f(t_n)$ 范围内的用地作为轨道交通合理区。此处 $t_n=\phi(T)$，而且 T 值限定在利用轨道交通一次出行的时间消耗定额限制之内。

根据前苏联和西柏林的调查表明，步行去车站的绝大多数乘客（98%）居住在距换乘站点步行时间不大于 15 min 的范围之内，也就是居民在利用非快速轨道交通比去换乘站点节省不了多少时间的距离范围之内。居住在 5 min 和 10 min 步行距离范围内的乘客分别占 60% 和 80% 左右。由此确定换乘站点的合理步行区是在半径 $R=600$ m 范围内，在这个区域内居住着利用快速轨道交通并步行去换乘站点的绝大多数乘客（80%）。我国大城市的换乘调查相关研究表明居民换乘时间一般为 10 ~ 15 min。

1. 轨道交通站点三次吸引法

1）轨道交通合理区分析

结合我国的国情，综合各因素，推荐我国步行合理区半径为 600 m，相应的合理步行时间为 10 min。

由于在换乘站点合理步行区内人口密集分布的可能性有限，而快速轨道交通网的线网密度较小，因此保证以常规公交运送乘客到达快速轨道交换乘站点，是组织城市积聚区统一交通系统工作的重要措施。

从理论上讲，如果不考虑公共交通工具的使用费用，当乘客使用交通工具去接驳轨道交通所花的时间和步行去轨道交通换乘站点所花的时间相等时，他们通常会使用该常规公共交通去接驳轨道交通。因此，步行合理区与交通合理区的界限，由步行或乘常规公共交通至轨道交通换乘站点消耗同等的时间来确定，即各接驳方式的合理时间是相等的。

由此，以步行合理时间（10 min）为基准，考虑各接驳方式的合理半径，可得表 5-2 所示的数值。在推测中均假定影响区范围为以换乘站点为中心的圆形区域。

表 5-2　轨道交通合理区分析

接驳方式	速度/（km/h）	最大合理区半径/km	最大合理区面积/km^2
步行	4	0. 67	1. 1
自行车	4 ~ 14	1. 8 ~ 2. 3	10. 2 ~ 16. 6
公共汽车	16 ~ 25	2. 6 ~ 4. 1	21. 2 ~ 52. 8
小汽车	40 ~ 60	6. 6 ~ 10	136. 8 ~ 314. 2

其次是对轨道交通换乘站点的合理吸引区的理论分析，目前常用方法有 2 种：已有的研究成果经验值，理论上的三级吸引范围计算法。

2）计算乘客吸引系数

用三级吸引范围计算法计算拟建线路沿线各站的三次乘客吸引系数。这种以车站为单位进行计算的法，改变了以线路为单位进行计算的方法，充分注意到了车站及其吸引范围内土地利用的性质和利用程度对吸引客流的影响。通过对每个车站客流变化的量化分析，预测拟建线路全线的客流变化规律。

一次乘客，即步行到车站乘轻轨或地铁的乘客。车站一次乘客的吸引范围约为 750 m（平均步行 15 ~ 20 min）。

二次乘客，即骑自行车到车站乘轻轨或地铁的乘客。车站二次乘客的吸引范围从统计数据得知约为 3 km。

三次乘客，即坐常规公共电汽车到站换乘的乘客。车站三次乘客的吸引范围与二次乘客吸引范围相当，也约为 3 km。

三次乘客吸引系数，即在不同层次乘客的吸引范围内，进站乘轻轨或地铁的乘客所占的比例系数。吸引系数的大小与地铁或轻轨车站周围公交线路的配置、方便程度、土地的开发利用程度等密切相关，不同乘客吸引系数计算的通用公式如下：

$$K_i = c/N_i \tag{5-1}$$

式中：K_i——车站对不同乘客的吸引系数（$i=1, 2, \cdots, n$）；

c——常数，一般取 0.75；

N_i——不同乘客吸引范围内公共交通线路条数（$i=1, 2, \cdots, n$）。

为使吸引系数计算更准确，可对本地区已有的地铁或轻轨车站进行调查，或参照其他城市的基本资料，用式（5－2）计算不同乘客吸引系数的实际值。

$$K_i = A_i / \left(\sum P_i\right) \tag{5-2}$$

式中：A_i——调查所得地铁或轻轨车站的不同乘客进站量（$i=1, 2, \cdots, n$）；

$\sum P_i$——调查地铁车站的不同乘客吸引范围内的出行总量（$i=1, 2, \cdots, n$）。

将上述理论值与实际值进行比较修正，即可得沿线各站的乘客吸引系数。一般情况下，一次乘客吸引系数在 0.47 左右，二次乘客吸引系数为 0.08 左右，三次乘客吸引系数在 0.45 左右。这里我们所需要的主要是三次乘客吸引系数，即乘坐地面常规公共交通到轨道交通站点换乘轨道交通的乘客占所有进站乘坐轨道交通乘客的比例。

在上阶段对某轨道交通站点上下车客流以及三次乘客吸引系数已经预测出来的基础上，就可以预测出该站点常规公交换乘轨道交通的客流量，公式如下：

$$T_{iout} = K_i Q_i \tag{5-3}$$

式中：T_{iout}——i 站点上车客流中从常规公交换乘轨道交通的客流预测量；

K_i——车站对不同乘客的吸引系数（$i=1, 2, \cdots, n$）；

Q_i——i 站点上下车客流量。

3）确定三级吸引范围

都市圈轨道交通的吸引客流通常分为三个层次：完全靠步行到达车站乘坐轨道交通的客流；通过自行车到达车站换乘轨道交通的客流；通过其他交通工具到达车站换乘轨道交通的客流。据此，轨道交通的吸引范围可划分为一级、二级、三级等三个层次。

（1）一级吸引范围

日本地铁建设经验认为，“车站的直接吸引范围为车站两侧各 750 m 以内；在线路终端是以车站为中心，以 750 m 为半径的圆形圈内”。另据第 36 届国际轨道交通会议的资料，“对于大多数城市来说，步行去轨道交通车站的最适宜距离，在城市中心区为 500～600 m，在边缘区为 800～1 000 m”。国外 TOM 模式研究也表明，直接吸引范围为距车站 10 min 的步行距离。

都市圈轨道交通是圈内交通的骨干，其一级吸引范围应大于城市地铁的吸引范围，因此在应用中，建议采用 1 000 m 作为都市圈轨道交通的一级吸引范围。

（2）二级吸引范围

考虑到轨道交通的主要竞争对象是汽车，所以通常采用以行程时间为主导因素的竞争模型标定二级吸引范围。

竞争模型为：

$$(R+S)\ V_{汽} \geq S/V + R/V_{中} \tag{5-4}$$

因此，吸引半径应为：

$$R \leqslant \left(\frac{1}{V_{汽}} - \frac{1}{V_{轨}}\right) \times S \Big/ \left(\frac{1}{V_{中}} - \frac{1}{V_{汽}}\right) \tag{5-5}$$

式中：R——二级吸引范围半径；

S——平均出行距离；

$V_{汽}$——汽车平均行驶速度；

$V_{轨}$——轨道交通平均行驶速度；

$V_{中}$——中转交通工具的平均行驶速度。

取远景规划年限时的 $V_{汽}=100\,km/h$，$V_{轨}=130\,km/h$，$V_{中}=15\,km/h$（自行车车速），$S=50\,km$，则 $R\leqslant 2.036\,km$。建议取 1.8 ~ 2.2 km 作为二级吸引范围。

（3）三级吸引范围

仍采用上述模型及数据，因中转交通工具主要以摩托车、汽车为主，考虑到中转道路的交通条件，改取 $V_{中}=60\,km/h$，则 $R\leqslant 12.5\,km$。

当 $S=50\,km$ 时，三级吸引范围约为 12.5 km。注意到最外层乘客的出行距离一般较大，当 S 增大到 100 km 时，由计算知三级吸引范围为 25 km。

由上述模型检验城市轨道交通的直接吸引范围：轨道交通在城市中运营速度较低，与其相竞争的公交车速度也较低，故参数取值如下：$V_{汽}=30\,km/h$，$V_{轨}=50\,km/h$，$V_{中}=5\,km/h$（取步行速度），$S=10\,km$，则 $R=0.8\,km$。即城市中轨道交通的直接吸引范围是 800 m 。

显然，吸引范围还与当地的道路网结构、用地形态等有关。

2. 轨道交通站点及换乘类型

从轨道交通站点的影响范围划分，轨道交通客流主要分为两类。

① 直接吸引客流，也就是直接步行至轨道交通站点乘坐轨道交通的客流，这类客流分布在轨道交通站点附近，也就是在其直接吸引范围内。

② 间接吸引客流，即换乘客流，指乘坐其他交通方式来换乘轨道交通的客流，其他交通方式包括自行车、摩、常规公交以及小汽车，这些客流的分布主要根据其吸引范围来确定。

3. 轨道站点类型

换乘站分综合交通枢纽站、区域交通大型接驳站和一般轨道交通换乘站 3 种等级和规模，每种类型的换乘站又有其特有的客流空间分布特型。

1）综合交通枢纽站

客流分布比较复杂，集火车、地铁、公交、社会机动车型等多种交通方式于一体，客流来源很广，过境客流比较多。到综合枢纽站乘坐轨道交通的乘客中，换乘客流占了一大部分，有自行车客流、铁路客流、常规公交客流等，其中乘坐公交客流来换乘轨道交通的客流量最大，步行到达枢纽站的客流相对较少。

2）区域交通大型接驳站

接驳公交主要为某一扇面方向的地区提供服务，客流主要是位于该扇面地区的客流，步行到达站点客流与到该站换乘的客流所占的比例都比较大。一般大型接驳站主要为大型终端站，而大型终端站一般位于离市区比较远的郊区，主要为进城上班或办事的郊区乘客服务，该类轨道交通站点在每一个扇面方向都会配有比较发达的公交线网来接运轨道交通客流，所以乘坐常规公交到达该类站点的客流量会很大。除此之外，换乘客流中还有很大一部分为开私家车到达站点的客流，即停车换乘客流。

3）一般轨道交通换乘站

一般轨道交通换乘站规模相对于前两种换乘站，其客流相对比较简单，主要为其周边的乘客服务，所以去一般轨道交通换乘站的乘客的主要交通方式为步行和常规公交，其中步行去换乘站点乘坐轨道交通的乘客占了很大一部分比例，从常规公交换乘轨道交通的客流相对较少。

4. 轨道交通换乘客流特征

城市轨道交通与常规公交换乘站点的客流和车流来自多方向、多路径、多种目的、多种交通方式。因此客流方面具有到、发量大而集中、多向集散和换乘、各小时段客流不均衡性等特征。在轨道交通与常规公交换乘中，其换乘特性主要表现为混合性、多向性、冲击性三个方面。

1）混合性

换乘站的客流中，有进、出站客流，有换乘客流，都同时发生在站台和楼梯，因此两种客流不可避免产生同向和反向的交叉性的混合流，难免发生相互干扰。

2）多向性

每个换乘站的客流换乘方向，均有 4 个方位、8 个流向。因此必须对换乘客流进行有导向性的疏导，减少与进出站的客流交叉干扰。

3）冲击性

换乘的下车乘客，不是出站，而是找换乘通道，当换乘客流较大时，换乘通道的方向与出站通道方向不一致时，尤其在早高峰时段，必然会对出站客流有一定冲击性。

可以看出，城市轨道交通与常规公交换乘客流特征就是客流多方向、流量大。因此必须做好客流组织管理，将换乘客流和到发客流分开，将车流和人流分开，使换乘站点既能各行其道，又能相互贯通，相互转换，构筑为一体化的客运交通集散中心。根据交通设施调查结果和车站询问调查出行结果，结果如下。

① 公共交通设施完备的车站，其出行结构中利用公交进行二次换乘的比例远远高于公交设施缺乏的车站。

② 在自行车停车场地充足的车站，利用自行车进行二次换乘的比例远远高于自行车停车场地缺乏的车站。

③ 在外围区域由于公共交通设施的不足，在出行困难的情况下，出租车、摩托车和人力三轮车也成为代步的工具。尤其是在地铁 13 号线和八通线的一些车站。

现在的地铁乘客辅助交通结构还不尽合理，地铁车站的交通设施配置存在如下问题。

① 地铁车站出入口距离公交停靠站较远，近的也至少 50 m，远的甚至于达到了 500 m，地铁乘客换乘极其不方便，花费的时间也较多，这就严重影响了地铁乘客的出行时间，降低了其服务水平。

② 地铁车站周边的自行车停车场地严重不足，车站周围在没有配备停车场的情况之下，车辆停放混乱，甚至占用便道，缺乏管理，容易丢失车辆；已经配备停车场的，场地也严重

不足，停车场地拥挤不堪。严重影响了地铁乘客利用自行车进行二次换乘的比例。

③ 地铁车站周边的交通组织混乱。一些地铁车站出入口周边交通组织混乱，各种车辆乱停乱放，尤其在高峰时间，占用乘客的换乘通道，不仅耽误时间，还影响行人的安全。

5.1.2 轨道交通与其他交通方式协调衔接规划思想

1. 规划目标

轨道交通与地面其他交通方式衔接规划的目标主要有以下几点。

① 使地面交通与地铁交通的衔接形成层次体系，从而为确定公交体系的主骨架、优化城市内部公共交通线路、枢纽和站点布置。

② 根据地铁车站的区位、服务对象和规模，规划为不同等级、不同类别的客运枢纽，发挥各种交通集聚效应，加强系统之间的有效衔接，以扩大快速轨道系统服务范围，提高公交整体运输能力。

③ 提供良好的换乘空间和设施，通过对站点综合规划设计，合理组织换乘客流和集散人流的空间转移，达到系统衔接的整体化。

④ 充分考虑居民出行方式选择习惯，形成市区和郊县的出行方式构成比例。例如，表5-3是某城市居民出行方式选择调查结果。通过调查数据统计的市区和郊县的出行方式构成可以看出，郊县同市区相比，公共交通方式所占比重较低，而非机动方式所占比重较大。

表5-3　不同地区居民出行方式构成（样本数据）

交通方式	市区	郊县
地铁	2.01%	0.59%
公交车	13.10%	4.81%
小公共	0.37%	0.49%
班车	2.29%	2.87%
出租车	1.56%	0.58%
单位小汽车	3.88%	4.95%
私人小汽车	3.22%	2.46%
摩托车	2.00%	3.57%
自行车	38.41%	44.77%
步行	32.68%	33.97%
其他	0.47%	0.95%
合计	100.00%	100.00%

⑤ 各种交通方式出行时耗分布（见图5-3）。

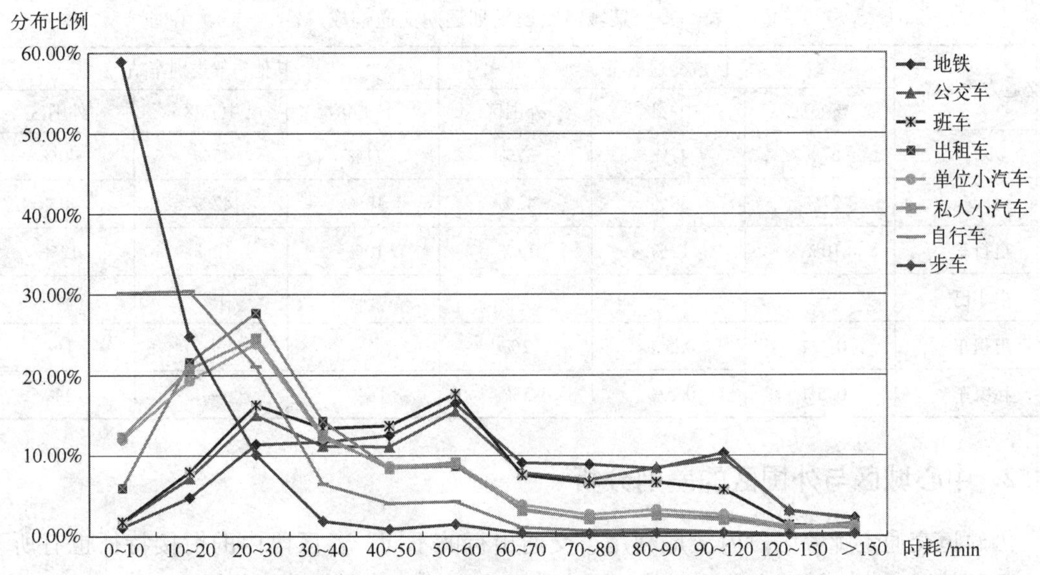

图 5-3　各种交通方式出行时耗分布

⑥ 地铁出行客流辅助交通方式构成。根据现状调查资料分析，利用地铁出行的客流在乘上地铁和乘坐地铁以后的辅助交通方式主要还是和其出行距离有直接关系，并且和地铁站所在的区域位置、服务对象、车站交通设施的配置状况有一定的关系。

但是调查资料显示，前述依照服务对象分类中，除去服务于区域交通枢纽和服务于居住的车站出行有明显的特征之外，其他车站相差不大，因此，交通设施衔接标准仅按照近期和远期两种情况分区域划分，从服务对象区分区域交通枢纽和其他一般类车站总共 12 类，具体到每个车站的交通设施配备状况，再根据地铁车站的乘降量及其服务对象进行相应调整。

依据现状调查资料和综合交通规划的出行结构分析，确定地铁出行客流的辅助交通方式构成。表 5-4 是某城市交通规划近期交通构成，表 5-5 是某城市交通规划远期交通构成。

表 5-4　某城市交通规划近期交通构成

交通方式构成	区域交通枢纽			其他一般类别车站		
	核心区	中心区	外围区	核心区	中心区	外围区
步行	50%	44%	40%	56%	48%	40%
公交	38%	40%	40%	32%	35%	39%
自行车	10%	12%	12%	11%	12%	12%
中小巴	—	1%	2%	—	3%	5%
出租车	1%	2%	4%	—	1%	2%
私家车	1%	1%	2%	1%	1%	2%

表5-5　某城市交通规划远期交通构成

交通方式构成	区域交通枢纽			其他一般类别车站		
	核心区	中心区	外围区	核心区	中心区	外围区
步行	67%	47%	37%	71%	45%	40%
公交	22%	40%	42%	19%	42%	40%
自行车	10%	12%	12%	10%	12%	12%
中小巴	—	—	2%	—	1%	5%
出租车	0.5%	0.5%	2%	—	—	1%
私家车	0.5%	0.5%	5%	—	—	2%

2. 中心城区与外围区的差别分析

因轨道交通走廊各区段内土地利用、交通出行的不同，各区段内的衔接特征也有所不同。下面就城市中心城区和外围区的轨道交通站点衔接的差别化进行分析。

1）中心城区的站点

一般情况下，中心城区轨道交通站点覆盖率比较高，每个站点的辐射范围相对会比较小，根据不同范围内的不同衔接方式，此类站点周边的衔接方式多以非机动化交通衔接为主。

2）外围区的站点

外围区的站点站距一般较大，站点的辐射范围也比较大。

3）实例分析

下面以北京地铁5号线终端站为例对吸引范围进行说明。

根据天通苑地区的具体情况，依据轨道交通吸引范围划分的标准，将地铁5号线终端站的吸引范围划分为直接服务区范围、过渡区范围和辐射区范围。

（1）直接服务区范围

日本地铁建设经验认为“车站的直接吸引范围为车站两侧各750 m以内；在线路终端是以车站为中心，以750 m为半径的圆形圈内”。国外TOM模式研究表明，直接吸引范围为距车站10 min的步行距离。根据前苏联和西柏林的调查表明，步行去车站的绝大多数乘客居住在距枢纽步行时间不大于15 min的范围以内，也就是居民在利用非轨道交通比去枢纽节省不了多少时间的距离范围之内。居住在5 min和10 min步行距离范围内的乘客分别占60%和80%左右，由此确定枢纽的步行接驳区是在半径600 m范围内。

天通苑地区的三个轨道交通站属于地铁5号线的终端站，由三个轨道交通站形成一个直接服务区，终端站直接服务的对象是天通苑社区，结合天通苑地区的具体情况，综合各因素考虑，推荐地铁5号线天通苑终端站直接服务区范围为1 km，在直接服务区范围内居民一般采用步行、自行车、常规公交的方式换乘轨道交通，选择小汽车换乘轨道交通的量较少。

（2）过渡区范围

在地铁5号线终端站的服务范围中，在直接服务区和辐射区之间的区域定义为过渡区，过渡区的范围为 1 ~3 km，在过渡区范围内，居民出行主要选择常规公交和小汽车换乘轨道交通，还有少量的乘客选择自行车、摩托车和电动车换乘轨道交通。

（3）辐射区范围

地铁 5 号线的开通使远郊区居民的出行更加快捷便利，尤其是昌平区居民的出行。天通苑地区轨道交通站作为地铁 5 号线的终端站，是连接城市中心区和远郊区的纽带，通过停车换乘（P + R）减少了小汽车的进城量，带来了大量的诱增客流和转移客流，缓解了城市交通拥堵。

地铁 5 号线终端站的辐射区范围为距离地铁站大于 3 km 以内的地区，在辐射区范围内，居民选择换乘轨道交通的方式主要以常规公交和小汽车为主，选择其他交通方式换乘轨道交通的客流较少。

对于轨道交通终端站过渡区和辐射区范围，考虑到乘客所选用的接驳交通方式，主要是以交通方式所能提供的便利性、可达性、出行时间及出行成本等为考虑因素。从理论上讲，在不考虑非轨道交通工具使用费用的前提下，当乘客使用交通工具去接驳轨道交通所花的时间和步行去轨道交通站点所花的时间相等时，那么乘客会使用该非轨道交通工具去接驳轨道交通。不同的接驳交通方式，其接驳服务区域也不相同，如表 5-6 所示。

表 5-6　不同交通方式的接驳服务区域

交通方式	速度/（km/h）	最大接驳半径/km	最大服务面积/km²
步行	4	0.67	1.1
自行车	4 ~ 14	1.8 ~ 2.3	10.2 ~ 16.6
常规公交	16 ~ 25	2.6 ~ 4.1	21.2 ~ 52.8
私家车	40 ~ 60	6.6 ~ 9.7	136.8 ~ 295.6

5.2 轨道交通站的接驳换乘布局原则

在轨道交通换乘站要结合地上、地下空间开发，建设便捷的换乘体系，充分发挥轨道交通的骨干作用。轨道交通换乘站与其他交通方式的换乘主要有 3 种类型，下面分别进行介绍。

5.2.1 轨道交通与常规公交的换乘布局

轨道交通建成后，城市交通应逐步建立以轨道交通为骨干，常规公交为主体，各种交通方式相互协调的城市综合交通体系。

常规公交是构成城市综合交通运输系统的重要方式之一。它与轨道交通一起构成了不同层次、不同功能、不同服务水平、多元化的城市客运系统。在轨道交通未能覆盖的区域内，它是城市骨干客运系统；在城市轨道交通所覆盖的区域内，它是集散轨道交通客流的重要接驳方式。一个轨道交通系统效率的发挥，有赖于作为集散客流重要方式的常规公交线网的配合。轨道交通与常规公交的衔接规划主要包括公交线网调整和公交站场（站点）设置两方面内容，具体规划原则如下。

① 公交线路与轨道交通接驳的形式，中心区主要以“S”形线网布局为主，以加强系统的连接性；边缘区以放射性为主，以增强轨道交通辐射能力。

② 应取消与轨道交通线路走向重叠较长的公交线路，需要经轨道交通线路进行转换的公交线路，原则上行驶距离不大于 3 个轨道站点区间。

③ 对于干线上的公交停靠站，应采取港湾式或公交专用道形式布置。与轨道线路垂直的公交停靠站应尽量提供 4 个停车位，同向的公交停靠站应提供 3 个停车位。平行线上的停靠站与轨道交通出入口距离原则上保持在 50 m 范围内，以便于乘客换乘。垂直线上的停靠站应尽量接近通往轨道交通出入口的道路，换乘量大和换乘距离较远的大站，可考虑延伸轨道交通出入口地下通道，缩短乘客空间距离感。

④ 对于平行于轨道线路的客流方向，根据和轨道交通竞争而分担的客流，重新确定公交线路和发车频度。

⑤ 对于垂直轨道线路的客流方向，根据轨道交通的吸引半径和吸引量的大小分布，布设接运公交线网，并合理确定接运线网发车频度。

5.2.2　轨道交通与小汽车的换乘布局

小汽车与轨道交通的换乘是一种典型的停车换乘方式，在国外非常普遍。这种换乘方式的做法是在市区外围的轨道交通站附近设置大量的小汽车换乘停车位，出行者由居住点开车前往轨道交通车站，将小汽车停放到换乘停车场，再利用轨道交通前往目的地。为了扩大轨道交通的影响区，增加向轨道交通的换乘量，相关的管理和规划部门往往为出行者创造良好的换乘轨道交通的条件，并对出行者换乘轨道交通进入市区给予优惠，同时对开小汽车进入市区则实行较为严格的限制，以此来达到限制小汽车进入市中心、缓解交通压力的目的。

停车换乘站的设置，主要是方便小汽车出行在进入市中心区前到其所处轨道交通站进行换乘，这些小汽车出行来自周围一定范围内的出行发生源，这里的出行发生源是指换乘站服务范围内，以中心区为出行目的地的小汽车出行发生点，可以认为服务范围内的出行都具有到停车换乘站进行换乘的可能。

换乘站点设置原则如下。

① 换乘站服务范围内小汽车出行发生源数量多。

② 对周围居民的小汽车出行的吸引能力大。

③ 为服务范围内小汽车出行进行停车换乘提供较大的便利。

④ 附近有多条进入城市中心区的主要道路，而且距离很近。

这四条原则中，前三条原则是主要原则，这是因为第四条原则是考虑到一些过境交通的换乘，产生这种换乘需求是由于其所在区域没有停车换乘站，或者是本区域的停车换站的停车泊位不足等原因。

5.2.3　轨道交通与自行车的换乘布局

自行车向轨道交通换乘是停车换乘的另一种方式。采用的方法与小汽车向轨道交通换乘类似。自行车以其经济、方便、灵活、环保等优点，逐步成为轨道交通重要的接运方式。自行车换乘布局主要包括接驳停车场布局和接驳行驶线路组织设计，规划布局的设计原则如下。

① 比较适合于城市中心外围区域或居住区内的轨道交通车站；而对于中心区内的车站，由于路面空间和停放空间不足，不适宜采用。

② 为避免自行车停放占用道路空间，必须提供足够数量的专用停车位。

③ 对于换乘量较大的车站，应集中设置路外停车场，且不宜相距太远，并最好设置专用换乘通道；对于换乘量较小的车站，可根据车站出入口位置，采用车辆就近分散停放方式。

④ 停车场可布置在人行道外侧的绿化带内，也可结合周边建筑布置。

⑤ 停车场内须设置适量的支架和遮挡设施，并安排专人管理，收费力求低廉。

⑥ 合理组织行驶路线，将自行车从主、次干道上分离出来，构成非机动车专用道系统，为乘客提供方便、安全、舒适的换乘环境。

5.3　接驳换乘客流分析

5.3.1　接驳换乘客流构成特点

换乘站的客流构成、特性与普通车站不同，往往是客流组织与地铁运营的重点和难点，具有如下特性。

1）高集中性

换乘站除了具有普通车站的进出站客流外，还汇集有相交线路甚至全网多座车站之间的交换客流，由此造成换乘站客流集中，往往是普通车站客流量的数倍。以北京地铁 5 号线为例，全线 27 座车站中换乘站 5 座，而换乘站的乘降量却占到了全线客运总量的 40% 左右，图 5-4 为北京地铁各线换乘客流占全线客运量之比（来源于 2008 年 6 月 AFC 统计数据）。

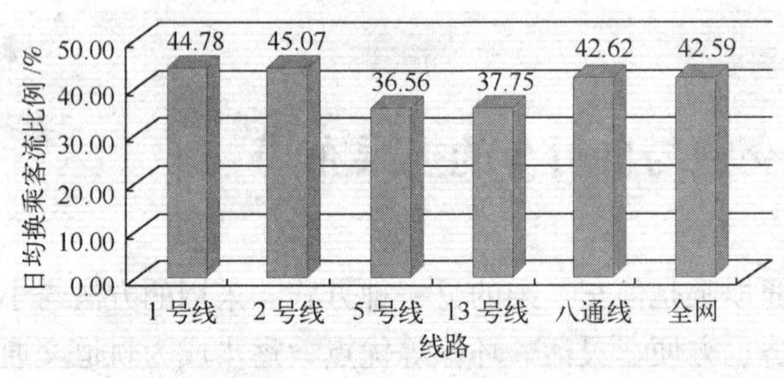

图 5-4　各线换乘客流占全线客运量比值

2）多方向和多路径性

由于进出站客流、换乘客流具有不同的出行目的、出行方向，即对应不同的出行路径，必然导致存在多股客流的交织，形成多个冲突点。适宜的换乘方式和合理的设施设备布局应有利于减少客流交织，同时需要加强信息引导。

3）主导性

在换乘站的客流构成中，通常换乘客流占主导（北京 16 座换乘站中，换乘客流与进站客流的比值平均在4∶1）；而在某一时段的多种换乘方向中，同样存在主导换乘方向。因此，在车站设计和管理中，应突出对主导客流的关注。

4）方向不均衡性

同一时段、不同换乘方向的客流量会存在较大差异。例如，外围线路与城区线路相接的换乘站，早高峰以进城方向为主，两方向比例可高达几十比一（如北京八通线的四惠与四惠东换乘站）；而在晚高峰则相反。这种方向的不均衡性会影响设施的利用率，因此，当采用通道换乘时，双向组织较单向组织更有利于均衡通道利用；相应地，岛式站台与侧式站台相比，其对客流的调解能力更强。

5）时间不均衡性

高峰小时客流需求是影响换乘站的系统规模、设施设备能力等关键参数选取的主要依据，因此对高峰小时系数的把握十分重要。不同区域、不同功能类型的车站高峰系数不同，一般外围区高于中心区，通勤服务类型高于生活服务类型。

6）短时冲击性

轨道交通客流的到达并非连续均衡，而是随列车的到达呈现脉冲式的分布规律，也就是在短时间内对换乘设施会产生冲击作用。这种冲击作用形成对换乘能力的最大考验，直接承受这种冲击作用的设施往往位于换乘设施的端部。由于短时冲击的存在，使得一批客流到达时，易在设施前形成拥堵和客流排队，当拥堵人数较多时，将会带来较大的安全隐患（如图 5-4、图 5-5 所示）。

图 5-5　地铁 5 号线东单站北端楼梯短时冲击

图 5-6　地铁 2 号线复兴门站换乘楼梯短时冲击

5.3.2　接驳换乘客流空间分布特性

接驳换乘客流空间特性分析，即主要考虑轨道交通车站客流空间的分布特征。轨道交通客流与城市其他交通方式客流的时空分布特征大体上一致。但由于城市轨道交通的运能、线路走向以及车站的性质、规模、区域、列车到发时刻安排的不同，沿线客流的大小分布和车站客流的时间分布具有其本身的特征。其变化是城市社会经济活动和生活方式以及城市轨道交通系统本身特征的反映。影响城市轨道交通客流规模的因素有沿线土地的利用、经济发展水平、市区延伸发展的潜力、联运要求、城市管理水平、城市轨道交通的经营。

1. 沿线分布特征

城市轨道交通的建设规模、线路分布形式和走向以及首尾车站所处区位，是影响其沿线客流的主要因素。纵观不同类型城市轨道交通网络，可归纳出以下 4 种沿线空间分布特征。

1）均等型

当城市轨道交通线路呈环线布置或沿线用地已开发成熟时，各车站的上下车客流接近相等，沿线客流基本一致，不存在客流明显突增路段。

2）两端萎缩型

当城市轨道交通线路的两端伸入还没有完成开发的城市边沿地区或郊区时，线路两端路段的客流负于中间路段的客流。

3）中间突增型

当城市轨道交通线路途经大型的对外交通枢纽、高密度开发地区或者车站利用常规公交线路辐射范围广阔时，位于该区位车站的上下车客流明显偏大，线路客流存在突增的路段。

4）逐渐缩小型

当城市轨道交通线路首末车站位于对外交通枢纽附近或城市中心地区时，随着线路向外伸延，线路客流量逐渐小。

2. 方向性

车站乘降客流的方向性，包括上下行乘车方向和进出站方向。

1）上下行方向

在车站乘降客流的潮汐现象中，也会表现出客流在上下行方向上分布的不均衡性。市区外围的居住区终端站，以客流产生为主，因此在市区外围的终端车站上，进城方向的乘降客流量在早高峰时比较大，出城方向的乘降客流量在晚高峰时比较大，乘降客流量在上下行方向上存在比较明显的潮汐现象。

2）进出站方向

进站乘客会就近选择出入口进站乘车，出站乘客会根据导向标志选择最短路径和出入口去往各自的目的地，车站所处的地理位置、公交站点和交叉路口的相对位置关系、周围用地性质和开发容积率及其分布等，决定了车站乘降客流量在不同出入口方向上的分布数量。

5.3.3　轨道交通终端站客流时间分布特性

城市客流主要取决于城市土地利用空间布局和交通组织，在供应满足的条件下，当一个城市的土地利用布局规划确定后，从某种意义上说，城市客流的产生和分布就客观存在了。

1. 终端站客流特征

土地利用性质决定了居民出行时间的规律性，决定了轨道交通终端站客流的时间分布。由于轨道交通终端站一般位于城市的外围区，土地开发利用性质比较单一，终端站的高峰时段与平峰时段存在比较大的差异，主要有以下几种情况的客流时间分布特征。

① 终端站位于以居住区为主的客流发生区，主要表现为早高峰上客量明显比较大，下客量明显比较小；晚高峰则反之。即早高峰以进站客流为主，晚高峰以出站客流为主，在车站常出现早晚高峰乘降客流的潮汐现象，图 5-7 为居住区终端站客流时间分布特征。

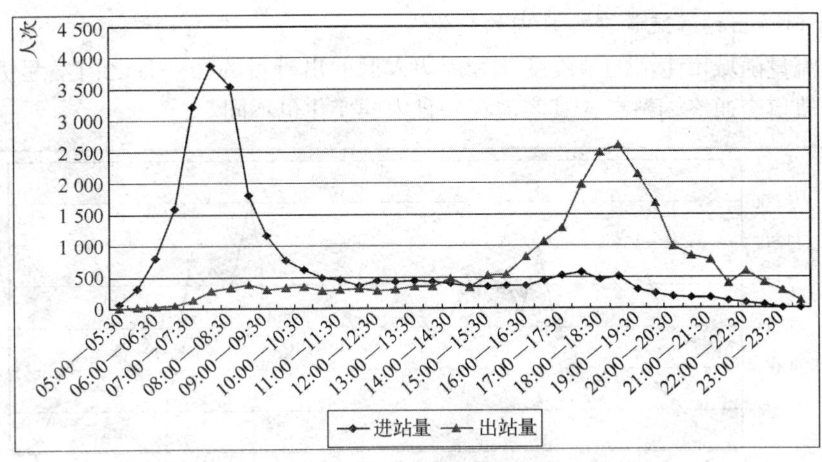

图 5-7　居住区终端站客流时间分布特征

② 终端站位于以旅游区或就业区为主的客流吸引区，主要表现为上午下客量明显比较大，上客量明显比较小；晚上则反之。即上午以出站客流为主，晚上以进站客流为主，图 5-8为旅游区终端站客流时间分布特征。

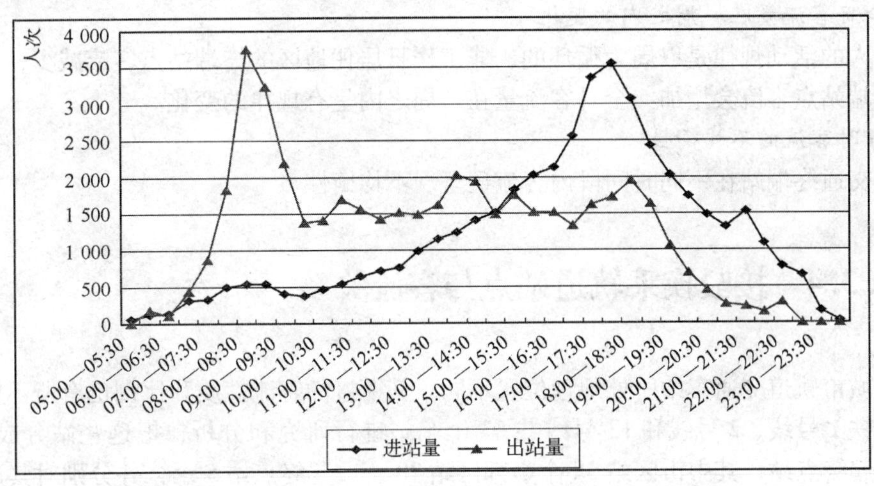

图 5-8　旅游区终端站客流时间分布特征

③ 终端站位于对外交通枢纽区时，这种类型的终端站既是客流发生区，同时也是客流吸引区。客流时间分布主要表现为随机性，上下客量都呈现出不规律性，不存在高峰客流和平峰客流，每个时间段内的上下客流比较均衡，图 5-9 为对外交通枢纽区终端站客流的时间分布特征。

2. 北京 5 号线终端站客流特征

通过对北京 5 号线终端站轨道交通客流的动态性质分析，发现客流主要有以下三种变化。

1）一小时进出站客流量在一日内的变化

小时客流量随城市生活的节奏变化和周边人们的出行目的在一日之内呈起伏波状图形，不同类型的轨道交通终端站点，其客流在一日内的变化也不同。

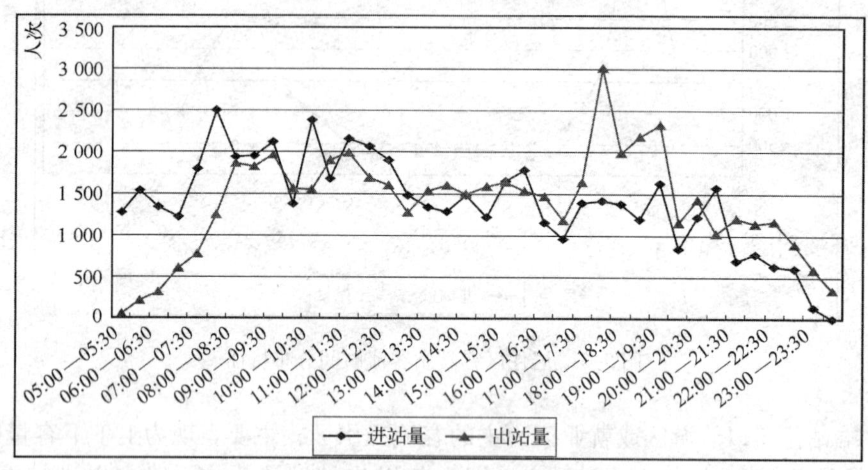

图 5-9　对外交通枢纽区终端站客流时间分布特征

2）全日客流量在一周之内的变化

由于人的活动规律是以周为循环的，非工作日居住地区的终端站点客流减少，而旅游景点区的终端站点客流会增加。全日客流量在一周之内呈有规律的变化。

3）分时客流的不均衡性

轨道交通终端站在不同时间段内客流还呈现不均衡性。

＊5.3.4　接驳换乘轨道站点与客流关系

由于城市轨道交通车站所处地理位置不同，其衔接的客流性质和比例也有所不同。根据对北京地铁 1 号线、2 号线和 13 号线共 63 个车站进行研究和分析，把这些站分成市区站、郊区站和起终点站，其中市区站 38 个、郊区站 20 个，起终点站 5 个，并分别对其进行聚类分析。首先将这些车站分为 5 类：

① 市中心区交通服务范围较大的车站；

② 市中心区交通服务范围较小的车站；

③ 外围地区交通服务范围较大的车站；

④ 外围地区交通服务范围较小的车站；

⑤ 市轨道交通线路终端车站。

1. 各类地铁车站服务范围分析

1）市中心区交通服务范围较大的车站

此类车站的各种衔接方式的客流比例如表 5-7 所示。

表 5-7　各种衔接方式的客流比例（1）　%

站名＼方式	步行	自行车	公交	出租	其他
安定门	36.2	8.3	50.8	4.3	0.3
国 贸	28.9	12.2	52.8	2.0	4.1
前门	27.6	16.5	50.3	4.6	1.1
和平门	32.2	9.5	51.0	3.4	3.9
平均比例	29.2	10.6	53.5	3.4	3.3

其特点是：以公共交通换乘方式为主，占 50% 以上；其次是步行方式，约占 30% 左右；自行车和公共交通比例有一定的正相关性；出租汽车和小汽车等其他交通方式比例较小。

2）市中心区交通服务范围较小的车站

此类车站的各种衔接方式的客流比例如表 5-8 所示。

表 5-8　各种衔接方式的客流比例（2）　%

站名＼方式	步行	自行车	公交	出租	其他
军博	56.4	8.9	27.8	4.0	2.9
王府井	56.5	10.1	28.8	0.8	3.8
西单	61	2.1	27.8	6.2	2.1
宣武	48.4	6.3	39.2	4.4	0.2
平均比例	55.6	6.8	30.9	3.9	2.2

此类车站的显著特点是：以步行衔接方式为主，约占 55% 左右；其次是利用公共交通换乘方式，占 30% 左右；出租汽车和小汽车等其他交通方式比例较小。

3）外围地区交通服务范围较大的车站

此类车站的各种衔接方式的客流比例如表 5-9 所示。

表 5-9　各种衔接方式客流比例（3）　%

站名＼方式	步行	自行车	公交	出租
霍营	26.3	7.0	47.4	7.0
土桥	28.6	3.6	53.6	3.6
四惠	28.4	5.3	52.6	8.4
上地	25.4	9.9	49.3	11. 3
平均比例	27.2	6.4	50.7	7.6

此类车站的特点和第 1 类车站的特点类似：如城铁上地车站与马连洼路相交；霍营车站与科星路相交；八通线八里桥车站距离朝阳路较近，接驳大量来自朝阳区路的公共汽车。这些车站接驳的客流主要是非本站附近的远程客流，公交换乘比例为主的特征相当明显。

4）外围地区交通服务范围较小的车站

此类车站的各种衔接方式的客流比例如表 5-10 所示。

表 5-10　各种衔接方式的客流比例（4）　%

方式 站名	步行	自行车	公交车	出租车
果园	48.6	5.7	28.6	8.6
梨园	47.9	5.6	29.6	4.2
八角	60.1	6.9	30.0	1.0
双桥	51.1	6.7	24.4	13.3
平均比例	51.9	6.2	28.2	6.8

此类车站的特点和第 2 类车站的特点类似，如果园、梨园、八角车站，在此附近产生的近程客流为主要接驳方式，自然以步行、自行车居多。

5）城市轨道交通线路终端车站

此类车站的各种衔接方式的客流比例如表 5-11 所示。

表 5-11　各种衔接方式的客流比例（5）　%

方式 站名	步行	自行车	公交车	出租车
苹果园	24.3	10.8	59.5	2.7
古城	29.4	14.6	45.7	4.5
土桥	28.6	3.6	53.6	3.6
立水桥	18.0	9.0	55.7	9.0
平均比例	20.6	9.5	53.6	4.9

苹果园、土桥等线路终端车站由于与城轨尽端站更远的地区相联系，接驳方式结构有其显著的自身特点。

2. 各类地铁车站区位特征及多种交通方式衔接比例

1）市区车站的区位特征

在市中心的车站所处的地理位置分析，它们的共性是都处于人口、就业较为稠密的城市中心地区。通过研究发现，市区车站无论服务范围的大小，其特点不在于周边土地利用性质，不在于周边的人口和就业密度，而突出地表现为与城市轨道交通线路垂直方向的交通服务覆盖范围。

以西单、王府井、前门为例，三者同属市级商业中心，周边土地使用性质基本相同。在交通方面，王府井大街被划为步行街，禁止一般机动车通行；西单北大街商业稠密，机动车单行，垂直方向的交通服务范围受到限制，以步行衔接方式为主；与此不同的是，前门外大街仍然是市内通往南城方向的主干道，并未加限行措施，因此以公共交通换乘衔接方式为主。同时，通过调查和分析也不难发现，安定门、国贸等车站由于地处垂直方向交通便利地区，以公共交通衔接为主；军博、宣武门等车站由于垂直方向交通不畅，以步行方式衔接为主。

2）郊区车站的区位特征

通过实地考察，13 号线上地车站与马连洼路相交，霍营车站与科星路相交，八通线八里桥车站距离朝阳路较近，接驳大量来自朝阳路的公共汽车。这些车站接驳的客流主要是非本站附近的远程客流，公交换乘比例为主的特征相当明显。而城铁的回龙观车站、八通线的广播学院车站，分别处于回龙观小区和定福庄小区内，以附近产生的近程客流为主，自然以步行、自行车为主要接驳方式。因此，为更好发挥城市轨道交通的作用，要有目的地加强与其垂直方向的相关交通方式与城市轨道交通的联系。

3）不同类型车站的主要区别

造成不同类型车站的主要原因在于各个车站所处的地理位置和周边环境不同，使得各种交通方式的使用和发挥受到该地区地形地物不同程度的影响。例如，山地、河流、铁道、城墙、立交桥等地形地物对城市分割，影响了通往车站的途径。同时，我们也能够看到以下特征。

① 在两种及两种以上交通方式覆盖的区域内，出行速度较低的交通方式被选择的概率大。如在 1 km 范围内，人们既可步行也可骑自行车，但选择步行的概率要大得多。

② 在影响范围内如遇有河流、建筑物等地形地物等阻隔时，出行速度较高的交通方式由于对相应的道路设施等要求高，在受到限制时会因为绕行等而降低其被选择的概率。

各类车站的各种衔接方式客流比例结构如图 5-9 所示。

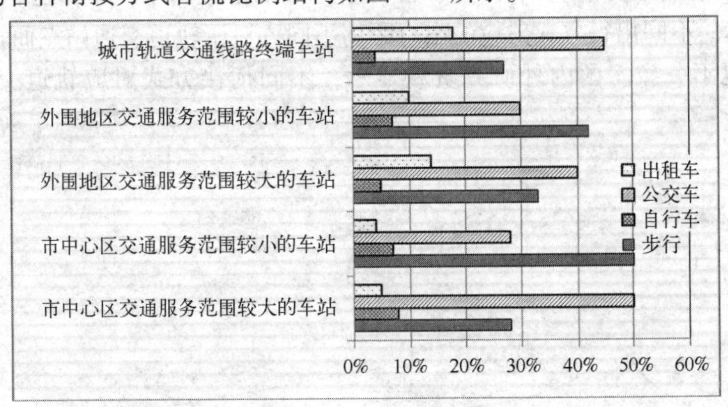

注：出租车栏内含私人小汽车。

图 5-10　各种衔接方式的客流比例结构

市中心区多种交通方式接续，以步行、自行车慢性交通为主；外围地区以公共交通和私人小汽车为主。

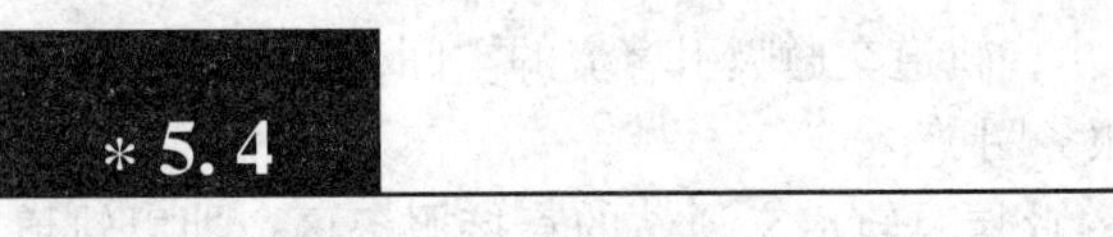

接驳客流分析

5.4.1　接驳客流构成

在轨道交通站进行接驳的客流主要以通勤客流为主，且年龄集中在 21 ~ 40 岁。根据上海地铁几年来对乘坐轨道交通的乘客随即抽样分析显示，21 ~ 40 岁的乘客占 70% 以上，41 ~ 50岁的乘客约占 10% 左右，其余由 20 岁以下和 50 岁以上的乘客构成。在这些乘客中，上下班的占 38%，因公办事的占 31%，上学的占 11%，另 20% 左右主要是私人购物、访亲观光等。历年所作的抽样调查虽然不能涵盖所有的乘客，与实际客流构成存在一定的偏差，但多次随即抽样表明，上述比例非常稳定，变化不大。

5.4.2 接驳客流的空间分布特点

城市社会活动的多样化决定了城市交通需求也是多种多样的，从而产生了不同交通需求的出行方式链，即市民出行过程中若干种交通方式的组合，这也进一步要求交通运行联运化和交通设施整合化。轨道交通与其他交通方式的衔接是基于轨道交通为主体，其他交通方式为补充的一种出行方式链的组合。

轨道交通站的衔接方式主要有步行、自行车、常规公交和小汽车，还有少量的摩托车、电动车和出租车。不同出行方式对应的出行距离不同，对于轨道交通站点而言，不同衔接方式的服务范围也不一致。国内外研究资料显示，不同衔接方式对应轨道交通吸引范围如图 5-11 所示。

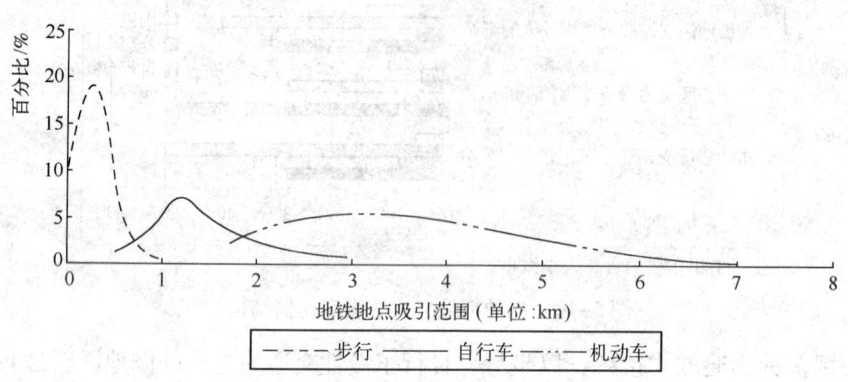

图 5-11 轨道交通站点不同衔接方式服务范围示意图

从图 5-11 中可以看出，轨道交通吸引客流的空间范围大致形成了以步行、自行车和机动车为主体的三层衔接服务圈。

① 步行衔接服务圈：此层是轨道交通站的直接服务区，即以轨道交通站点为中心大致 1 km范围的步行圈，这也是轨道交通客流集散的主要区域。

② 自行车衔接服务圈：以轨道交通站点为中心大致 3 km 范围的出行圈，该范围换乘方式以生态型、健康型的自行车为主。

③ 机动车衔接服务圈：以轨道交通站点为中心 2 ~ 5 km 范围，采用机动车换乘轨道交通的出行服务圈，该范围换乘方式以公交车、私家车为主，辅以出租车换乘。

从以上轨道交通站的三层衔接换乘服务圈可以看出，三层衔接方式的换乘客流在空间分布上存在一定程度的重叠，因此就轨道交通换乘方式而言，三者之间不仅存在互相配合、互相补充的关系，在某种意义上还存在互相竞争的关系。

5.4.3　接驳站点存在的主要问题

从目前北京换乘站运营的实际状况看，轨道交通接驳站主要存在两大问题。

1. 换乘不便捷

换乘距离较长，是市民反映较多的问题之一，如西直门站、复兴门站等，很大程度上降低了客流吸引力。究其原因，一方面是由于网络变化导致无预留工程或预留条件不足，后期不得不采用较长的换乘通道；另一方面，以往在车站方案设计或决策中过多考虑工程难度或经济造价等因素，而对换乘功能关注不足。

2. 车站能力不足

目前，轨道网络中最拥堵的站点基本都为接驳站，其原因包括以下几方面：

① 运输能力不匹配。当接驳站处于相交线路的客流高断面时，线路富裕能力不足以满足换乘客流需求，导致客流滞留于站台，带来较大的运营风险。

② 设施规模偏低。当前城市正处于快速发展时期，人口规模、岗位分布等众多客流预测的前提条件存在很大的不确定性；与此同时，对换乘系数、高峰小时系数等关键参数的把握也不到位，上述原因共同导致对换乘客流量估计不足。如表 5-12 所示，2007 年 10 月开通的北京地铁 5 号线，运营不足一年，换乘客流量远高于预测初期值。

表 5-12　北京地铁 5 号线换乘量实际值与预测值对比

对比项目	全线客运量/（万人次/日）	全线换乘量/（万人次/日）	换乘系数	换乘比例/%
实际运营数据（2008 年 7 月）	660 790	250 674	1.61	61
预测初期值（2010 年）	445 465	78 897	1.21	21

注：① 换乘系数 = 客运量/（客运量 - 换乘量）；② 换乘比例 = 换乘量/（客运量 - 换乘量）

③ 车站设计中对换乘客流分布规律的影响考虑不充分。当前车站设计思路更多考虑 1h 的通行能力，对客流分布特性分析不足，包括时间和方向的不均衡性、短时冲击性等，进而影响换乘形式的选择，在设施规模和疏散空间上设计余量不足。

从存在的问题可以看出接驳站与客流之间的关系：当接驳更便利时客流会随之而增加，能够吸引更多的客流使用轨道交通的交通方式；而接驳站的能力又对客流的吸引产生了一定的影响，能力大则吸引力大，能力小则会减少其吸引力。

本章练习题

1. 轨道交通站吸引范围的定义是什么？根据轨道交通接驳方式的不同，可以将轨道交通站的吸引范围划分为几个层次？
2. 轨道交通站有几种换乘类型？各种换乘类型的规划设计原则是什么？

3. 什么是接驳换乘客流？包含哪几种特性？轨道交通终端站的客流有哪几种变化？
4. 通过本章学习，请分析北京轨道交通前门、上地、西单、苹果园和回龙观各站的接驳换乘特点，它们分别属于哪几类车站？
5. 轨道交通的接驳客流空间布局有哪些特点？接驳站点存在哪些问题？

6 第6章 P+R换乘客流分析

本章概述

本章首先介绍了P+R换乘客流的含义及P+R停车换乘出行行为意愿调查和结果分析，然后引述了国际上大城市地铁站P+R的实践，详细描述了轨道交通站P+R停车换乘设施构成。

在小汽车与轨道交通乘客规模研究中，对合理区的确定、P+R换乘出行生成预测模型、换乘设施规模、轨道交通与其他交通方式换乘系统都进行了详细分析。最后介绍了三个换乘系统——天通苑轨道交通终端站与常规交通换乘系统、北京地铁4号线（南站）与城际铁路的衔接、香港地铁与其他交通衔接，并作分析比较。

学习重点

1. 了解P+R系统的行为调查、分析和P+R系统。
2. 掌握轨道交通站P+R停车换乘设施构成及小汽车与轨道交通换乘客流的规模。
3. 通过各种P+R换乘出行生成预测模型对P+R换乘客流规模进行分析。

6.1

停车换乘 P + R 的含义

P + R（Park and Ride）即停车换乘的意思，P + R 是指为实现小汽车方式向公共交通方式转换所提供的停车换乘设施，实现公共交通出行与小汽车交通方式的衔接，是缓解中心城区交通压力的有效手段之一。

P + R 交通模式是目前某些大城市的上班族普遍采用的交通模式，“停车换乘（P + R）系统”一般设置在市中心外围，与公共停车换乘设施衔接，收费相对低廉，通过较低的停车费和较为便捷的换乘，鼓励上班族停放私车，换乘公共交通进入中心城区。P + R 出行的一般构成和出行示意图如图 6-1 和图 6-2 所示。

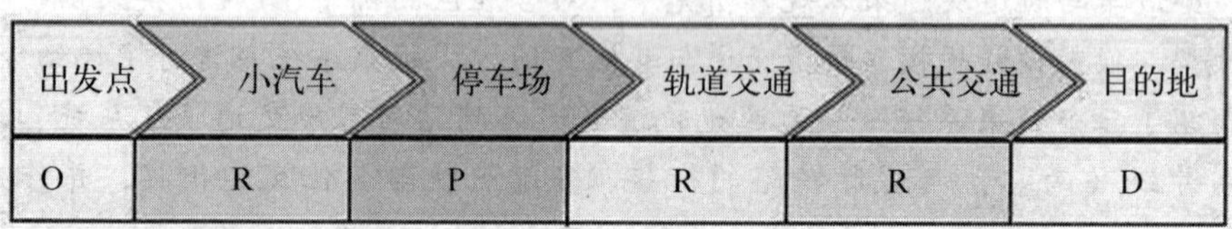

图 6-1　P + R 出行的一般构成

图 6-2　P + R 出行示意图

6.1.1　停车换乘 P + R 出行行为意愿调查

P + R 行为调查，一般采用出行者行为（Revealed Preference，RP）调查及意愿（Stated Preference，SP）。RP 调查是已实现的选择行为习惯的调查，SP 调查是在假设条件下，选择主体意愿的调查。

考虑到 P + R 的影响因素，RP 调查项目主要包括受访者的性别、年龄、职业、收入以及通勤时间和距离。SP 调查包括两个假设变量：以当前自驾车出行的时间和费用为基准，利用 P + R 系统的出行费用和出行时间的变化量，两个变化量各设置 3 个变化水平——增加、不变和减少。从调查简单性、有效性的原则出发，可以采取正交实验法，从几种组合中筛选出多个具有现实意义的水平组合作为假设情况，如表 6-1 所示，在调查时对各种假设情况下的停车换乘意愿进行了询问。

表 6-1　五种换乘条件

换乘情况	出行费用	出行时间	换乘比例
Case 1	减少 50%	减少 50%	
Case 2		基本不变	
Case 3		增加 50%	
Case 4	基本不变	减少 50%	
Case 5	增加 20%	减少 50%	

实际调查时应选取指定的时间、地点，由调查员对在该停车场内的停车者进行询问，当面填写调查表的方式。另外，鉴于平日和假日的调查对象及其停车行为可能会有所不同，因而在平日和假日分别进行停车行为及停车意愿调查。

6.1.2　选择 P + R 出行行为意愿调查结果分析

一般来说，自驾车出行者权衡费用、时间等因素，认为利用 P + R 系统的效用优于自驾车出行时，才会选择 P + R 系统，而政府决策者会考虑为建设 P + R 系统付出的代价及转移效果等情况，采取最佳的政策方案。调查时对人们在不同假设情况下的 P + R 意愿进行询问。以北京市 2007 年工作日调查为例，调查共回收有效样本 1 309 份，对调查结果进行初步分析，如果如下。

1. 不同职业者选择 P + R 系统意愿分析

调查选取工人、事业单位人员、公务员、企业技术人员、企业高层管理者、自由职业、其他等。不同职业者选择 P + R 系统比例随条件而变化。总体来看，在各种换乘条件下，工人选择 P + R 系统的比例最高，其次是事业单位人员、公务员和自由职业者，企业高级管理人员选择 P + R 系统比例最低。

在出行费用减少 50% 的条件下，不同职业者选择 P + R 系统比例随出行时间的增加而减少。从出行时间减少 50% 到不变，比例变化较大的是企业高级管理和专业技术人员，变化幅度为 30% 和 32%，对时间减少变化较为敏感，而在出行费用增加 50% 时，其比例变化在 19% 内。

总体来看，不同职业者选择 P + R 比例随时间和费用的增加而减少。对时间较为敏感的是企业高级管理和专业技术人员，对费用较为敏感的是专业技术人员、公务员。

2. 不同年收入层选择 P + R 系统意愿分析

在建立 P + R 系统时，在考虑不同职业的情况下必须考虑受影响的年收入层。在各种换乘条件下，5 万元以下年收入层选择 P + R 系统比例高于 5 万元以上年收入层，即 5 万元以下中低年收入层对 P + R 系统有较高的转移意愿。在出行时间减少 50% 条件下，各年收入层选择 P + R 系统比例随费用的增加而减少。总体来看，各年收入层选择 P + R 系统比例随时间和费用的增加而减少。选择 P + R 系统比例随时间变化较大，对时间较为敏感的年收入层是 3 万元以上。比例随费用变化较大，对费用较为敏感的年收入层是 7 万元以下。

3. 不同通勤时间和距离出行者选择 P + R 系统意愿分布

P + R 系统的主要服务对象是城市郊区及城市周边的通勤者。将出发地为城八区外的样本提出来与全体样本进行分析和比较。

由图 6-3 可以看出，全体和城八区外样本比例分别为 60%、45%，通勤距离在 20 km 以下的居多。城八区外样本中，21 km 以上的通勤者仍占到 55%，这 55% 的通勤者是将来利用 P + R 系统转移的主要对象。

图 6-4 显示，通勤时间在 1 h 以内的通勤者居多，全体和城八区外样本比例分别为 69%、68%。总体来看，虽然城八区外样本中 41 km 以上距离通勤者比全体明显增加了 16%，但长时间通勤者增加的并不多，1.5 h 以上通勤者比总体仅高出 4%，这表明人们在居住地选择时已经考虑了通勤出行问题。从全体样本来看，虽然 20 km 以下的通勤距离者占到近 2/3，但仍有 1/3 的出行者通勤时间过长。

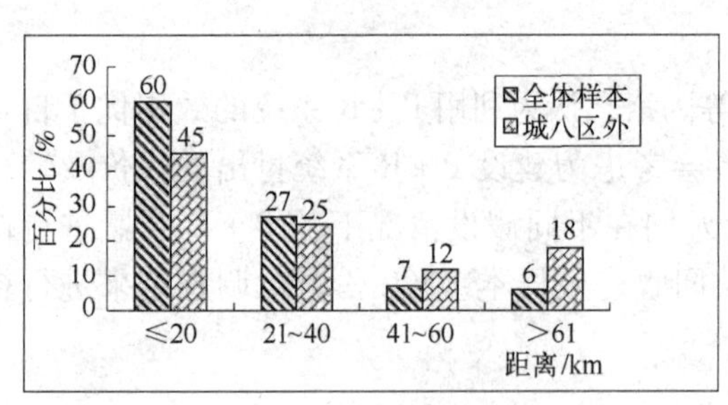

图 6-3　通勤距离分布

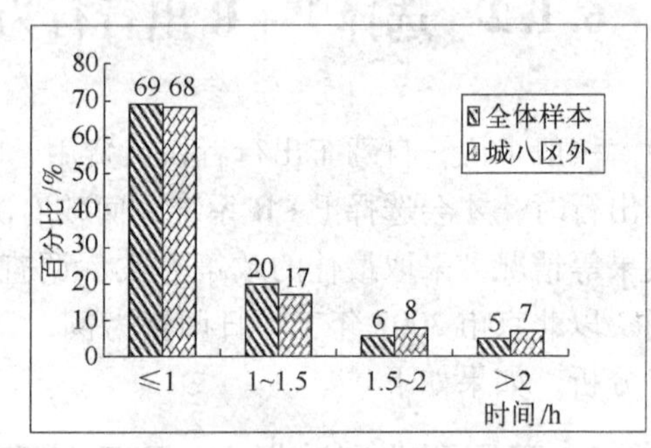

图 6-4　通勤时间分布

图 6-5 和图 6-6 表明，在各种情况下，1.5 ~ 2 h 和 40 km 以下通勤者有意选择 P + R 系统比例较高。2 h 以上和 61 km 以上通勤者选择 P + R 系统比例较低。说明了对于通勤时间和距离较长的人来说，利用 P + R 系统而产生的费用和时间变化对其出行方式选择影响不大。2 h 以上和 61 km 以上通勤者选择 P + R 系统比例较低。说明了对于通勤时间和距离较长的人来说，利用 P + R 系统而产生的费用和时间变化对其出行方式选择影响不大。

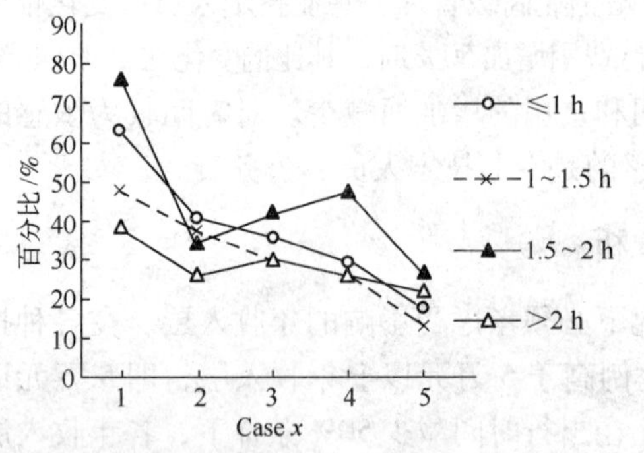

图 6-5　不同通勤时间出行者选择 P + R 意愿分布

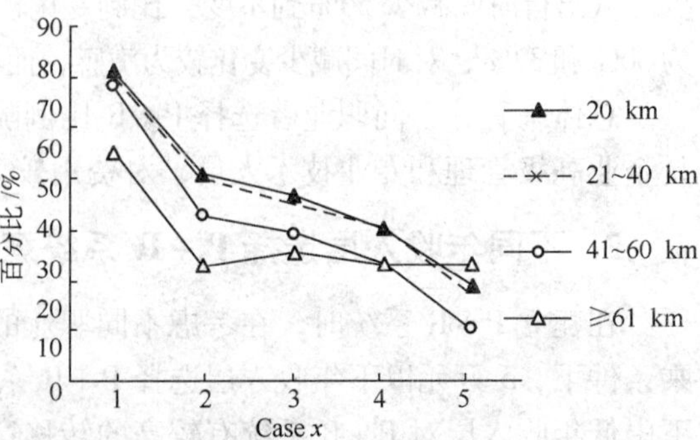

图 6-6　不同通勤距离出行者选择 P + R 意愿分布

4. P+R 换乘需求预测

个体特征、出行特征、交通设施服务水平都会影响小汽车出行者 P+R 选择行为，从而影响出行者的效用函数。本文对天通苑北站附近小汽车出行者的出行特性以及 P+R 出行选择行为进行了意愿调查。2008 年 4 月对天通苑小汽车出行者的出行特性以及 P+R 出行选择行为进行了意愿调查。共获得 369 个有效数据。被调查者中 60.4% 为男性，39.6% 为女性；55% 的被调查者年龄在 18 ~ 34 岁之间，37.1% 的被调查者年龄在 35 ~ 49 岁之间，7% 的被调查者年龄在 49 ~ 64 岁之间，0.8% 的被调查者年龄在 65 岁以上；15.2% 的被调查者为公务员或企业高管，50.4% 的被调查者为企事业人员或工人，21.1% 的出行者为自由职业者，13.3% 的被调查者为其他类型的出行人员。从被调查者的年龄、职业可以推断，天通苑的早高峰出行者主要是年轻的通勤出行者。

5. 换乘特性分析

换乘过程中的等待时间和换乘次数是影响换乘选择的一个重要因素，不同的职业人士有不同的等待时间和换乘忍耐次数。

根据统计调查，天通苑周围的公务员或企业高管出行者中有 51.7% 的出行者可以接受 5 min 以内的换乘等待时间，33.9% 的出行者可以接受 10 min 以内的换乘等待时间，10.7% 的出行者可以接受 15 min 以内的换乘等待时间，3.7% 的出行者可以接受 20 min 以内的换乘等待时间；企事业人员或工人出行者中有 43% 的出行者可以接受 5 min 以内的换乘等待时间，39.2% 的出行者可以接受 10 min 以内的换乘等待时间，13.4% 的出行者可以接受 15 min 以内的换乘等待时间，4.4% 的出行者可以接受 20 min 以内的换乘等待时间；自由职业出行者中有 47.4% 的出行者可以接受 5 min 以内的换乘等待时间，37.2% 的出行者可以接受 10 min 以内的换乘等待时间，14.1% 的出行者可以接受 15 min 以内的换乘等待时间，1.3% 的出行者可以接受 20 min 以内的换乘等待时间；其他职业的出行者中，有 46.9% 的出行者可以接受 5 min 以内的换乘等待时间，36.7% 出行者的可以接受 10 min 以内的换乘等待时间，12.2% 的出行者可以接受 15 min 以内的换乘等待时间，4.2% 的出行者可以接受 20 min 以内的换乘等待时间。从等待时间分析可得出：大部分的出行者愿意等待的换乘时间主要集中在 10 min 以内，不同职业的出行者可接受的换乘等待时间如图 6-7 所示。

同时，天通苑周围的公务员或企业高管出行者中有 8.92% 的出行者不愿意接受出行中的换乘，46.4% 的出行者可以接受 1 次以内的换乘，42.9% 的出行者可以接受 2 次以内的换乘，1.79% 的出行者可以接受 3 次以内的换乘；企事业人员或工人出行者中有 16.6% 的出行者不愿意接受出行中的换乘，50.5% 的出行者可以接受 1 次以内的换乘，31.2% 的出行者可以接受 2 次以内的换乘，1.61% 的出行者可以接受 3 次以内的换乘；自由职业者出行者中有 15.4% 的出行者不愿意接受出行中的换乘，55.1% 的出行者可以接受 1 次以内的换乘，28.2% 的出行者可以接受 2 次以内的换乘，1.28% 的出行者可以接受 3 次以内的换乘；其他职业的出行者中有 26.5% 的出行者不愿意接受出行中的换乘，44.9% 的出行者可以接受 1 次以内的换乘，28.5% 的出行者可以接受 2 次以内的换乘，1.9% 的出行者可以接受 3 次以内的换乘。根据分析，不论从事何种职业，大多数出行者可以接受 1 次及以下的换乘。不同职业的出行者可接受的换乘次数如图 6-8 所示。

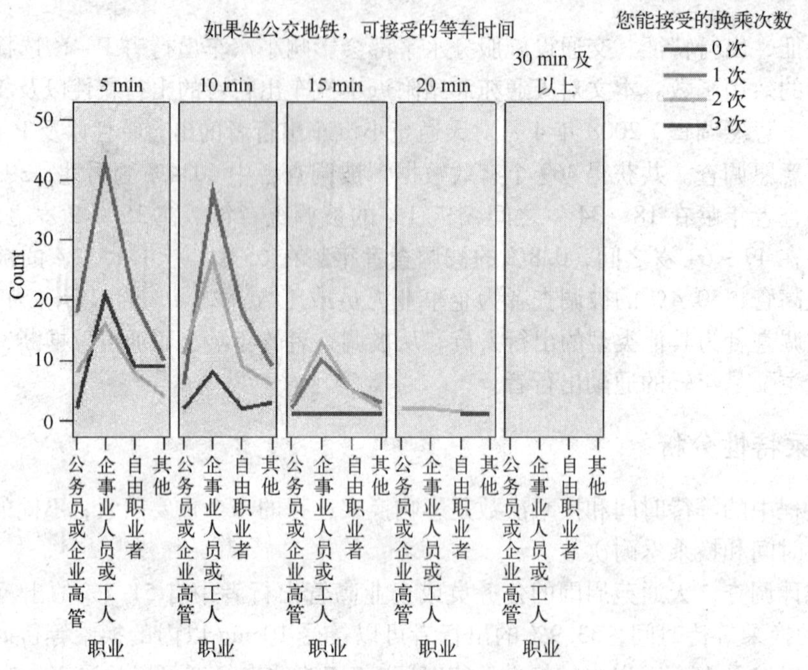

图 6-7　不同职业的出行者可接受的换乘等待时间

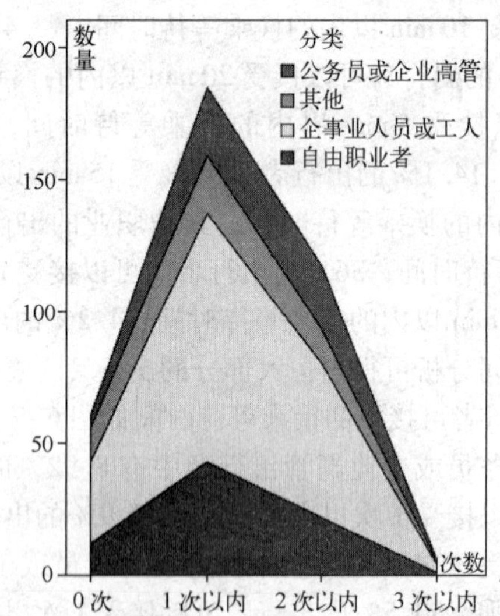

图 6-8　不同职业的出行者可接受的换乘次数

前面的分析表明性别、年龄、换乘次数和等待时间以及职业都对换乘选择具有影响。通过以上分析可以得出以下几点结论。

① 截止到 2007 年年底，北京市通勤时间过长的状况仍然存在，90% 的通勤者可接受的通勤时间在 1.5 h 以内。

② 出行费用和时间对选择 P + R 系统意愿有明显影响。考虑到系统效果和政府支出，Case 3 应该是政策的首选。

③ 不同职业者中，工人、事业单位人员、公务员和自由职业者对 P+R 系统有较高的转移意愿。对时间较为敏感的是企业高级管理人员和专业技术人员。对费用较为敏感的是专业技术人员、公务员。

④ 各年收入层中，5 万元以下中低年收入层对 P+R 系统有较高的转移意愿。对时间较为敏感的年收入层为 3 万元以上。对费用较为敏感的年收入层为 7 万元以下。

⑤ 不同通勤时间和距离出行者中，对 P + R 系统转移意愿较高的是 2 h 以下和 40 km 以内的通勤者。

6.2 国际上大城市地铁站 P+R 的实践

国际上，小汽车与轨道交通的换乘这种典型的停车换乘方式非常普遍。这种换乘方式的做法是在市区外围的轨道交通站附近设置大量的小汽车换乘停车位，出行者由居住点开车前往大容量轨道交通车站，将小汽车停放到换乘停车场，再利用轨道交通前往目的地。为了扩大轨道交通的影响区，增加向轨道交通的换乘量，相关的管理和规划部门往往为出行者创造良好的换乘轨道交通的条件，并对换乘轨道交通进入市区的出行者给予优惠，同时对开小汽车进入市区则实行较为严格的限制，以此来达到限制小汽车进入市中心，缓解交通压力的目的。

美国、加拿大的一些大中城市发展特点是低密度蔓延式，城市规模大，人口密度小，P + R 主要为通勤人员服务，提高通勤出行效率，减少小汽车的长距离出行，进而降低能源消耗和城市污染。欧洲国家（英国、法国等）古城众多，城市老城区或中心区交通设施供给能力有限，交通拥堵状况严重，通过规划 P + R 停车设施引导小汽车在城外停车换乘公交出行，优化交通方式结构，缓解老城区交通压力，提高出行的便捷性。

1. 美国

美国在 20 世纪 70 年代初由于石油价格的上涨冲击了社会对小汽车的依赖性，许多大城市开始投资兴建 P + R 以促进公交的复兴来缓解空气污染、能源消耗、交通拥挤等难题。但是由于美国的郊区人口密度低，造成公共交通的运营成本高，客流量不充足，在这些低密度居住区建立完善的、适合每个居民出行的公交系统从投资上来讲是不经济的。于是，采取将公交线路集中在一条交通走廊上，由多条线路共用一个换乘设施。由此，美国的 P + R 形式也以小汽车与通勤铁路的换乘较为普遍。此外，还有小汽车与快速公交、小汽车与市内公交以及小汽车与合乘车等换乘方式，如表 6-2 所示，美国 New Carrollton 地铁车站 P + R 如图 6-9 所示。

表6-2 美国P+R常用类型及相关信息

设施类型	规模/泊位	收费方式	使用率情况
通勤铁路（Commuter Rail）	500～2 000	收费	75%～133%
铁路（Heavy Rail）	1 000 以上	收费	使用率很高
轻轨（Light Rail）	400～1 000	收费	26%～99%
HOV 专用车道（HOV exclusive lanes）	1 000～2 200	收费	60%～100%，范围较广
HOV 普通车道（HOV concurrent lanes）	100～600	收费	
快速公交/支线公交（Express and Local Bus）	25～100	收费	<50%
合乘车方式（Carpool Parking）	小型	收费	未知

图6-9 美国 New Carrollton P+R 地铁车站

2. 英国

英国是一个人口密度高并且拥有众多古城的国家，中世纪的道路网络与21世纪的汽车交通不仅在时间上形成了强烈的反差，由此带来的中心区的交通拥挤问题也已经严重影响到英国城市的运行效率和城市竞争力的提高。在英国，绝大多数的P+R设置在城市外围以配合中心区交通限制措施来达到减少市中心交通流量的目的。以牛津市为例，牛津是英国首家进行中心区交通管制的城市之一。牛津的许多历史建筑都集中在市区，新建和扩建道路均受到严格的控制。为了减少市中心的交通，在城市外围建设了一条环状分流干道，控制外围交通进入城市中心区，并结合城市出入口在外围布置了4个小汽车换乘站，所有进入市中心的小汽车均在此换乘，然后乘公共汽车进入市中心。4个换乘站可容纳小汽车4 000辆，近些年使用人数按每年6%在递增。公交每6～8 min发一辆车，以满足换乘人员进入市中心的要求。此外，将市中心设置为严格控制停车的区域，仅布置有少量的公共停车场，只有居住在市中心的人才允许进入停车。在20年的时间里，市中心的交通总量增长并不多，而同时期英国城市的交通总量增长了一倍，牛津换乘站的交通量增长90%，17%的小汽车交通转移到公交。

3. 德国

德国的汉堡市为了控制流向城市中心区的汽车交通量，结合调整城市交通结构，也同样采取了换乘的方式。其基本想法是通过建设高速铁路网，开设郊外 P + R 停车场，提高换乘的便利性，限制市区内的停车等手段以便和私人交通竞争。具体做法上，在郊外的铁路车站（或公共汽车车站）设置停车场，通过大运量的运输方式换乘客流。该市的公共运输企业联合体为了推进该项事业，建设了约合 4 000 个车位的 P + R 停车场，并在票价上实行统一的票价体系以便于换乘。在快速轨道交通经过的地区，共有 188 个快速轨道交通车站。其中 73 个车站有 P + R 设施供驾车者免费使用，所有的车站都设有自行车停放点。其中 3% 的乘客通过小汽车与轨道交通换乘，1% 的乘客通过自行车与轨道交通换乘。此外，在郊外的车站附近还和停车场一起建设了购物中心等服务设施，以提高停车场使用者的便利性。该措施的实施对城市交通结构产生了较大的影响。

4. 新加坡

新加坡是个城市国度，人口高度集中，任何大规模道路建设都会严重影响城市居民的正常生活和城市环境。针对这种情况，政府采取了一些新的交通需求管理措施来平衡交通供求关系。在轿车造成交通堵塞的时间和地点对这些使用道路的轿车收费。市中心区被划为轿车行驶限制区，除救护车、消防车及公交车外，全部车辆均需要购买并出示有效许可证。为了配合限区许可证制度的实施，政府沿市区出入干道设置了 15 个停车场，共计 10 100 个停车位，并开通了大运量快速公交系统（MRT），并且 P + R 设置已完全不同于过去那种围绕限制区外围分布，而是选择容易到达地铁站的居住区内的停车场作为换乘停车场，居民区内的 P + R 停车场如图 6-10 所示，这些停车场都与市中心保持 10 km 以上的距离。到现在，这些设施的使用率都在逐年增长。

图 6-10　新加坡居民区内的 P + R 停车场示意图

5. 韩国

韩国的许多大城市都具有一些显著的共性，即人口密度高、早在工业化之前就已形成较大规模的中心商务区、在远离中心商务区的城市边缘地带形成规模巨大的综合居住区。在距离首尔大约 25 km 的郊区建设有 5 个新镇，搬到新镇的人口很大部分仍然在首尔地区工作。由于忽视了相应的功能设施的完善，使得新城难以摆脱对市区中心的依赖，导致新镇与中心城市之间出行的增加。从新镇到首尔的小汽车出行比例达到 46. 7%，铁路和公交出行比例分别为 25% 和 24. 2%。出行的增加，尤其是小汽车出行量的增加，加速了新镇与首尔之间的交通走廊的拥堵。

在首尔的外围，高峰小时的平均时速为 25 km/h，市内平均时速为 20 km/h。为了缓解拥堵，引导小汽车用户使用公共交通，P + R 设施沿主要通勤铁路系统建设。1999 年，政府在首尔大都市区修建了 15 条铁路线，全长 412. 3 km，平均日客流量达到了 6 000 000 人，并在火车站 200 m 半径范围内布置了 69 个 P + R，总共 15 285 个泊位。大部分 P + R 是以联合使用的形式存在，其中 36 个停车场位于首尔市区内，其目的是引导小汽车出行者乘坐公交出行，以改善交通走廊的拥挤状况，首尔的 P + R 示意图如图 6-11 所示。

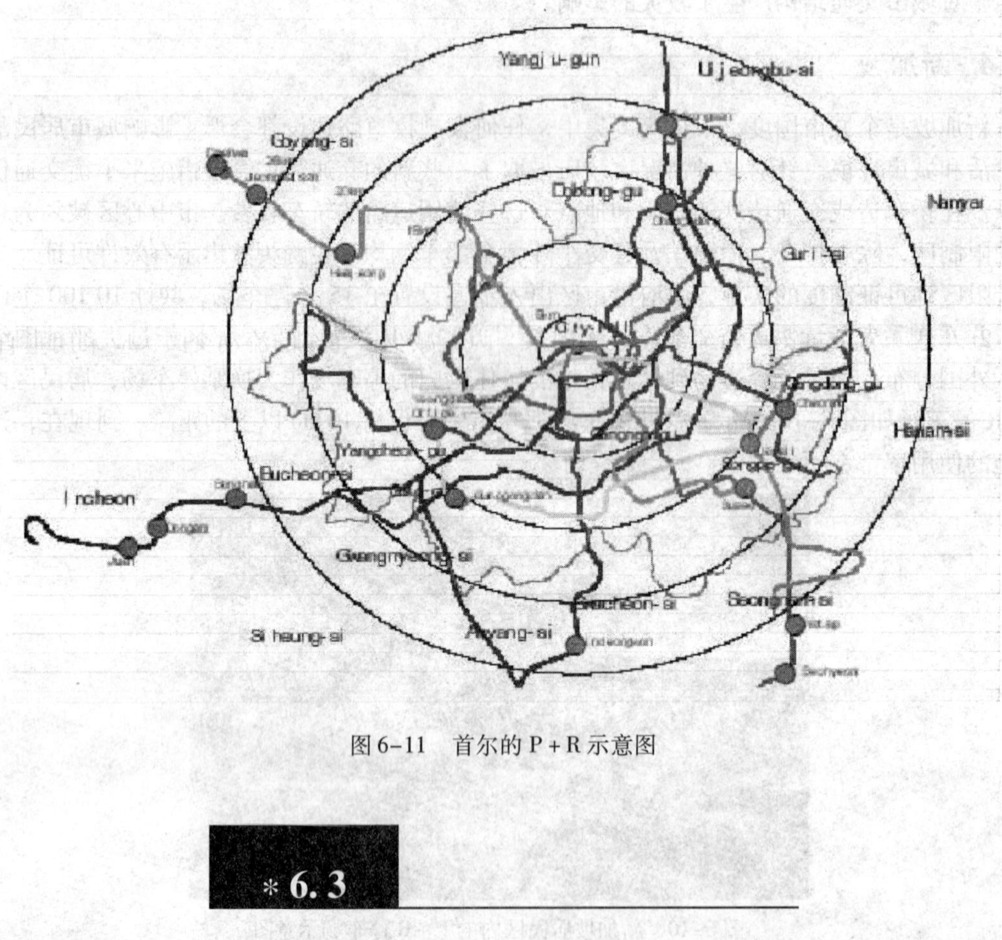

图 6-11　首尔的 P + R 示意图

＊6. 3

轨道交通站停车换乘 P + R 设施构成

轨道交通站 P + R 停车换乘设施主要包含集散类设施、站场类设施、安全及舒适性设施和信息诱导设施 4 大类，以下对该 4 大类设施进行简要介绍。

6.3.1　集散类设施

集散类设施由出入口、内部交通组织、步行系统等部分构成。

1. 出入口

出入口在P+R停车换乘设施内部的合理规划和设计中是非常重要的一个环节。安全高效的出入口对P+R设施的成功运营非常重要。P+R设施的出口和入口宜分开设置，通常在主次干道都可以布置，最好布置在次干道右侧，若必须设置在主干道旁时，应尽量远离交叉口并限制左转车辆进口，避免造成交叉口处交通组织的混乱。

P+R停车场的出入口规划应考虑以下因素：总平面内车道数量和位置、出入路线的数量、停车换乘设施中的单向交通、充足的车道宽度和转弯半径、环境和视距要求、行人和自行车出入口。

2. 内部交通组织

P+R设施内是车流和人流集中混杂的场所，设施内部交通组织布局对附近交通有直接影响。因此，必须对内部的交通组织进行详尽地设计，这里仅涉及一些交通组织的原则问题，具体设计应视停车场的规模、车流量、人流量、用地条件和地形等条件而定，具体组织原则如下。

① 出入口处应设置明显的行驶方向标志和停车位置指示牌。

② 车辆布置方式与人行流线有很大关系，为了减少人与车的流动交叉，应采用垂直式按纵向排列。

③ 按单向行驶组织交通，车辆右转驶入并右转驶出，避免产生车辆的交叉冲突。

④ P+R设施内部路面应有显著的停车标志和行车方向标志，便于驾驶员自动入位。

3. 步行系统

P+R设施内应充分考虑步行系统空间，步行系统建设应连续、功能完善，体现“以人为本”的设计思想，具备人性化特点。步行道路是专为行人设计的，为保护行人安全和防止步行道路下的泥土被冲刷，道边应当高于地面0.1m并埋入地下超过0.15m的，所有的步行道路下都应当布置基层。道路表面应当有一定坡度以保证排水，并选择块石材料铺装，防滑且保证行人安全。

行人从机动车储存区到候车区的步行距离应控制在100m以内，理想状况为1min的步行时间。此外，在储存区和候车区之间应设置顶棚，遮阳防雨，给乘客提供一个舒适的候车环境。

6.3.2　站场类设施

1. 小汽车停车场

小汽车停车场的轴线应与乘客候车区域垂直，停车区离乘客候车区域大于100m，出行者驾驶小汽车进入机动车停车区，停车后直接步行进入乘客候车区域，这样的布局有效地避免了人流与车流的交叉，保证了行人的安全。

2. 自行车停车场

自行车停车场紧邻附近街道和乘客候车区，以便骑车者直接进入停车区停放自行车。停车区应尽可能设置车棚（防雨、防晒），内设车架，以便于存放和管理，停车带和通道应有显著的标志，以便车辆出入，避免干扰行人。

6.3.3 安全及舒适性设施

在设计 P+R 停车场时，为乘客提供一个安全舒适的换乘环境是很重要的。安全的换乘环境可以提高舒适性，促进乘客自觉的爱护公共设施。在具体设计时应注意到照明、安全、人性化设计几个方面。

6.3.4 信息诱导设施

P+R 设施内的信号标志通常指安装在固定或移动支撑物上的，用文字或符号传递禁令、警告和指示停车场的特定信息的装置。P+R 使用者通常都是通过这些信号标志来确定 P+R 的方位从而方便地使用 P+R。采用信息诱导系统的目的主要是为确保乘客进站、离站的整个过程均能顺利且安全完成。主要信息诱导设施有：方向性标志、说明性标志、警告性标志。

具体设计时应注意以下事项。

① 信号标志的内容和位置对车辆和行人流线的流畅非常重要，通常在 P+R 邻近的道路设置醒目的信号标志以引导乘客使用 P+R。

② 在 P+R 设施内，设计者应当为使用者提供通往车位和换乘区域的最直接的信号标志。在使用者进入、穿过、离开停车换乘设施时，信号标志应当和建筑特征共同作用以提供更多的指引。

③ 信号标志的设置应有良好的功能，且与周围环境和谐统一。

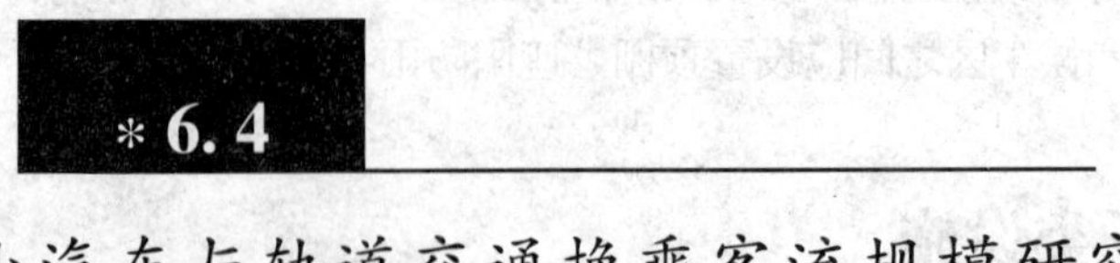

小汽车与轨道交通换乘客流规模研究

小汽车与轨道交通换乘是 P+R 换乘系统的重要组成部分，对轨道交通运转效率和整体效益的发挥具有重要的影响作用，换乘站要满足 P+R 换乘客流需求，并与个体出行行为相符合。

6.4.1　停车换乘 P+R 合理区的确定

确定 P+R 停车场的吸引范围和吸引量是需求预测中一个很关键的环节，确定吸引范围后，就可以根据范围内的土地利用、人口与经济等数据来预测 P+R 的需求。目前由于 P+R 形式多样，功能各不相同，而且吸引范围和吸引量受停车费用、公交网络和拥堵程度等因素影响，无法有一个统一的标准。在借鉴国际经验的基础上，重点分析两类 P+R 的吸引范围：一种是一般 P+R 设施，另一种是远郊 P+R 设施。

1. 一般 P+R 设施的吸引范围

一般 P+R 设施的吸引范围是一个以 P+R 停车场为圆心的抛物线范围，其影响区域大致由两部分组成。

① P+R 停车场下游（往 CBD 方向），距离 P+R 停车场 3.2~4 km 范围内。

② P+R 停车场上游，距离 P+R 停车场 16.1 km 范围内，主要吸引主干道和高速公路的客流。

2. 远郊 P+R 设施的吸引范围

远郊 P+R 设施包括特殊区域边缘的 P+R 和公共停车换乘设施点 P+R，其吸引范围和吸引量由现存 P+R 系统的数据调查分析得出，不同的需求半径与客流的吸引发生量以及周边土地利用相关。

6.4.2　停车换乘 P+R 出行生成预测模型分析

P+R 的需求预测技术是 P+R 系统换乘设施规模预测的关键，科学准确的需求预测结果对于成功规划 P+R 系统至关重要。本节叙述了相关的出行生成预测模型和方法。

1. 增长率法

增长率法（growth-factor modeling）的基本模型为：

$$T'_i = T_i \times F_i \tag{6-1}$$

式中：T_i——现阶段不同交通小区的发生、吸引交通量；

F_i——到预测时点的增长率；

T'_i——预测时点各个交通小区的发生、吸引交通量。

这种模型的方法就是把现在不同交通小区的发生、吸引交通量 T_i 与到预测时点的增长率 F_i 相乘，从而求得各个交通小区的发生、吸引交通量 T'_i。其关键问题是如何确定增长率 F_i。通常可以用表示各个交通小区活动指标的增长率作为发生、吸引交通量的增长率。例如：

$$F_i = \alpha_i \times \beta_i \tag{6-2}$$

式中：α_i——人口增长率，计算公式如下：

$$\alpha_i = \frac{目标年度区域\ i\ 的预测人口}{基准年度区域\ i\ 的人口} \tag{6-3}$$

β_i——每人平均拥有自行车数的增长率，计算公式如下：

$$\beta_i = \frac{目标年度区域\ i\ 的每人平均拥有自行车的预测辆数}{基准年度区域\ i\ 的每人平均拥有自行车辆数} \tag{6-4}$$

增长率法的最大优点是可以处理用原单位法和函数法都很难解决的问题。当进行区域的发生、吸引交通量预测时，不但要进行对象区域内的预测，而且对研究对象地区外的预测也是必要的。

2. 类别回归分析法

类别回归分析法是分析交通生成的影响因素，将它们组合成不同的类别，对各种类别分别建立生成量与其影响因素间的回归方程，即类别回归分析模型。交通生成的影响因素包括社会政治经济发展水平、居民的职业、年龄、性别、收入、上班和上学时间制度等。

最简单的类别回归分析法是将每人或每个家庭平均产生的交通量作为“出行率”并且假定未来规划年各类家庭的出行率 α_s 与现在的出行率相比基本不变。在此基础上再与整个研究对象地区的总人口或家庭总数相乘得出预测结果。

类别回归分析法的模型如下：

$$P_i = \sum_s \alpha_s N_{si} = N_i \sum_s \alpha_s \gamma_{si} \tag{6-5}$$

式中：P_i——第 i 小区规划年每个单位时间的出行产生量；

α_s——现状年第 s 类人口或家庭的出行率；

N_{si}——第 i 小区现状年第 s 类人口或家庭的数目；

N_i——第 i 小区规划年各类人口或家庭的总数目；

γ_{si}——第 i 小区规划年第 s 类人口或家庭的比例。

3. Logit 模型

1）基本理论

非集计行为模型假设出行者是交通行为意志决定的最基本单位。选择模型的基础函数是基于某出行者在特定的选择状态下，选择其所认知到的选择方案中效用最大的方案的理论而建立的。并且认为：选择某方案的效用该方案所具有的特性和某出行者的属性（如年龄、性别、职业等）而异。具体地说，就是考虑到费用、时间等交通方式的服务特性，出行者的年龄、职业、收入等社会经济特性以及出行的目的、出行的时间带等出行的特性与交通行为有关的特性将对效用函数产生影响。

如果假定出行者 n 的选择方案的集为 A_n，选择其中的方案 j 的效用为 U_{jn}，则出行者 n 从 A_n 中选择第 i 种方案的条件为：

$$U_{in} > U_{jn},\ i \neq j,\ j \in A_n \tag{6-6}$$

在随机效用理论中，U_{in} 为概率变量，通常将它分为随机变化部分（概率项）ε_{in} 和非随机变化的部分（固定项）V_{in}两部分，并假设它们呈线性关系。其表达式如下：

$$U_{in} = V_{in} + \varepsilon_{in} \tag{6-7}$$

式中：U_{in}——出行者 n 选择第 i 种方式的效用；

V_{in}——出行者 n 选择第 i 种方式的效用函数中的固定项；

ε_{in}——出行者 n 选择第 i 种方式的效用函数中的随机项。

Logit 模型的效用函数的固定项 V_{in}的表示形式有线性函数、对数函数等多种形式。假设 V_{in}表现为线性函数形式：

$$V_{in} = \sum_k \theta_k X_{ink} \tag{6-8}$$

式中：k——变量的个数；

θ_k——第 k 个变量所对应的参数；

X_{ink}——出行者 n 选择第 i 种方式的第 k 个影响变量（如出行费用、出行时间等）。

这时，根据效用最大化理论，出行者 n 选择方案 i 的概率 P_i 为

$$\begin{aligned} P_{in} &= \text{prob}\ (U_{in} > U_{jn};\ i \neq j,\ j \in A_n) \\ &= \text{prob}\ (V_{in} + \varepsilon_{in} > V_{jn} + \varepsilon_{jn};\ i \neq j,\ j \in A_n) \end{aligned}$$

式中：

$$0 \leqslant P_{in} \leqslant 1, \sum_{i \in A_n} P_{in} = 1 \tag{6-9}$$

2）特性变量的选择

特性变量 X_{ink}是指那些能够描述选择方案 i 特性和出行者 j 特性的较为重要的变量。特性变量可以分为出行者特性、出行特性和交通设施的服务水平三类。

(1) 出行者特性

除了一些客观因素，出行者自身的性别、年龄、收入以及驾车心理压力、对道路拥挤的忍受程度等主观因素在一定程度上影响着 P+R 选择行为，主客观方面的整体作用影响着出行者的出行。

(2) 出行特性

不仅 P+R 设施服务水平影响着出行选择，而且出行目的地小汽车的可达性也起着重要的作用，当出行者在目的地周围遇到交通拥堵、寻找停车位的时间很长时，人们就不愿意采用小汽车出行，因此在城市交通拥挤地区周边建设的 P+R 设施往往比有充足停车位的非拥挤地区 P+R 设施的利用程度高。

(3) 交通设施的服务水平

除了以上两个因素外，交通设施的服务水平对出行者选择 P+R 出行方式也有很大影响。如果服务水平高，能给出行者带来愉悦感受，选择 P+R 出行率就高，否则选择该方式的出行率就低。

4. 与公共交通相关的影响因素

公共交通的连通程度和协同程度等服务水平（如候车时间、行驶速度、站点数量、换乘次数和换乘等待时间）直接影响着出行者换乘的效率和舒适性，换乘系统设施的供应是

建立在高服务水平的城市客运交通系统上的。

1) P+R 信息的影响

P+R 信息作为停车换乘诱导系统的一部分，对停车换乘行为有着重要的影响，对提高城市交通系统的效率与功能有重要意义。如果为自驾车出行者提供可靠、准确、及时的信息，就会引导更多的人转向停车换乘，P+R 信息包括停车信息和换乘信息两部分，停车信息包括中心区以及 P+R 系统的停车泊位信息、利用率等情况，使其快速找到当时当地最适合的停车位置，减少搜寻时间。

2) 其他影响 P+R 换乘需求的因素

影响 P+R 换乘需求的因素如表 6-3 所示。

表 6-3 P+R 停车换乘需求影响因素

影响因素	具体分析
早高峰开往 CBD 的 HBW	班次越多，P+R 的需求量越大
小汽车出行成本和公交出行成本的比例	小汽车出行成本的提高，而公交出行成本低廉，使得部分出行者转而使用公交出行，提高了 P+R 的需求量
P+R 停车场的距离	P+R 停车场和 CBD 距离越大，则 P+R 的需求随之增大
接近高速公路网	邻近高速公路网建设的 P+R 停车场将提高 P+R 的需求
白天非高峰时段 CBD 和 P+R 停车场间的可达性	白天非高峰时段 CBD 和 P+R 停车场间的可达性的提高会增加 P+R 潜在的需求量
吸引量为 50% 的范围内的人口数量	在距离以 P+R 停车场为圆心，半径为 4 km 的范围内的人口密度的增大，会提高 P+R 潜在的需求量
P+R 服务范围内低收入人群的比例	低收入人群的出行主要以公交为主，研究表明低收入人群的比例和 P+R 的需求量之间没有很强的线性关系
P+R 停车场与 CBD 间的公交班次间隔时间	公交班次间隔时间短有助于提高 P+R 的需求，并且可以有效控制公交的行驶速度
支路网的交通容量	增加邻近支路的交通容量可能会增大 P+R 的停车需求，因为支路交通容量的增大会增加 P+R 下游路网的拥堵，这样就增加了潜在的 P+R 的使用者
在 P+R 吸引范围内基于家的出行	在 P+R 吸引范围内基于家，以上班、上学为出行目的的出行的增多，将增大潜在的 P+R 的需求
目的地中心区域的就业水平	目的地中心区域的就业水平越高，P+R 的潜在需求就越大。因为 P+R 的大多数使用者以上班为目的
P+R 停车场与目的地间的道路拥堵状况	目的地间的道路拥堵可以刺激 P+R 的需求，增加 P+R 公交与小汽车的竞争力。通过特殊的公交优先政策（如 BRT、HOV 等）来提高公交的竞争力
P+R 停车场的使用年限	新建的 P+R 停车场需要一定的时间来吸引客流，而一些建成时间较长的 P+R 停车场如果没有足够的维护和定期的转型，则可能降低需求量
P+R 周围区域的人口密度	P+R 周围区域人口密度的增加会刺激 P+R 潜在的需求
P+R 停车场的安全保障	如果停车场安全保障措施不到位，会减少 P+R 的需求
P+R 停车场内的亮化	一个安全舒适的停车换乘环境，会提高 P+R 的潜在需求
P+R 乘客候车设施	完善 P+R 乘客候车设施，可以提高 P+R 的潜在需求
实时的公交信息	实时的公交信息可以有效提高 P+R 的潜在需求
目的地的停车费用	在目的地提高停车费用，增大私人小汽车的出行成本，使得公交出行更有竞争力，提高 P+R 的潜在需求
P+R 停车场的可达性	P+R 停车场的可达性差，会降低它的需求

6.4.3　换乘设施规模分析

通常停车换乘设施的规模是指规划、待改建或建设中的换乘设施的预期面积和容量。这个数量的确定直接影响该设施的规划设计、布局。设计规模应符合城市发展的需要，满足出行者舒适方便乘车换乘需求。

1. 停车场相关指标

停车换乘设施的规模受多种因素的影响，主要因素为换乘设施功能、交通需求和用地条件，下面介绍停车场具体指标。

1）平均停车时间

平均停车时间计算公式如下：

$$\bar{t} = \frac{\sum_i t_i}{s} \tag{6-10}$$

式中：$\bar{t}$——平均停车时间；

t_i——第 i 辆车停车时间；

s——实际停车数量。

2）停车能力

停车能力计算公式如下：

$$C = \frac{\sum (N \times T)}{E} \times F \tag{6-11}$$

式中：C——停车场可供停车的数量；

N——可供停车 T 时间内的停车位数量；

T——观察时间内可供停车时间；

E——平均停车时间；

F——调整系数（0.85 ~0.95）。

3）停车场利用率

停车场利用率计算公式如下：

$$U = \frac{\sum_i (t_i \times P_i)}{T \times C} \times 100\% \tag{6-12}$$

式中：U——停车场利用率,%；

t_i——第 i 辆车停车时间；

P_i——停车时间为 t_i 的车辆数目；

T——调查时间长度；

C——停车场的停车能力。

2. 停车换乘设施规模

1）换乘设施内步行设施规模

换乘客流是指利用除步行之外的其他交通方式（如常规公交、小汽车、自行车等）到达枢纽或离开枢纽的客流。换乘客流在枢纽内需要通过步行从一种交通方式的站点达到另一种交通方式的站点，或者是同一种交通方式的不同线路间的转换，这就需要枢纽为换乘客流提供步行所需的设施，其所需规模运用行人时空消耗理论以及设施的广义容量来确定，具体为：

$$S_{换乘} = \frac{C_m Q_m}{T} = \left(s_m \frac{L}{v_m} Q_m\right) / T \tag{6-13}$$

式中：$S_{换乘}$——换乘客流在枢纽内步行所需要的规模，m^2；

C_m——枢纽内行人的平均时空消耗；

Q_m——换乘设施高峰小时换乘客流量，人/小时；

L——每一换乘客流在枢纽内的步行距离，m，一般取 200～300m；

s_m——行人所需要的动态个人空间，m^2/人，取 1.2～2m^2/人；

v_m——步行的平均速度，m/s，取 1.0m/s；

T——表示步行设施的使用高峰时间，s。

2）小汽车停车场的规模

小汽车停车场主要是为私人小汽车停车服务，其主要影响指标为平均载客数和停车场的周转率指标，计算公式为：

$$S = \frac{N \times s}{P \times \theta} \tag{6-14}$$

式中：S——小汽车停车场所需的面积，m^2；

N——高峰时段内存车换乘的客流量，人；

s——每辆车停靠所需的面积，m^2；

P——小汽车的平均载客人数，人/辆；

θ——小汽车停车场的周转率，%。

3）自行车停车场规模

自行车停车场规模的计算方法与机动车停车场规模的计算方法类似，主要考虑的因素为到达换乘设施的自行车车辆数、每辆自行车停车占地面积以及自行车停车场的周转率。按停车周转率为 λ 计算，则所需的自行车停车场地规模具体计算如下：

$$S = \frac{N \times s}{T \times \alpha} \tag{6-15}$$

式中：S——自行车停车场所需的面积，m^2；

N——高峰时段内存车换乘的乘客数，人；

s——每辆自行车停放所需的面积，m^2/辆，一般取 1.8m^2/辆；

T——高峰时段时间，s；

α——自行车停车场的周转率，%。

6.5 天通苑地区 P+R 换乘实例分析

6.5.1　天通苑地区概况

天通苑位于北京城正北立水桥，处于朝阳区与昌平区的交界，距亚运村 6.5 km，占地面积 48 万平方米，共由天通苑（6 个区）、天通北苑（3 个区）、天通中苑、天通东苑（3 个区）、天通西苑（3 个区）等园区组成。

天通苑周边轨道交通便利，城铁 13 号线路、地铁 5 号线交汇于该区域内，地铁 5 号线、13 号线均在立水桥站设有换乘点。地铁 5 号线从中穿过并与立汤路以及其他支路构成了天通苑社区的路网。图 6-12 是天通苑地区的示意图。

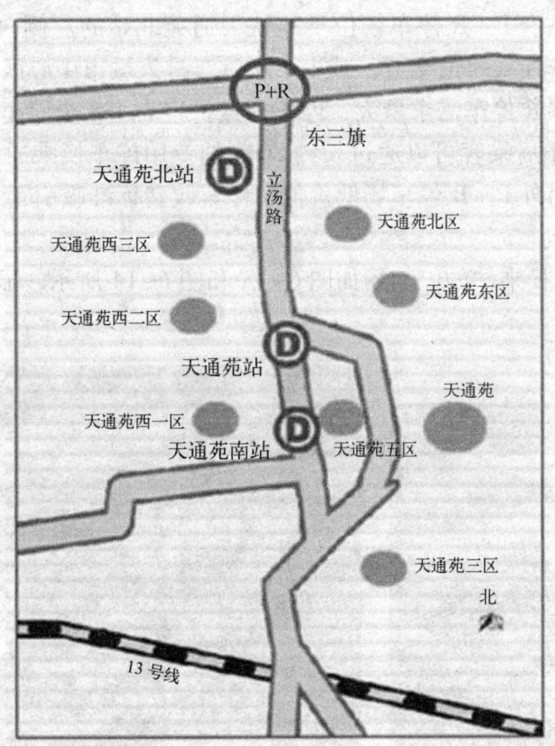

图 6-12　天通苑地区示意图

如图 6-12 所示，地铁 5 号线的末端是北京市建设运营的停车换乘试点——天通苑北站停车换乘站。

天通苑北站的换乘停车场紧邻着天通苑北站，换乘者只需步行不到 50 m 的距离便可进入 5 号线内。该停车场占地 1. 1 万平方米，共有 438 个小汽车停车位，1 100 个自行车停车位。当小汽车进入时，司机只需要把公交 IC 卡贴近读卡器刷卡即可进场停车，同时，场内工作人员会引导司机按顺序停车入位，整个过程不超过 2 min，智能化的管理系统以及科学的诱导系统方便了出行者的换乘。

6. 5. 2　天通苑地区 P + R 停车场设计规模分析

天通苑地区 P + R 停车场大致经过了设计初期和调整期两个阶段，本节分别以 2007 年 11 月、2008 年 11 月和 2009 年年底修 1 000 个车位的 P + R 停车场规模进行对比分析。

1. 初期设计规模（2007. 11）

地铁 5 号线开通初期地铁天通苑北站左侧 P + R 停车场建成，停车容量为 275 个停车位。

2. 调整期规模（2008. 11）

在地铁天通苑北站有 P + R 停车场位于地铁天通苑北站的左侧。P + R 停车场的建成方便了乘客从私人小汽车换乘轨道交通，减少了小汽车进入城市中心区的数量，缓解了城市交通拥堵。2008 年因 P + R 停车需求量大，停车容量扩容为 438 个停车位，还有 232 个路边停车位，在停车场内停车后乘客可以通过长约 80 m 的专用停车换乘通道换乘轨道交通，减少了乘客的换乘时间，另外 P + R 停车场低价位的停车收费标准吸引了大量的小汽车前来停车换乘轨道交通。

天通苑地区 P + R 换乘站的停车场如图 6-13 和图 6-14 所示，显示了天通苑地区 P + R 停车场的主要形式。

图 6-13　天通苑北站 P + R 停车场

图 6-14　占道停车情况（2007. 11. 29）

＊6.5.3　天通苑地区P+R停车需求分析

天通苑P+R停车需求分析主要包括客流出行总量分析和换乘客流预测两部分。

1. 出行总量计算

停车频率统计分析以天通苑北站为例，如图6-15所示为天通苑北站换乘停车场从早晨5:10到晚上8:30，以20 min为间隔的停车进入时间分布图。

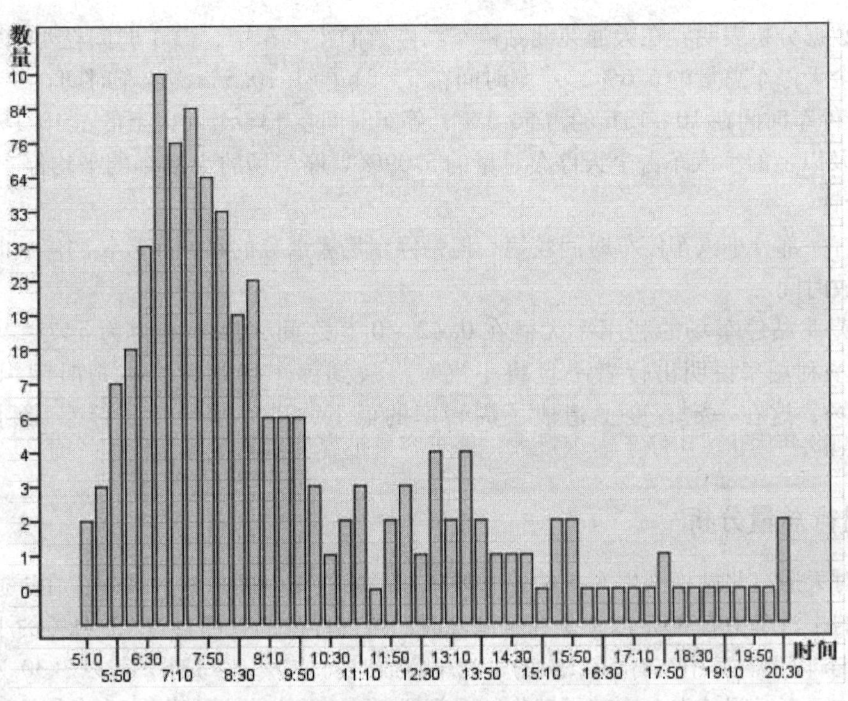

图6-15　天通苑北站换乘停车场停车频率分布

从图中可以看出，在调查的时间段内，共有483辆小汽车停放到停车场，其中6:30～8:50期间有418辆小汽车进入了换乘停车场，占到全天进入车辆的86.5%。在这段时间内，平均每隔20 s就有一辆车进入停车场，特别是在6:50—7:10和7:10—7:30这两个时间段内，分别有110辆和84辆小汽车进入换乘停车场，几乎每隔10～14 s之间就会有一辆小汽车进入停车场。而在其他时间，进入停车场的车辆则较少，尤其是从早上9时起，很少有小汽车进入换乘停车场，几乎是每隔10 min才有一辆小汽车进入，到中午过后几乎是没有小汽车进入停车场。

2. 停车时间统计分析

天通苑北站停车场停放的小汽车不同停车时间统计结果如图6-16所示。

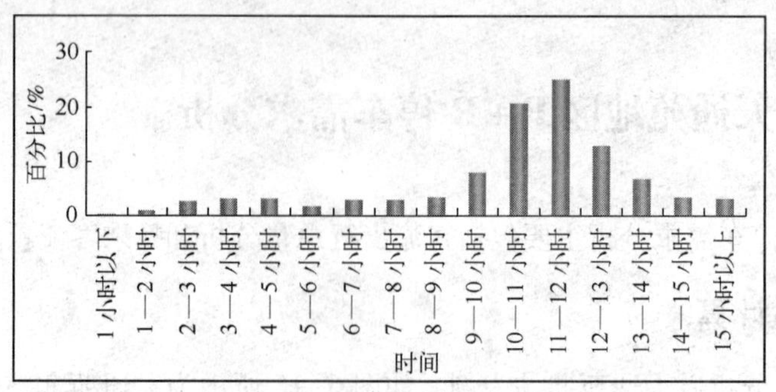

图 6-16　停车时间统计结果

相关数据分析表明：在天通苑北站停车场停放的小汽车中，停车时间在 4 h 以下的小汽车数量占全天停车总量的 6.6%，停车时间在 5 ~ 8 h 的占 10.5%，停车时间在 9 ~ 10 h 的占 11.34%，停车时间在 10 ~ 13 h 的占 56.1%，停车时间在 13 ~ 15 h 以下的占 10.1%，停车时间在 15 h 及以上的小汽车占全天停车总量的 3.09%。停车场的小汽车的平均停车时间为 10 小时 21 分钟。

尽管有一部分小汽车停车时间较短，但是停车场大部分的小汽车较长的停放时间，拉长了平均停放时间。

天通苑北站停车场的利用率大概在 0.42 ~ 0.5 之间，停车能力为 447 ~ 499 辆。较低的停车场利用率说明出行者一旦将小汽车停放到停车场就不会在短时间内将小汽车开出停车场，这在一定程度上造成了周转率的低下，进一步导致了停车场利用水平的降低。

3. 出行总量分析

通过对天通苑北站换乘停车场的停车频率和平均停车时间分析，发现：在天通苑北站停车场停放的小汽车中有 80% 以上是在早高峰时间段内停放的，而且有 93.41% 的小汽车的停放时间在 4 h 以上。其中，有 56.1% 的小汽车停放时间长达 10 ~ 13 h，若以 7:30 为早高峰时刻算，平均停车时间基本上覆盖了工作的时间段，由此可以推断，将小汽车停放到天通苑北站停车场的出行者大多为早高峰通勤出行者。同时，考虑到收集出行生成的相关数据的难度，本文以早高峰时间段内的小汽车出行量作为近似的出行总量。

这里选择换乘次数和等待时间作为自变量，以是否会从小汽车方式转换为 P + R 方式作为选择结果建立 Logit 模型。

P + R 方式转换率模型表示如下：

$$P_{1n}=\frac{e^{V_{1n}}}{e^{V_{1n}}+e^{V_{2n}}}=\frac{1}{1+e^{-(V_{1n}-V_{2n})}} \tag{6-16}$$

式中：P_{1n}——出行者 n 选择小汽车方式向 P + R 方式转换概率；

V_{1n}——出行者 n 选择 P + R 方式的效用的固定项，计算方式如下：

$$V_{1n}=\sum_k \theta_k X_{1nk}$$

V_{2n}——出行者 n 选择小汽车方式出行的效用的随机项，计算公式如下：

$$V_{2n} = \sum_k \theta_k X_{2nk}$$

V_{1n}、V_{2n}算式中各参数的意义见式（6 - 8）。

结合换乘次数和等待时间得出效用函数 V_{1n}为：

$$V_{1n} = \theta_1 + \theta_2 \times 换乘次数 + \theta_3 \times 等待时间 \quad (6\text{-}17)$$

$$V_{2n} = \theta_0 + \theta_2 \times 换乘次数 + \theta_3 \times 等待时间 \quad (6\text{-}18)$$

通过统计软件 SPSS 处理，得到小汽车方式向 P + R 方式转移的效用函数和小汽车出行的效用函数为：

$$V_{1n} = -0.11 + 0.98 \times 等待时间 + 0.03 \times 换乘次数 \quad (6\text{-}19)$$

$$V_{2n} = +0.98 \times 等待时间 + 0.03 \times 换乘次数 \quad (6\text{-}20)$$

将原数据代入效用函数得到：

$$P_{换乘} = 9.76\%$$

换乘小汽车的数量：

$$Q = Q_{高峰} \times 9.76\% = (Q_{东小口} + Q_{停车}) \times 9.76\% = 806$$

＊6.5.4　天通苑北站停车换乘设施规模设计

1. 小汽车步行设施规模

设个人所需的动态空间 s_m 为 1.2 m²/人，平均步行速度 v_m 为 1.0 m/s，每一换乘客流在枢纽内的步行距离 L 取 200 m；同时根据前面的计算，换乘设施中高峰小时停车场换乘数量 Q_m 为 806，高峰时间段为 7:10—8:25，最终算得步行设施规模为：

$$S_{换乘} = \frac{C_m \times Q_m}{T} = \left(s_m \frac{L}{v_m} \times Q_m\right)/T = \left(1.2 \times \frac{200}{1} \times 806\right)/4500 = 42.99\ (\text{m}^2)$$

2. 小汽车停车场的规模

根据前面的计算，换乘客流量 N 为 806，停车场的周转率 θ 为 0.42，设每辆车的载客量 P 为 1 人，每辆车的占地面积 12 m²，算得小汽车停车场的面积为：

$$S = \frac{N \times s}{P \times \theta} = \frac{806 \times 12}{1 \times 0.42} = 23\,028\ (\text{m}^2)$$

6.5.5　天通苑北站换乘停车场存在的问题

通过天通苑北站换乘停车场的实例研究发现，天通苑 P + R 系统存在以下两方面的问题。

1. 停车位紧缺

天通苑北站是北京市的一个停车换乘运营试点，在建设初期由于缺乏实际经验的指导，对停车场的建设规划并不合理，最后致使建好的停车位不能满足换乘需求。天通苑北站换乘停车场是一个位于城市周围的存车换乘停车场，严格意义上来说，本不应该存在路外停车场，但是，通过实地的调查发现：在早上 8 点 30 分，换乘停车场的电子牌就已经显示“停车位已满”，于是，后来的车辆便停放在了停车场外围的道路上，严重地影响了道路的通行能力，上午 10 点 50 分，停车场外那条至少 500 m 长道路的两边已经停放了 291 辆汽车，其中东边一侧的车全停放在绿化地里和新铺的草坪上。

2. 管理措施不到位

由于停车场规定，出行者只要在停放小汽车的当天在任何地方刷卡乘坐公共交通，就可以只交纳 2 元/次的小汽车的停放费用。可是，通过调查发现：许多将小汽车停放到换乘停车场的出行者，仅仅是将小汽车停放到停车场，然后在附近的公交上刷一下卡，最终却并没有换乘地铁进入市中心，在某种程度上，降低了停车换乘设施应该发挥的作用。

本章练习题

1. 什么是 P + R？不同职业、年收入、通勤时间和出行距离对 P + R 系统的选择影响是什么？
2. P + R 停车换乘系统设施由几部分构成？各部分设施特点是什么？
3. 本章主要讲述了几种 P + R 换乘出行生成预测模型？各个模型的适用范围是什么？
4. 具体评价停车场指标及其计算公式是什么？
5. 如何对停车换乘设施的规模进行评价？

7 第 7 章 城市轨道交通与其他交通方式的衔接

本章概述

在城市轨道交通网络中，不能强调单一城市轨道交通系统的建设，而忽略城市轨道交通系统与其他交通系统的衔接，或重视单一城市轨道交通线路建设和工程设计层面上的研究，而忽视城市轨道交通系统内部各条线路之间的整合。为了使得城市轨道交通系统内的客流衔接更顺利、更方便，需要通过交通一体化的规划设计提高城市轨道交通集聚和疏解客流的能力，为乘客提供快捷、方便、舒适、安全的换乘环境，为城市枢纽地区提供良好的交通环境和开发环境，最终实现城市综合客运交通系统的最佳运输效益和效率。本章将介绍交通一体化的基本内容，以及城市轨道交通与其他交通方式的衔接。

学习重点

1. 了解交通一体化的基本内容，以及城市轨道交通与其他交通方式的衔接。
2. 熟悉交通一体化的概念和内容、轨道交通接运优化方法。
3. 重点掌握多方式衔接规划以及城市轨道交通与其他交通方式衔接设计。

7.1 交通一体化

7.1.1 交通一体化规划的概念与内涵

交通一体化（Integrated Transport）规划，就是通过对城市交通需求量发展的预测，为较长时期内城市的各项交通用地、交通设施、交通项目的建设与发展提供综合布局与统筹规划，并进行综合评价。交通一体化规划是城市总体规划的一部分。

交通一体化的重要目标就是使交通和社会能够可持续地发展。一般来说，出行数量的过快增长、轿车拥有数量的增加以及运输外部费用比例过高都是不可持续的标志。交通一体化就是一种通过对基础设施、既有设备的管理以及基础设施的价格等因素的协调来缓解城市交通问题，从而达到提高运输体系的整体效益的方法。

建立完整高效的交通一体化运输，就是要研究包括城市轨道交通、私人小汽车、常规公交、自行车交通以及步行等方式在内的综合运输体系的整体效应，以建立良好的交通秩序。因此要实现各级管理部门权限的一体化，不同运输方式发展策略的一体化，基础设施、既有设备的管理以及基础设施的价格等因素发展策略的一体化，交通与土地利用的一体化。

7.1.2 国外城市交通一体化发展现状

城市交通一体化涉及体制、机制、经济、法规、规划、管理、资源、财政、税收、企业、生产资料和生产力的开发和利用诸多方面的问题。一体化交通将交通的发展从单纯的交通工具与交通设施发展延伸到交通规划、设计、建设、组织、运营、管理等整个过程中。一体化交通是现代城市交通发展的基本特征。本节简要介绍国外城市交通一体化的发展现状。

1. 交通一体化政策研究现状

20 世纪六七十年代，英国大多数城市进行政策利用研究。20 世纪 80 年代中期，20 多个城市提出要研究交通政策问题。这是地方政府在考虑城市化过程所产生的问题时引起的。研究重点是交通与土地利用政策的关系。此外，各地方政府有一些相关措施来改善、获得并实现可持续的交通政策。英国运输部门还提出了一体化方法来协调交通与环境间的问题。

伦敦大学交通政策专家 Banister 2000 年在展望欧洲 2020 年交通与城市发展空间的关系时总结了欧洲面临的三个主要问题——空间短缺、人口密度高及保护空地。他将交通运输的政策实践分为五个阶段。

① 第一阶段：达成共识——交通数量的增长是不可持续的。

② 第二阶段：道路修建计划不能解决问题，即使大量投资，堵塞仍会存在；交通供给增长跟不上需求。

③ 第三阶段：讨论轿车使用的限制策略——大幅度提高轿车出行费用，使供需匹配；对某些用户及某些运输方式实施优先发展策略。

④ 第四阶段：公众的关注点集中于无限制交通移动所引起的环境后果；环境问题即使得到解决，潜在的交通拥挤问题依然存在。

⑤ 第五阶段：普遍认识到改善环境与拥挤状况的唯一出路是少用私人轿车，进而减少出行需求。

一般认为，欧洲已越过了第一、二阶段，即目前已经认识到道路建设不是解决环境和拥挤问题的可行方式，目前处于第三、四阶段之间。同时，一些专家也开始研究第五阶段的问题，这是最难分析和最难寻找政治上和公众都能接受的战略的阶段。

2. 交通一体化特点

随着综合交通运输体系的发展，国外发达国家大城市内各种交通方式的多式联运、港站内各种运输设备的协调组织配置，城市内部交通的衔接趋于成熟。在技术上，各种交通方式的集约要求逐渐淡化各自为政的行业领域观念，更加重视不同交通方式之间的配合与衔接。

纽约城市公共交通各种方式（地铁、通勤铁路、轻轨、地面公交、轮渡等）均由纽约州交通局（New York Metropolitan Transportation Authority）统一管理，实现各种交通方式之间统一规划和管理。城市公共交通的这种管理体制便于组织各种交通方式之间的配合与衔接，提高整个城市交通系统的运输效率。

在德国汉堡，各种交通方式的衔接点均由高效换乘设施相连，其中交通换乘的实现主要在城市快速轨道交通站点的周围，如在公共交通联会（HW）经过的地区，共有188个快速轨道交通车站。其中，有150个车站能换乘公交车；有22个车站已经形成主要的换乘枢纽，乘客可以方便、安全、舒适地换乘；在其余的车站，公交车停靠在路边。在实现快速轨道交通与常规公交的转换时，在2～5min的换乘时间内完成。有时乘客会在列车靠站时看到准备换乘的公交车正驶离换乘点，公交线路上安装了联动保证系统（ASS）。通过该系统，计算机发送信息给公交车驾驶员，指示是否在车站等待换乘乘客。通过这种手段，晚到的快速轨道交通车辆的乘客仍能赶上公交车。这种系统在晚间发车稀疏的时候就显得更加重要。

伦敦重要的车站和地铁站几乎都建在同一栋站台之内，而且出站就有公共汽车或小汽车停车场。莫斯科的地铁换乘站则分为地铁与地铁、地铁与地面铁路、地铁与地面公交车站等多种类型。全市600多条公共汽车线路中，有500多条能与地铁连接。有的地铁站附近集中多达20条公交汽车、电车路线。此外，莫斯科换乘站建设时，还普遍做到了与地下行人过街通道相结合，一些公交车站就设在地下行人过街通道的入口旁边，缓解了路上车流与行人的矛盾，保障了交通安全与畅通，方便了乘客。

综上所述，国外城市交通一体化的特点可以归纳为以下几点。

① 网络密度高，覆盖面广。无论是由城市巴士与长途汽车组成的道路网络，还是城市

间铁路与地区铁路组成的城市轨道交通网络，都有很好的可达性。

② 提供了形式多样的运输价格。例如，无论城市运输还是城市间运输，均提供了不同种类的非高峰期票价，旅客可以选择适当的票种和出行时间，最大程度地节约费用。

③ 建立了整个地区的客票预售网络，售票点、旅行代理机构很多，极大地方便了乘客对公共交通的选择。

④ 信息服务好。大多数车站均提供免费的时刻表，乘客也可以通过 Internet 网络、电话来查询和预订车票。

⑤ 车次频率高。由于信息服务好，加上车辆班次频率适当，乘客在欧洲旅行感受不到难以忍受的等待和延误。运输公司通常可以根据预测或预定的客流量来调整班次及编组，最大限度地降低运输成本。

7.1.3 轨道交通接运优化方法

国外发达国家在经历完大规模轨道交通建设实施阶段以后，已经开始普遍重视以轨道交通为基础的城市交通系统的各种交通方式的配合衔接的研究。

国外大城市内各种交通方式运输设备匹配和布置日益一体化，衔接组织技术日趋成熟，实现了各交通方式技术上合理衔接，淡化了各自为政的行业领域观念。管理上，不同交通部门间协调、谈判及共同管理。以政府部门为主，国外在公共交通管理体制方面，提出了一系列实现和推进公共交通多方式协调的宏观政策，如美国俄亥俄州运输局发布 *A Handbook for Coordinating Transportation Services*，规定了多公共交通部门之间实现协调服务的具体步骤和方法；俄勒冈州运输局公共交通分局在报告 *The Coordination Challenge* 中，系统阐述了公共交通多方式协调的体制、效益、障碍等方面相关的政策。

在对常规公交与轨道交通的衔接换乘的理论研究方面，国外多注重基于概率统计基础的运营调度技术的研究，考虑存在换乘的交通方式和线路间的换乘等待时间，对车辆的到达时间和发车时间采用一定的算法进行优化等方面的研究。研究理论多为公交发车时间优化算法的综述、改进和发展，轨道交通优化接运的理论发展比较成熟。

Steven Chien 和 Paul Schonfeld 于 1997 年对轨道交通与其接运公交系统的优化问题进行了研究，假定所有轨道交通线路位置已知，将轨道交通走廊分为长度不同、宽度相同的若干交通小区，并假定每个交通小区内出行密度相同，且每个轨道站点只有一条接运公交线路，接运公交的发车频率都相同。在上述条件下对接运公交站点间距、发车频率和轨道线路长度、发车频率进行确定。

MD. Shoaib Chowdhury 在 2001 年在 *Optimization of Transfer Coordination for Intermodal Transit Network* 一文中探讨了以车头时距和发车时刻表为要素，在换乘站点实现一条轨道交通线和多条常规公交线运营协调的控制技术。他是在假定所有轨道站点的接运公交线路发车频率都相同的情况下，以总费用最小为目标对轨道交通及接运线路的发车频率进行确定。这种模型主要适用于低密度出行地区。

S. N. Kuan，K. M. Ng 等人 2006 年在 *Solving the feeder bus network design problem by genetic algorithms and ant colony optimization* 一文中提出了启发式的遗传算法和蚁群优化方法，使用此算法来解决接运公交的网络规划设计问题。通过一些实例对比研究分析得出：启发式的优化算法与传统的模拟退火、贪心算法等数学计算方法在线网优化搜索效果方面具有相同的优势。

7.1.4　我国可以借鉴的交通一体化政策

我国是发展中国家，人口众多，而且由于经济发展的不均衡性，很多问题还在探索中，各地区交通一体化的政策方法也不尽相同，因此我国可以借鉴各发达国家交通一体化的措施。

1. 加强政府对交通的引导作用

政府的交通政策对社会经济发展以及居民生活方式具有引导作用。对一个复杂的社会来说，政府有许多政策杠杆。在这些杠杆出台以前，确定社会发展的长期目标是至关重要的，这也是交通一体化政策的技术关键。政府在整个社会的发展中，根据不同时期的具体形势对政策进行修正和微调，将地区或国家导向预设的目标状态。交通政策的作用要从“预测 - 提供”向“预测 - 预防”转换。

2. 建立一体化的公交网络，促进城市土地的合理利用

要建立一体化的城市与城际客运网络，对任何不能一次抵达目的地的运输来说，最大程度地减少中转换乘时间是提高公共交通吸引力的关键。一体化交通网络对城市发展有着重要影响，其关键是在交通与土地利用的相互关系方面。在建立适当的卫星城镇以疏散市中心区人口、缓解中心区拥挤时，须在居民小区间快速建立、大容量的交通通道。要实现这一目标，一是要在交通网络建设上统筹规划，建立可达性好、覆盖面广的物理网络，尤其是具有较好的环保性能的地区城市轨道交通网络；二是要从技术组织上建立起高效、快速的运输能力网络，大幅度提高公共交通的吸引力。

3. 大力发展公共交通

公共交通是一种大容量交通工具，发展公共交通的关键是为公共交通营造市场。因此，在规划城市建设时，要重视小区规模的设计和对小区的集中开发，建立具有“公交价值”的交通通道。城市规划要为公交营造市场。

4. 建立以城市轨道交通为骨架的一体化城市快速交通网络

“速度”是交通出行所考虑的首要因素，因而需要在大城市建立快速的城市与城市对外交通网络，提高整个城市网络的出行效率。经验表明：在大城市建立与道路运输体系具有较好隔离性的城市轨道交通系统为骨架的交通体系是发展方向。

交通一体化规划应以城市轨道交通为骨干，以常规公交为主体，辅之以其他交通方式，

构成多层次立体的有机结合体，使其互为补充，并且尽量约束私人交通的过量发展。城市轨道交通应做好与其他交通形式如城际客车、公共汽车、小汽车等的衔接，实现交通一体化规划，在不同的交通模式中采用统一的票务管理机制，使用统一的车票等。

5. 建立一体化的交通规划与管理机构

发达国家包括美国、欧盟，都在探讨建立一体化的运输规划与管理体系。一体化的主要任务是：确定统一的交通发展政策，规范运输市场行为，规划整个区域的交通发展。

这一点在我国也尤为重要。改革开放以来，运输业虽然有了较大发展，但行业秩序欠佳的状况仍很严重。存在市场管理手段落后、交通基础数据不全、规划方法不够科学、规划方案得不到重视以至无法实施的现象。建立一体化的交通管制机构是时代的需要。

我国的经济处于一个高速发展的时期，交通运输业的发展也面临一个具有战略意义的十字路口。一体化方法的特点实际上就是在更广泛的范围内实施交通与经济发展的整体优化。在一体化政策的研究与实施过程中，政府部门交通规划与决策者起着不可替代的作用。目前，侧重长期效应与环境保护的可持续发展目标已经成为发达国家政策研究的重要内容。我国是一个人口大国，资源稀缺，因此，借鉴国外发达国家经验措施，尽快研究、制订并实施一体化交通战略对于将我国未来的发展引向一种具有良好的可持续特性的社会状态具有重要的战略意义。

7.2 多方式衔接规划

在进行城市轨道交通规划时，当确定了城市轨道交通的方式、规模及路网的布置形式后，还应该进一步考虑城市轨道交通与其他交通的衔接体系。各种交通方式的有效衔接是整个交通系统优化的关键，一体化是城市客运交通的发展趋势。城市轨道交通的衔接体系是以大运量的城市轨道交通与铁路、机场、港口、长途客运站、常规公交、小汽车、自行车等其他各种交通方式衔接的体系。衔接换乘系统规划设计的优劣是城市轨道交通能否发挥作用的关键因素。

大城市根据城市条件，应逐步建立以公交为主体，城市轨道交通为骨干，各种交通方式相结合的多层次、多功能、多类型的城市综合交通体系。

城市轨道交通给城市提供了可靠、快速、舒适的高密度运输服务，是实现城市总体规划的重要基础设施之一。城市轨道交通网络对解决城市大运量交通走廊、对外交通站场的接驳、地区中心的形成、交通集散点的疏散等，提供了高效的运输服务，将使城市客运交通的整体水平发生飞跃。对于网络上的节点（站点），根据其服务范围和性质，以及周围土地可能诱发出高强度的开发，将产生大量的人流和交通方式间的换乘客流，形成交通集聚效应，而其中常规公交与城市轨道交通间的接驳，是主要的交通换乘模式之一，但应兼顾私人交通的接驳。

常规公交与城市轨道交通在城市客运系统中是不同层次、不同功能、不同服务水平的交通模式，是线与面之间的关系，两者有机结合、相互补充、共同发展，对提高公共交通在客运市场中的比例，确立以公共交通为城市交通主导的地位将起到重要的作用。鉴于城市轨道交通网络的实施具有投资大、周期长、对城市发展影响较大等特点，而常规公交的发展具有投资少、周期短、灵活性强等特点，两者虽不可能同步发展，但有效的衔接方式应在规划中加以体现，尤其在站点周围，土地利用规划中对交通设施、站场用地应给予控制，以促进公共交通体系的逐步形成。

私人交通包括小汽车、摩托车、自行车，具有使用灵活方便、直达性好的优势，但因其人均占用道路面积大，大量的私人交通必将造成交通拥挤堵塞，因此对私人交通工具必须抑制过量发展。抑制私人交通过量发展的重要措施是大力发展公共交通，同时搞好公共交通与私人交通之间的接驳。

7.2.1　多方式衔接规划的原则和目标

在进行城市轨道交通规划时，城市轨道交通与其他交通方式衔接的原则应体现城市交通系统发展的整体性、协调性、便捷性、政策性和合理性，使各种交通方式能有机地结合在一起，既有分工，又有协作，充分发挥交通网络的运输能力，因此，为了达成多方式衔接的目标，多方式衔接规划应遵守相应的基本原则和一般要求。

1. 多方式衔接规划的基本原则

① 将线路连接成线网的纽带，这对旅客的出行有重要的影响。因此衔接方式必须体现交通的便捷性和舒适性。

② 应结合实际的工程地质条件、施工方法和各条线路的修建顺序，选择易于实施、经济可行的方案。

③ 应结合城市规划和城市环境，选择对城市干扰小的方案。

④ 应考虑城市轨道交通和其他交通方式运营管理体制上的差异，选择双赢方案。

⑤ 应满足远期路网客流量的要求，满足远期发展规划的要求。

2. 多方式衔接规划的一般要求

① 城市铁路、港口、机场、长途客运站，汇集了多种交通方式，具有客流集中、换乘量大、流动性强、辐射面广等特点，易形成综合交通枢纽。城市轨道交通与常规公交应成为客运枢纽的主要运输方式。在公交枢纽站，须提供足够的站场用地和先进的设施，合理组织人流和车流，以达到空间立体化的有效衔接。城市轨道交通与其他交通方式衔接的交通模式一般可分为三种等级和规模：综合枢纽站、大型接驳站和一般换乘站。

② 长途客运站场应根据客流分布方向，原则上安排在城市发展区边缘出入口地带，结合公路干线网络和城市轨道交通线网，设置在城市轨道交通线首末站附近，并组织公交进行换乘，以实现区域与城市交通二级接驳，发挥系统各自功能。换乘中心应提供公交总站场地和设施，视客流集结规模确定公交场站用地和线网布局及组织形式。换乘中心的设计应做到

功能分区合理、转换空间紧凑、行人系统安全、交通组织流畅。

③ 城市轨道交通主要服务于城市组团、对外交通站场和大的交通吸引源之间密集的交通走廊，为城市空间活动提供了基础保障。常规公交更多地考虑网络覆盖范围。两者是一个体系中的不同层次。公交线网设计应区分组团内部与对外联系客流服务对象，区内应提供一个较高服务水平的公交系统，而区外可提供两种运输模式——常规公交、城市轨道交通或快速公交，其中以常规公交与城市轨道交通的相互衔接为主导模式，公交线路设计应充分考虑旅客运送的空间转换需要。

3. 多方式衔接规划的目标

① 建立以城市轨道交通为骨干，地面公共汽车为主体，中小巴、出租车为补充，相互配合，共同发展的城市公共交通体系，以满足城市现代化运输需求。

② 指导城市轨道交通站点周围土地规划，促进城市对外交通站场合理布局，支持城市空间发展和地区中心的形成，提供一个高效的公共交通运输网络。

③ 根据交通衔接点的交通量，规划为不同等级、不同规模的客运枢纽，发挥各种交通集聚效应，加强系统之间的有效衔接，以扩大城市轨道交通系统服务范围，提高公交整体运输能力，使公共交通出行比例稳步增长，确立公共交通在城市交通中的主导地位。

④ 提供良好的换乘空间和设施，通过对站点进行城市规划综合设计，合理组织换乘客流和集散人流的空间转移，达到系统衔接的整体优化，主动创造就近换乘条件。

⑤ 不断优化城市内部公共交通线路和站点布置。

7.2.2　多方式交通的共建

当城市轨道交通线路在市区边缘或郊区时，由于地面交通量不大，为降低成本，可以考虑将城市轨道交通车站设置在地面，尤其是轻轨系统。地面轻轨车站有很多成功的例子，如新泽西的 Hudson-Bergen 轻轨系统、曼彻斯特的 Tramlink 等。

城市轨道交通线路同地面道路或其他交通方式有许多共享的方法。在实际设计中，要根据具体的地形条件与线路设计要求，因地制宜地设计具体的布局方案。图 7-1 是轻轨系统与多条铁路线路共建的例子。

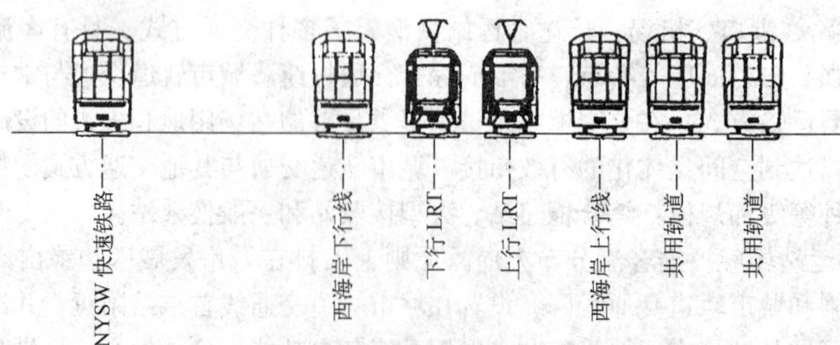

图 7-1　多条铁路线路中的轻轨线路

不过在上述方案中，城市轨道交通与铁路之间要就基础设施的投资及资产所有权达成共识，以保证整个线路运营过程中的管理与维护。图 7-2 是轻轨与单线铁路共建的例子。

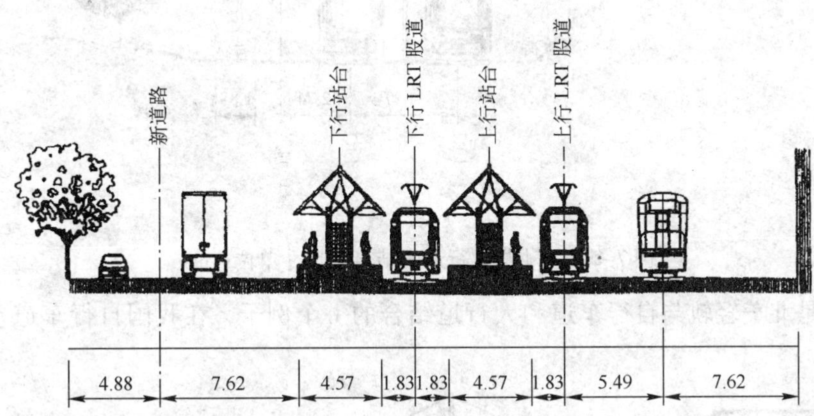

图 7-2　轻轨与单线铁路共建（尺寸单位：m）

轻轨系统也可以与市郊铁路共建线路。根据北美的经验，轻轨线路与市郊铁路线路之间的间距可以在 4. 4 m 左右。

轻轨系统与道路间的共建也有许多不同形式。例如，轻轨线路可以设在道路的中央（如图 7-3 所示），也可设于道路的一侧（如图 7-4 所示）。

图 7-3　轻轨系统设于道路中央

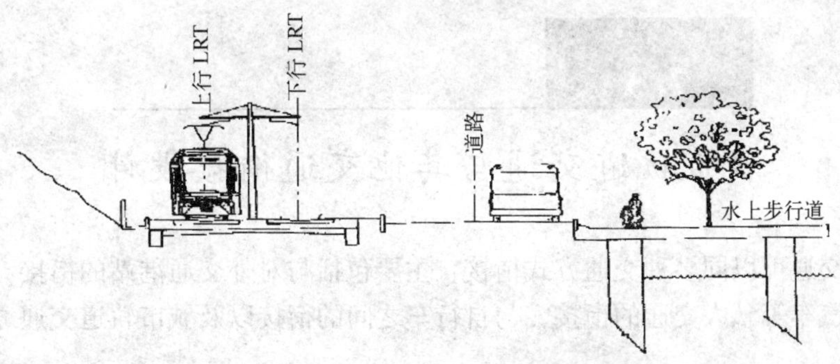

图 7-4　轻轨系统设于道路一侧

轻轨系统与行人间的协调可以通过栅栏、道路标志、路面处理、交通信号和其他技术来实现。行人数量达到 3 600 人/h 及以上时需要采用一些模型来分析。轻轨系统列车速度较高（如达到 55 ~ 90 km/h 时），需要为行人提供平行的步行道路。图 7-5 是轻轨与人行道路的结合的例子。

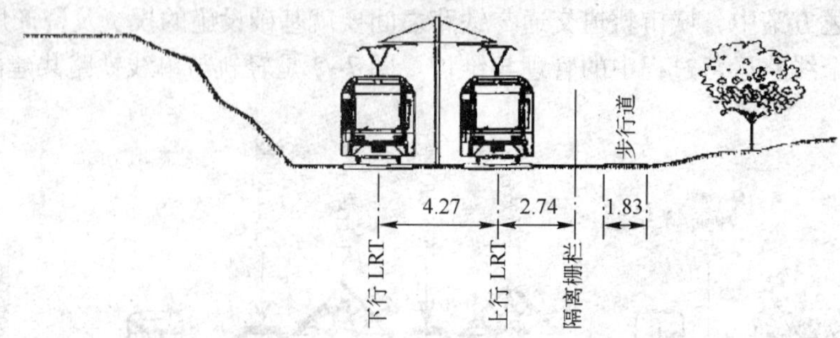

图 7-5　轻轨与人行道的结合（尺寸单位：m）

图 7-6 是北美轻轨与自行车道和人行道结合的一个例子，在我国自行车道一般设于人行道的左侧。

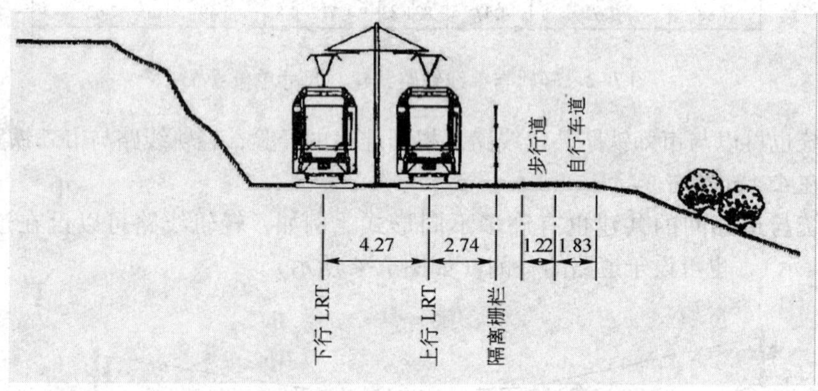

图 7-6　轻轨与自行车和人行道的结合（尺寸单位：m）

从国外城市轨道交通运营良好的城市来看，共同特点是以城市轨道交通为基础，辅之以与其他交通方式的联系，并围绕城市轨道交通枢纽疏运和馈送客流。

7.3 城市轨道交通与其他交通衔接设计

城市轨道交通可以同多种交通方式衔接，主要包括与对外交通港站的衔接，与常规公交的衔接，与小汽车等私人交通的衔接，与自行车之间的衔接以及城市轨道交通之间的衔接。

7.3.1　与对外交通港站的衔接

与城市轨道交通衔接的对外交通港站包括铁路车站、港口、机场、长途汽车站，该类换乘客流量大，如果组织不善，容易引起人流的交叉。对外交通到达的远途客流换乘城市轨道交通时，大量的客流需要购买城市轨道交通车票。为了适应这种情况，城市轨道交通车站应设置站厅层来解决大量客流的购票问题和人流组织问题。对外交通和城市轨道交通之间的基本换乘方式是站厅换乘。对外交通港站往往是一座城市的门户，一般具有历史悠久、周围各种设施齐全、客流聚集量较大、进一步开发的空间有限等特点。城市轨道交通与对外交通港站衔接时，要充分考虑到这一特点进行总体的规划设计。

城市轨道交通与对外交通港站的衔接有以下几种方式。

① 城市轨道交通采用地下形式。城市轨道交通运行在地下对城市的分割最小，但工程造价最大。对于地处城市繁华地段的对外交通港站，如铁路车站、长途汽车站等，城市轨道交通要驶出地面和对外交通港站衔接将造成城市分割并引起巨大拆迁量，此时城市轨道交通采用在地下与对外交通港站衔接为宜。

② 城市轨道交通采用地面形式。城市轨道交通运行在地面上时，客流换乘时需要克服的高度和行走的距离都很小，换乘便捷，城市轨道交通与对外交通港站还可以在一定程度上共享设备，如站房等，可以减少投资金额。但其缺点是城市轨道交通驶出地面会对城市造成一定的分割。此形式需要综合评价再作出决定，一般适用于城市较边缘的换乘站，如港口码头、机场等。

③ 城市轨道交通采用高架形式。当城市轨道交通采用高架的形式时，对城市的分割比采用地面形式要小，但工程造价也相应较高。如果对外交通港站是高架站厅，则旅客出城市轨道交通车站后可以直接进入对外交通港站的站厅，换乘便捷；若对外交通港站是地面站厅，那么城市轨道交通是否采用高架，要与地下和地面形式在工程量的大小以及对城市的影响方面进行比较后再确定。

④ 在地面或高架修建城市轨道交通车站，须进行客流的统一组织规划。城市轨道交通车站设于地面或高架时，一般会对火车站周围环境造成比较大的影响，在既有对外交通港站设置时，不仅会带来较大的拆迁，其换乘客流也不宜组织，应慎重对待。在火车站周围单独修建城市轨道交通地面或高架车站时，必须考虑景观问题，其通常的方法是将城市轨道交通车站置于对外交通港站一侧或在广场前道路上与对外交通港站平行布置，换乘客流一般通过地面或天桥疏解后进入对外交通港站。

⑤ 在既有对外交通港站站前广场地下单独建设城市轨道交通车站，利用出入口通道与铁路车站衔接。这是目前国内普遍采用的一种做法。根据线路走向可分为两种形式：一种是城市轨道交通车站与对外交通港站平行布置，如目前北京火车北站；另一种是两车站交叉布置，即城市轨道交通车站与对外交通港站正交或斜交，线路穿越对外交通港站站场。一般来说，前一种形式有利于与既有的对外交通港站衔接，后一种形式为线路的延伸创造了更好的条件。这两种形式的优点是利用了对外交通港站站前广场空间，明挖施工时不造成大规模的拆迁和改造，相对施工难度较小，但也要充分注意到施工期对港站客流的影响，在客流聚集比较大、广场规模容量有限时，要考虑分流措施。两种形式的客流换乘条件一般，规划设计时要尽可能使城市轨道交通车站及进出站通道靠近对外交通港站出入口，有条件时应设独立通道进行换乘。

⑥ 在新建和改建的对外交通港站中，将城市轨道交通车站一同考虑，形成综合性交通建筑，方便乘客换乘。这种方法是最好的一种客流衔接换乘方法，目前在我国新建的铁路车

站中已逐步被采用。如北京西客站，计划将整个地铁车站设于铁路站房下进行合建，地下一层为综合换乘大厅，地面铁路客流可直接通过换乘厅进入地铁车站，对乘客十分方便。在进行这种建筑规划设计时，最佳方式是实现两种交通方式在站台的直接换乘，但目前我国由于体制、票制等原因，还难以做到这一点。

⑦ 市郊铁路和铁路之间的换乘除了上述方式外，由于市郊铁路是利用铁路的线路运行，因此必然直接到达铁路车站，由铁路到达换乘市郊列车的旅客可能不经检票直接换乘市郊列车，因此必须将市郊铁路使用的站台和铁路使用的站台分隔开，将市郊铁路的进出口通道引入到票务为同一制式的城市轨道交通系统中。这样市郊铁路和铁路之间的换乘距离虽较远，但两个系统分开后，给票务系统的管理和人流组织带来了方便。

⑧ 城市轨道交通与机场的衔接可采用航空轨道线的方式。航空轨道线指一端连接机场，一端连接城市轨道交通线网的轨道，线路直接进入机场，在设计时可在机场航站区预留城市轨道交通线的进场路线。如果多个航站楼的位置较远，可设航站区的轻轨系统，依次连接各航站楼，形成环路，并在各航站主楼与长廊之间设置停靠站。

7.3.2 与常规公交的衔接

公共汽车是我国城市目前最主要的常规公交方式，常规公交的载客能力相对轨道交通较小，但比私人交通工具大得多，准点率往往不高，但与城市轨道交通相比，具有较大的弹性，更改线路和站点比较容易，是为城市轨道交通提供接运最合适的方式。

对于公共汽车与城市轨道交通之间的换乘，需要在公共汽车的进入路线、停靠站台、换乘站内的行车路线以及车辆的班次等方面予以充分重视。

1. 换乘方式

城市轨道交通与常规公交及其他交通方式交汇衔接时，一定要有清晰的线路信息，使换乘客流的流向明确，通道畅通，换乘便捷无误。由城市轨道交通车站换乘地面公共汽车的客流，应通过行人天桥或地道直接进入街道外的公共汽车站台，使人流与车流分别在不同的层面上流动，互不干扰。所以，大型换乘枢纽站的建筑必须与其周围的道路、广场等进行综合设计。城市轨道交通与常规公交之间的换乘常见的有以下几种方式。

① 公共汽车在道路边直接停靠，利用地下通道与城市轨道交通车站相联系。

② 公共汽车与城市轨道交通处于同一平面，公共汽车停靠站和城市轨道交通车站的站台合用，并用地下通道联系两个侧式站台，以确保有一个方向的换乘条件，不但方位好，而且步行距离短。

③ 城市轨道交通与公共汽车车站处于不同平面，通过某一路径，使公共汽车到达站和城市轨道交通的出发站同处一侧站台、而公共汽车的出、发站方向都有很好的换乘条件。

④ 在繁忙的城市轨道交通车站，入站的公共汽车很多，采用沿线停靠法会因停靠站空间不足而造成拥挤。为了解决以上问题，可采用路外多个站台换乘枢纽的方式。为避免人流进出站对车流的干扰，每个站台均以地下通道与城市轨道交通车站相连。

⑤ 在城市轨道交通沿线取消重合段长的常规公交线路，而将其设在城市轨道交通线服务半径以外的地区。

⑥ 将城市轨道交通线路两端的地面常规公共交通线路的终点尽可能地汇集在城市轨道交通终点，组成换乘站。

⑦ 改变地面常规公共交通线路，尽量做到与城市轨道交通车站交汇，以方便换乘。

⑧ 在局部客流大的城市轨道交通线的某一段上，保留一部分常规公交线路，起分流作用，但重叠长度不宜超过 4 km。

⑨ 增设以城市轨道交通车站为起点的地面常规公交线路，以接运城市轨道交通乘客。

2. 衔接的等级和规模

城市轨道交通车站与常规公交线路车站的衔接可分为三种等级和规模。

1）综合枢纽站

综合枢纽站一般位于城市对外交通进出口处，是能吸引多种交通方式汇集的客运中心地段。在此，公交线路一般呈放射形布置，可以多达十几条，站场规模一般在 1 万平方米以上。城市中的综合枢纽站一般不仅限于城市轨道交通和城市常规公交，有时还包括长途汽车、单位班车、铁路，甚至港口、机场等。其具有客流集中、换乘量大、辐射面广等特点。在这样的综合交通枢纽站，要进行综合的详细的规划布局，一般采用先进的设施和空间立体化衔接，合理组织人、车流分离，使人流换乘便捷，车流进出顺畅，便于管理。

目前我国正在积极进行这方面的研究和探索，还缺乏足够的成功经验，国外的例子屡见不鲜，应注意吸收采纳，以提高规划与设计水平。

2）大型接驳站

大型接驳站是指位于城市轨道交通首末站、地区中心及换乘量较大的车站的换乘点，在此布置的地面常规公交线路主要为某一个扇面方向的地区提供服务。公交车站可采用总站或规模较大的中途站两种形式，总站的规模一般在 3 000 ~ 5 000 m^2，中途站需提供 3 ~ 4 个车位或线外有超车功能的港湾式停靠设施。

大型接驳站宜设于城市轨道交通车站 200 m 范围内。有条件时，可考虑与城市轨道交通车站建筑结合。在规划设计时，除考虑尽可能减少人流、车流交叉外，还要配备必要的运营服务设施和导向标志。新加坡地铁站的公交接驳如图 7-7 所示。

图 7-7　新加坡地铁站的公交接驳图

3）一般换乘站

一般换乘站为城市轨道交通的一般中间站与地面常规公交线路的中间站的换乘点，一般多位于土地紧张的市区。在规划设计时，要充分考虑到城市轨道交通换乘量大的特点，将公交车站设置成港湾式停车站，并尽可能靠近城市轨道交通车站出入口。

*7.3.3　与小汽车等私人交通的衔接

小汽车等私人交通与轨道交通的换乘是一种典型的停车换乘方式，在国外非常普遍。这种换乘方式的做法是在市区周围的轨道交通站附近设置大量的小汽车换乘停车位，出行者由居住点开车前往大容量轨道交通车站，将小汽车停放到换乘停车场，再利用轨道交通前往目的地。为了扩大轨道交通的影响区，增加向轨道交通的换乘量，相关的管理和规划部门往往为出行者创造良好的换乘轨道交通的条件，并对出行者换乘轨道交通进入市区给予优惠，同时对开小汽车进入市区则实行较为严格的限制，以此来达到限制小汽车进入市中心，缓解交通压力的目的。

随着我国经济的发展，小汽车已经开始进入普通家庭，这不仅给城市道路增加了压力，停车难问题也更加凸显出来，为此，有必要对小汽车进城做出规划，以符合城市发展需要。总的来说，应做好以下几点。

① 小汽车向轨道交通的停车换乘方式比较适合位于城市周边地区和高档居住小区的轨道枢纽；而位于中心城区的轨道枢纽，由于用地紧张，难以设置规模适量的停车场，加之车辆进出停车场会对本已拥挤不堪的道路交通带来更大的影响，因此建议不宜采用；停车场的大小应满足交通需求，并保证乘客停车后以最短距离（或最短时间）接近站台。图 7-8 是中心区外围轨道交通的小汽车停车换乘图。

图 7-8　中心区外围轨道交通的小汽车停车换乘图

② 采用停车换乘方式的轨道枢纽必须提供足够规模的停车设施，停车面积的大小必须满足停车换乘的需求量。

③ 停车设施应力求靠近轨道车站，并与车站集散大厅之间设置规模适合的专用衔接换乘通道，避免停车换乘乘客穿越城市道路以及与其他人流混杂，给换乘造成不便。

④ 停车场的收费应符合最大限度地吸引私人交通转向公共交通的原则。停车场的出入应保证车站和枢纽内行人安全。

⑤ 可通过市中心限制停车，提高收费标准等措施限制小汽车进城，以提高轨道交通利用率。

⑥ 为力求减少停车场的建造对周边用地和道路交通以及其他客运方式所造成的不良影响，必须进行车辆行驶线路的组织设计，并设置明确的行车线路指示标志。

⑦ 为方便车辆进出停车场，宜对周边道路的瓶颈路段和交叉口采取一些增容措施，减少乘客出行过程中的延误，缩短出行时间。

*7.3.4　与自行车的衔接

自行车向轨道交通换乘是停车换乘的另一种方式。采用的方法也与小汽车向轨道交通换乘类似。就是在轨道交通站周围开辟专门的自行车换乘场所，提供相关的服务，方便出行者从自行车向轨道交通的换乘。不过，与小汽车向轨道交通换乘不同的是，对于自行车往往不需要采用限制进入城市中心区域的做法。这主要还与自行车出行的特性有关。因此，自行车向轨道交通换乘也必须遵循与自行车出行特性相关的原则，具体内容如下。

① 鉴于自行车近距离出行的优势，对自行车交通网络的设计应采取“鼓励近距离比例、控制或限制远程出行的比重”的原则。一般来说，自行车换乘轨道交通的客流来源应控制在距离车站 1 000 ~3 500 m 的范围内。

② 在其优势范围内组织好自行车交通，开辟自行车专用道，将它从主、次干路上分离出来，构成非机动车专用道系统，这将有效减少自行车交通对主干路的影响，并为自行车出行提供方便、安全、舒适的出行环境。

③ 对于市中心区轨道交通站点，在用地条件允许的地方，应设置相应的自行车停车场，可采用集中或分散的布局形式。对于轨道交通线路两端的新发展区和城乡结合处，应设置一定规模的自行车专用停车场，以扩大轨道交通的服务范围和层次。同时，严禁自行车占用人行道或分隔带，防止其影响路面交通。

④ 自行车停车场应结合车站出入口周围的用地和建筑物情况进行设置，目前北京地铁的一般做法是将出入口周围划出一片空地作为停车场地（见图 7-9）。但随着城市建设的发展，市中心的用地越来越紧张，这种做法越来越难以实施，这时，对于规模较大的车站可考虑利用地下空间设置停车场。

图 7-9　轨道交通与自行车停车场衔接图

⑤ 自行车停车场应靠近车站出入口，以利于乘客换乘，但应避免与之过分接近，以免扰乱交通。

*7.3.5　城市轨道交通之间的衔接

城市轨道交通换乘枢纽站内的设施包括站台、人行道、楼梯、自动扶梯等，其中，站台的基本形式有岛式和侧式两种。两条线路同向换乘，可合并在同一个侧式站台上，也可在同一岛式站台的两侧；两条线路异向换乘时，可合并在同一岛式站台的两侧，也可分设在两层站台上，用步行或电动的梯道相连，但必须使梯道上换乘客流的远期流量与梯道的通行能力相符，否则一旦梯道堵塞，会造成站台上交通秩序混乱，影响列车运行。因此，城市轨道交通换乘设施和空间的通过能力要满足远期客流量的需要。城市轨道交通之间的换乘常见的有以下几种方式。

① 在一个平面内平行布置的同站台换乘方式：供两条线路使用的车站站台互相并列，且平行布置在同一平面上。

② 在两个平面内平行布置的同站台换乘方式：供两条线路使用的车站站台采用上下平行的立体布置形式，且一个站台在另一个站台的正下方。

③ "十"字形立体换乘方式：即两条线路的车站呈"十"字形，一个车站直接布置在另一个车站的上部，换乘是通过配置在交叉处的短楼梯或自动扶梯进行的。

*7.3.6　机场线

机场快线是机场专线铁路，为旅客提供快捷可靠的服务，如图 7-10、图 7-11 所示。在香港乘搭机场快线列车由香港站前往机场，仅需 23 分钟。机场快线乘客更可在香港站及九龙站内预办登机手续，并享用免费行李搬运服务。香港站及九龙站均设有穿梭巴士服务，免费接载机场快线乘客来往车站与各大酒店。

图 7-10　P + R 功能图

图 7-11　机场快线

7.4 轨道交通与其他交通方式换乘系统分析

7.4.1　天通苑轨道交通终端站与常规交通换乘系统分析

天通苑地区公交车线有 3 类：过境线，直接服务区线，昌平线。根据调查的数据，对三种类型的车线换乘轨道交通的比例进行了统计分析，并对其他交通方式换乘轨道交通的比例进行了分析。

1. 地铁天通苑北站

1）地铁天通苑北站公交线换乘量统计分析

如图 7-12 所示的是地铁天通苑北站三种公交线客流占所有公交线客流换乘地铁的构成图，如图 7-13 所示为高峰时段地铁天通苑北站三种公交线换乘客流占地铁客流的构成图。

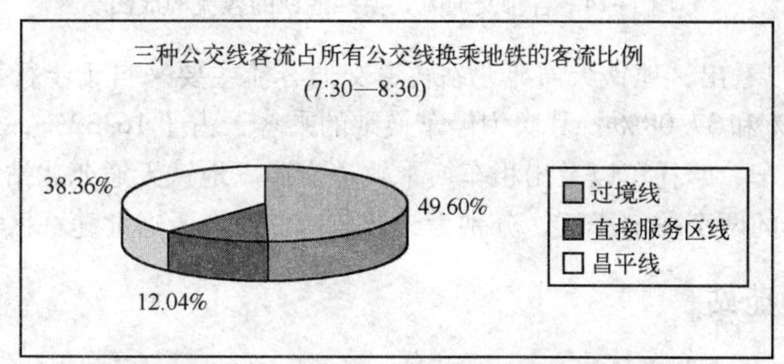

图 7-12　地铁天通苑北站三种公交线客流占所有公交线客流换乘地铁的构成图

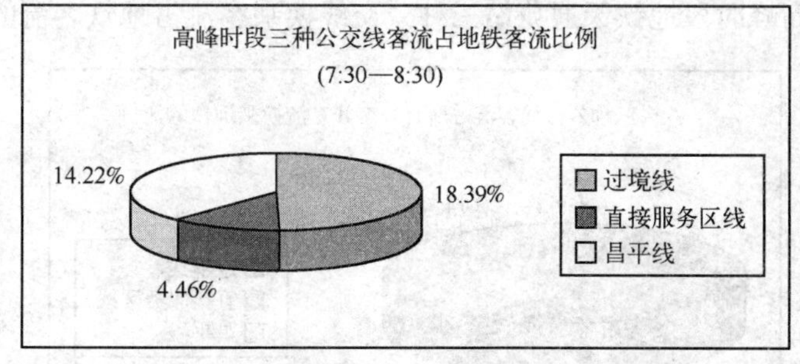

图 7-13　地铁天通苑北站三种公交线换乘客流占地铁客流的构成图

从图 7-12 和图 7-13 可以看出，在地铁天通苑北站常规公交换乘轨道交通的客流中，过境线和昌平线占了很大的比例，直接服务于天通苑社区的公交线所占比例较少，地铁天通苑北站的客流主要是以昌平的客流为主，地铁的开通吸引了大量的转移和诱增客流量，发挥了轨道交通对远郊区的辐射功能，方便了远郊区乘客的进城，并且减少了小汽车的进城数量。

2）地铁天通苑北站其他交通方式换乘轨道交通比例分析

根据调查的数据统计分析得出，在早高峰时段各种交通方式换乘地铁的比例，常规公交换乘地铁的人数为 2 276 人；在地铁天通苑北站 P + R 停车场有 438 个停车位和 232 个地面停车位，按 1∶1.6 的比例进行停车位和乘客的折算得出在早高峰时段乘坐小汽车换成轨道交通的人数为（438 ×90% +232）×1.6 =1 002；早高峰时段在地铁北站自行车的停车数量为 200 辆；电动车和摩托车的停车数量约为 50 ~60 辆；由此可以得出步行换乘轨道交通的客流量。各种交通方式所占的比例如图 7-14 所示。

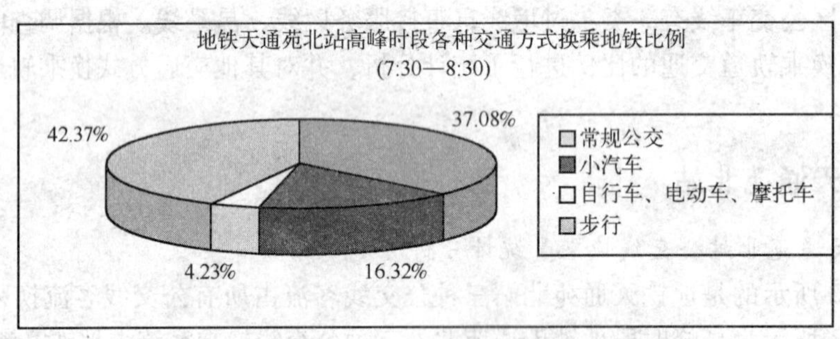

图 7-14　各种交通方式换乘地铁的客流构成图

从图 7-14 可以看出，地铁天通苑北站轨道交通客流主要来自于步行和常规公交，比例分别占到了 42.37% 和 37.08%；其次为停车换乘的乘客，占了 16.32%，还有一部分乘客是利用自行车、电动车、摩托车以及出租车换乘轨道交通。地铁天通苑北站的步行客流主要来自于与地铁站邻近的两个住宅小区，分别为天通苑西三区和天通北苑一区。

2. 地铁天通苑站

1）地铁天通苑站公交线换乘量统计分析

如图 7-15 所示为地铁天通苑站三种公交线客流占所有公交线客流换乘地铁的构成图，如图 7-16 所示为高峰时段地铁天通苑站三种公交线换乘客流占地铁客流的构成图。

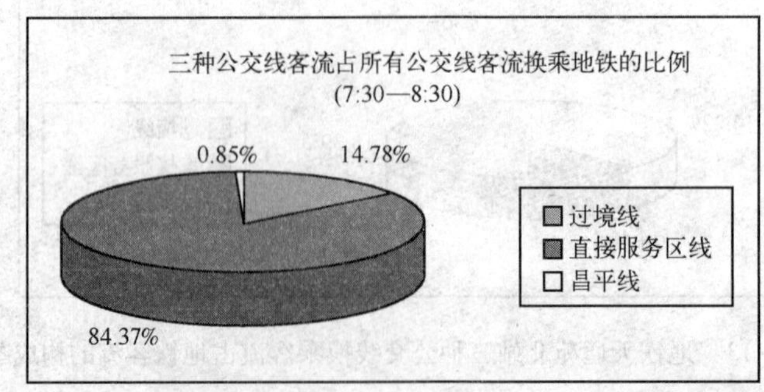

图 7-15　地铁天通苑站三种公交线客流占所有公交线客流换乘地铁的构成图

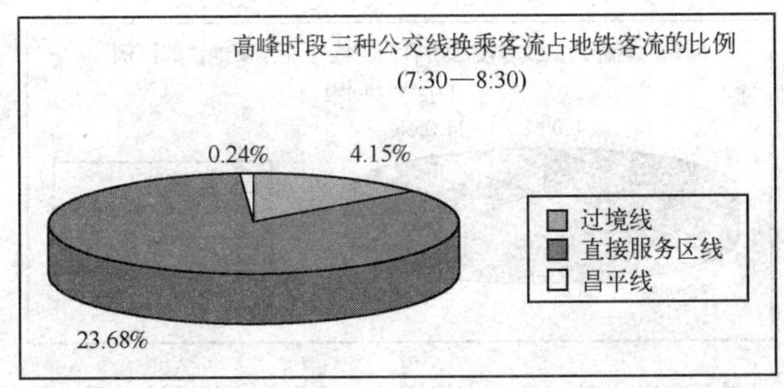

图 7-16　地铁天通苑站三种公交线换乘客流占地铁客流的构成图

从图 7-15 和图 7-16 中可以看出，地铁天通苑站的客流主要是以地铁直接服务区的客流为主，在常规公交换乘地铁的客流中，直接服务区公交线的换乘客流占了 84. 37%，其次为过境线换乘客流，占了 14. 78%，昌平线的换乘客流较少，因此，地铁天通苑站的常规公交换乘客流中，主要是天通苑社区的客流为主，而转移客流量和诱增客流量都较少。

2）地铁天通苑站其他交通方式换乘轨道交通比例分析

早高峰时段（7∶30—8∶30）在地铁天通苑站常规公交换乘地铁的客流量约为 2 470 人；地铁天通苑站只有自行车、电动车以及摩托车停车场，没有小汽车停车场，早高峰时段地铁天通苑站自行车的停车数量约为 200 辆，电动车和摩托车数量约为 160 辆。因此可以计算出步行换乘轨道交通的客流量，如图 7-17 所示。

从图 7-17 可以看出，地铁天通苑站的轨道交通客流采用步行方式前去换乘的客流占了 67. 84%；其次为常规公交，占了 28. 07%；还有很少一部分乘客采用自行车、电动车、摩托车以及出租车的交通工具去换乘轨道交通。由于地铁天通苑站左侧紧邻天通西苑二区和三区，右侧紧邻天通北苑南一区，距离地铁站都比较近，在步行换乘的范围之内，因此有大量的居民步行换乘轨道交通。

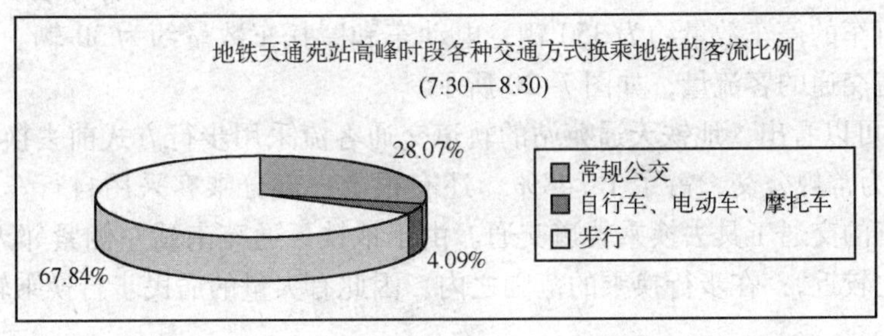

图 7-17　各种交通方式换乘地铁的客流构成图

3. 地铁天通苑南站

1）地铁天通苑南站公交线换乘量统计分析

如图 7-18 所示为地铁天通苑南站三种公交线客流占所有公交线客流换乘地铁的构成图，如图 7-19 所示为高峰时段地铁天通苑南站三种公交线换乘客流占地铁客流的构成图。

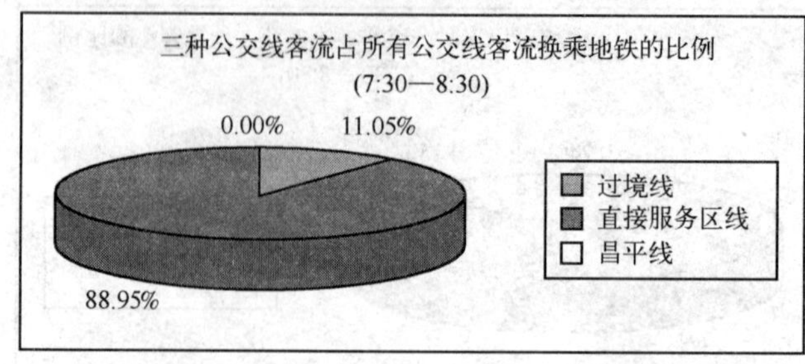

图 7-18　地铁天通苑南站三种公交线客流占所有公交线客流换乘地铁的构成图

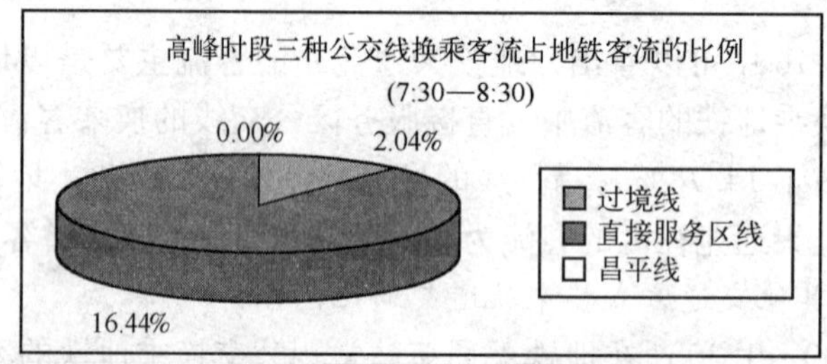

图 7-19　地铁天通苑南站三种公交线换乘客流占地铁客流的构成图

从图 7-18 和图 7-19 中可以看出，地铁天通苑站的客流主要是以地铁直接服务区的客流为主，在常规公交换乘地铁的客流中，直接服务区公交线的换乘客流占了 16.44%，过境线和昌平线换乘轨道交通的客流较少，因此地铁天通苑南站的常规公交换乘客流中，主要以天通苑社区的客流为主，而转移客流量和诱增客流量都较少。

2）地铁天通苑南站其他交通方式换乘轨道交通比例分析

早高峰时段（7:30—8:30）在地铁天通苑南站常规公交换乘地铁的客流量约为 561 人；地铁天通苑南站只有自行车、电动车以及摩托车停车场，没有小汽车停车场，早高峰时段地铁天通苑站自行车的停车数量约为 350 辆，电动车和摩托车数量约为 30 辆。因此可以计算出步行换乘轨道交通的客流量，如图 7-20 所示。

从图 7-20 可以看出，地铁天通苑站的轨道交通客流采用步行方式前去换乘的客流占了 69.00%，其次为常规公交，占了 18.48%，还有很少一部分乘客采用自行车、电动车、摩托车以及出租车的交通工具去换乘轨道交通。由于地铁天通苑南站左侧紧邻天通西苑一区，距离地铁站都比较近，，在步行换乘的范围之内，因此有大量的居民步行换乘轨道交通。

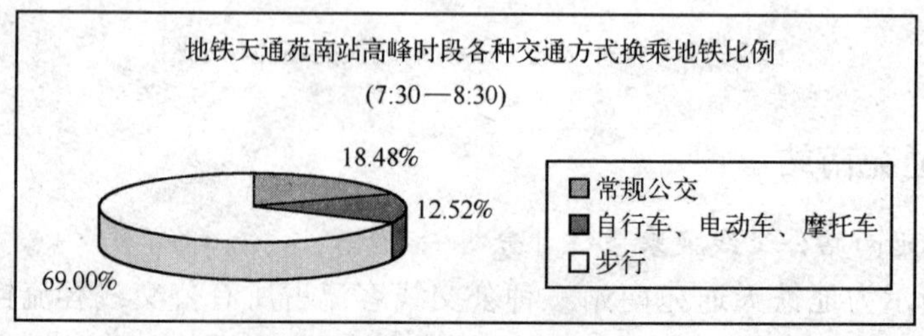

图 7-20　各种交通方式换乘地铁的客流构成图

7.4.2　北京地铁 4 号线（南站）与城际铁路的衔接分析

作为一个大型综合交通枢纽站，北京南站承担着京津城际和京沪高速客运专线的始发终到列车、部分普速列车的运输及少量通过列车的作业，并与地铁 4 号线和 14 号线相连，与市郊轻轨铁路和公交相连，南站规划中将拥有 24 条到发线，13 座客运站台，是国内规模较大的综合交通枢纽站之一。

1. 北京南站建筑设计

北京南站建筑面积 309 388m^2，北京南站建筑结构共五层，包括地上两层、地下三层。其中地下二、三层为地铁 4 号线和 14 号线的换乘站台，下面是地下一层、平面层以及高架层的布局与功能，如图 7-21 所示。

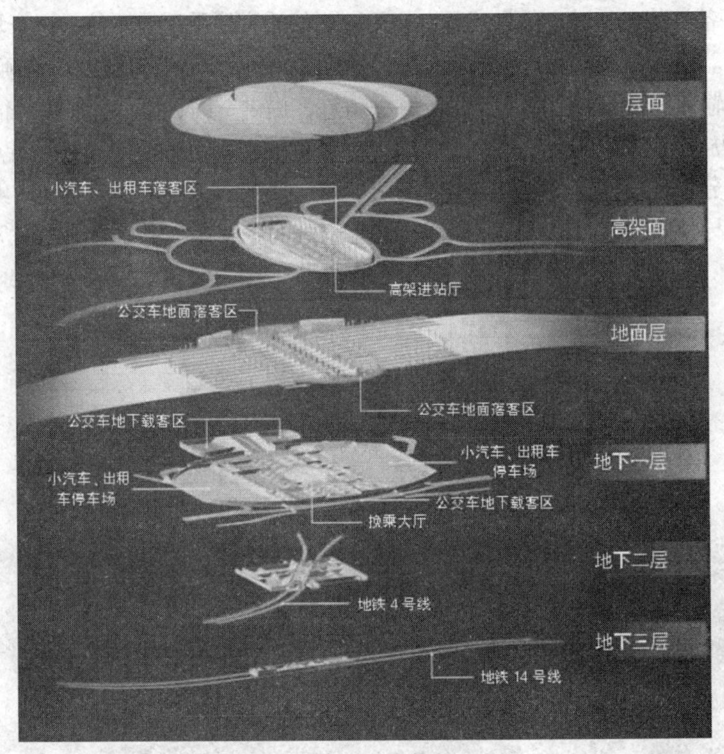

图 7-21　北京南站布局图

1）地下一层及夹层

地下一层东西两侧为出租车、私用车停车场及设备用房，中间大厅为地铁进出口，南北两侧为公交换乘大厅，铁路旅客出站口及快速进站口。主要功能为：旅客交通换乘、购票及进出站等。

2）平面层

平面层为公交车旅客进站层，公交车的落客车站紧邻站前平台设置，主要功能为：旅客进站、上下车、与高架层和地下一层旅客的交换平台。

3）高架层

高架层为铁路旅客进站层，中央为独立的候车室，东西两侧是进站大厅，与高架环道落客平台相连。南北两侧为共享空间，与南北广场地面进站厅和地下换乘空间直接相通。西侧为站内出口，东侧为进出混行口。主要功能为：旅客购票、候车、进站以及商务活动等。

2. 北京南站旅客换乘引导系统

北京南站交通枢纽换乘方式具有多样性、复杂性的特点，一般来说客流较大，同时客流流线复杂，具有多向性、非均衡性等特点。应根据不同的换乘方式，在客流组织管理上采用不同的方法，总原则是组织好换乘客流，缩短换乘路径，减少换乘客流与进出站客流的交叉、干扰，保持客流运送过程的畅通，避免拥挤，更重要一点是安全，便于大客流发生时及时疏散。旅客换乘引导系统是车站为了让旅客顺利地进站、换乘、出站等一系列活动所采取的相关引导方法，它能起到优化旅客分流过程、提高客运站效率的作用。

一套功能齐备、装备先进、信息互通、使用方便的旅客换乘引导系统，对于城市交通衔接来说是必不可少的。换乘信息服务系统应能满足不同层次的管理需要，能及时准确地采集、处理、分析、存储、传输生产运行过程中所产生的各种信息，提供查询、显示、广播等信息服务。

北京南站的旅客换乘引导系统具有多功能、服务范围广、信息衔接流畅等特点，具有三个层次的服务水平，分别是总体枢纽布局与功能的引导图、换乘通道中的引导标志、具体换乘地点导向图，全方位引导换乘旅客，提高换乘效率。北京南站的旅客换乘引导系统如图 7-22 所示。

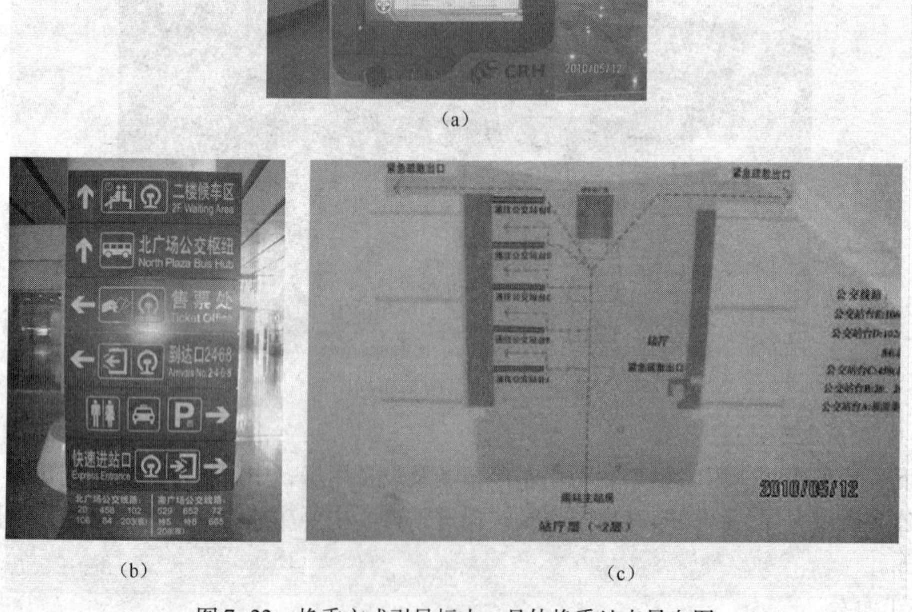

（a）

（b）　　（c）

图 7-22　换乘方式引导标志、具体换乘地点导向图

北京南站旅客换乘引导系统还包括静态、动态两种模式。

静态换乘引导系统主要包括悬挂标志、引导信息牌、站房平面图等，标志的设计采用一种明快、简约的风格，同时向乘客传达一种快捷、安全、舒适的感觉，这种设计风格使整个系统显得更加现代化、具体化。主要功能在于固定、有效地向旅客提供换乘信息，尽量实现无缝换乘，减少旅客换乘时间，如图 7–23 所示。

图 7–23　静态换乘引导标志

动态换乘引导系统主要包括 LED 换乘信息显示屏、触摸信息查询系统等，体现出北京南站对乘客的以人为本的服务理念，主要功能是换乘信息透明化，动态地显示旅客在换乘时需要等待的时间长短，而且 LED 显示屏可以多角度提供各种换乘信息，如图 7–24 所示。

图 7–24　动态换乘引导系统

3. 北京南站的客流分析

北京南站的客流中心为高架进站厅和地下一层换乘大厅，各种交通设施紧密围绕着客流中心布置。旅客进出站流线设计为上进下出、平进下出、下进下出，通过式、等候式相结合的旅客流线模式。

1）进站流线

乘出租车和小汽车的旅客可以从高架桥至落客平台直接进入高架进站厅。来自公交车的旅客，由平面层的进站厅通过共享空间进入高架候车厅进站。来自地铁和小汽车库的旅客可以通过地下一层的快速进站厅直接进站，需要候车的旅客可以通过南北两侧共享空间的电扶梯和步行梯至高架候车厅进站。

2）出站流线

地下一层为出站大厅，换乘地铁的旅客可以直接进入大厅中央的地铁进入口；换乘公交车的旅客可以从南北两侧的地下公交场出站；换乘出租车的旅客可以到东西两侧的出租车载客区乘车、出站；换乘私家车的旅客可以到东西两侧的地下汽车库出站。

3）换乘流线

换乘层位于地下一层，在这里进行各种交通工具的换乘。是人流相对复杂的交通空间，特别是在地下交通空间，为了避免乘客的滞留，最好的导向是让乘客能在行进的过程中得到所需信息，避免乘客长时间的停留，因此宜吊挂式标志，且标志的版面信息应表达主要的进出站及换乘信息。使信息容易识别、辨认。所以在此层的标志布置中，应主要采用吊挂标志，以少量的贴附式标志作为补充。

7.4.3　香港地铁与其他交通方式衔接分析

香港的土地面积为 1 089 km^2，总人口在 2009 年为 690 万人。香港作为世界上人口密度最大的城市之一，是经济高速发展的城市之一，也是高密度发展城市之一，更是高效使用地铁支撑其公共交通的城市之一，90% 的香港市民每天均以各种模式的公共交通往来各个地方。目前城市的交通畅通，形成了现代化、多元化的公共交通体系和现代化的城市交通管理体制。

香港地铁（Mass Transit Railway，MTR）为香港这个城市注入了运动的活力。在香港繁华的商业区、居住区的街头巷尾都能看到香港地铁站口。正是香港地铁为人们提供着持续、可靠、舒适的服务，不少香港人也放弃开私家车而选择乘坐地铁上下班，因为乘香港地铁不仅可以做到时间更有保证，而且多种交通方式与地铁有相当的舒适度和细节服务。

香港和国外地铁不同线路很多都采用同台换乘设计，也就是只需走到对面站台便可换乘。在香港，地铁换乘站的设计就很讲究人性化，实现了“零”换乘和多站换乘服务。同站台换乘一般适用于两条线路平行交织，而且采用岛式站台的车站形式，乘客换乘时，由岛式站台的一侧下车，穿越站台到另一侧上车，即完成了转线换乘，换乘极为方便。同站台换乘的基本布局是双岛站台的结构形式，可以在同一平面上布置，也可以双层布置。迅速引导客流疏散，不造成拥堵。而且，根据各换乘站的客流量和换乘特点，设置两条地铁线路相邻的两个至三个地铁站实现换乘，即平行换乘。无论是在旺角换乘过海的荃湾地铁线，还是在金钟站换乘去铜锣湾的柴湾线，都是下车对面就可以换乘到另外一条线。

港湾式停靠机动车站的站台向慢车道弯成一个弧度，公交车停在里面时，就像停进一个港湾。它的最大好处是，避免了公交车进出站对直行车流的干扰，不会造成路段瓶颈从而影响交通的顺畅性。

“港湾式公交站”借鉴港口停靠船舶的模式，将城市道路旁的公交站台，以内弧形向慢车道或人行道内凹，使公交车在进站停靠时不影响原路上其他车辆的直行，从而减少公交车进出站对主路交通的影响。

乘坐地铁的旅客，可以免费使用地铁公司提供的穿梭巴士，这些巴士经过了大部分的酒店区域，这样就能弥补地铁公司线路不能延及的地方，同时还能将最人性化的服务继续下去，也对减缓交通压力有极大帮助。

本章练习题

1. 什么是交通一体化？其主要内涵是什么？
2. 轨道交通接运优化方法有哪些？
3. 多方式衔接规划的基本原则是什么？
4. 当城市轨道交通线路在市区边缘或郊区时，由于地面交通量不大，为降低成本，可以考虑将城市轨道交通车站设置在________，主要是________。
5. 城市轨道交通与对外交通港站的衔接方式有几种？各种方式的使用范围是什么？
6. 城市轨道交通车站与常规公交线路车站的衔接等级和规模是什么？
7. 城市轨道交通之间的换乘常见的有几种方式？
8. 参照本章，简要介绍地铁 4 号线（北京南站）与城际铁路的衔接特点。

8 第8章 满意度调查分析

本章概述

满意度可用来衡量企业产品或服务的质量，是衡量现代企业质量管理的一个重要尺度。本章中满意度调查与分析针对地铁而言，包括员工满意度、地铁乘客满意度及非地铁乘客的满意度。

本章重点

1. 了解员工满意度的基本内容。
2. 掌握地铁员工满意度评估体系和地铁乘客满意度。
3. 了解员工满意度的内涵和影响员工满意度的因素，重点掌握乘客满意度指数模型、乘客满意度测评指材料体系。

8.1 员工满意度

对于地铁运营公司来说，乘客作为公司的利润源泉，只有让乘客感到满意，地铁才能长久获得乘客的青睐，以保证公司的持续发展。但是，乘客的满意需要地铁运营公司为乘客提供高质量的服务，这来源于地铁运营公司的员工。美国奥辛顿工业公司总裁约翰·麦康内尔提出一条“黄金法则”：关爱你的客户，关爱你的员工，那么市场会对你倍加关爱。

8.1.1 员工满意度的内涵

员工满意（Employee Satisfaction，ES）是在顾客满意（Consumer Satisfaction，CS）基础上发展起来的。员工满意是指一个员工通过对企业的感知效果与其期望值比较后，形成的愉悦或失望的感知状态。员工满意或不满意是一种情绪反映，也是一种比较指数，具有程度区分，员工满意水平的量化就是员工满意度。

员工满意度（Employee Satisfaction Degree，ESD）的内涵相当丰富，而到目前为止还没有一个公认的一致的定义，下面给出两种代表性解释。

① 员工满意度的一般性解释，认为员工满意是单一的概念，即员工对工作本身及工作环境因素所感受到的一种态度，即员工对其全部工作的整体反应。

② 员工满意度，是相对于个体生活满意度和总体满意度而言，特指个体作为职业人的满意程度。

8.1.2 影响员工满意度的因素

影响员工满意度的因素有很多，影响工作满意度的主要因素包括：工作本身、工作待遇、工作环境、工作团队、对企业的满意度、影响员工满意度的个体因素等。

1）工作本身

工作本身主要是指企业能够为员工提供机会，使员工能够利用自己的技术和能力。同时企业能为其提供各种工作岗位，并有一定的空间任其进行发挥创造，并对员工的业绩好坏提供信息反馈，即提供适当挑战性的工作；工作与员工的个性特征相匹配，使员工的才干和能力能够适应工作要求，即员工个人能够胜任工作，能够使其在工作中获得成功，带来自信和成就感，并为其提供了较大的工作发展空间。工作本身的内容在决定员工满意度中起着重要的作用。

2）工作待遇

企业的薪酬、福利、业绩与考核制度、奖励制度、晋升制度及政策是对员工工作最直接最明确的物质肯定方式。这些制度政策是否公平，直接影响到员工满意度；其中薪酬是影响员工满意度的非常重要的因素，它不仅能满足员工生活和工作的基本需求，而且还是企业对员工所做贡献的肯定和尊重。

3）工作环境

工作环境对任何一个人来说都是衡量工作舒适度的重要指标之一。工作环境主要包括以下几个方面。

① 工作场所的环境的舒适度（物理安全性，适宜的温湿度、亮度，低噪声，洁净等）以及企业所处地区环境的满意程度。

② 工作设施配备齐全性：工作必需的条件、设备及其他资源是否配备齐全、够用，以及可取得程度。

③ 工作作息制度：合理的上、下班时间，加班制度等。

④ 从事工作的便利性：易操作的现代化工具，不太遥远的工作地点。

4）工作团体

人际关系是决定员工满意度的重要影响因素。在团队层面上，群体成员相互之间受到社会情感的影响，这些都影响到员工个人的满意度，同时也作用于群体性的满意度。融洽的工作团体是保证和谐工作氛围的重要条件之一。这主要是指员工与其同事之间有相互的了解，有良好的合作、支持和人际关系，团队具有良好的员工士气和团队精神，信息的开放程度，上下级之间的相互尊重、信任、支持等。

5）对企业的满意度

主要是员工对企业的管理机制、管理制度和业务运作流程的接受程度；对企业的历史背景、远景规划、经营战略和文化建设的认同程度；对企业经营管理的参与程度；对企业的顾客满意度和社会形象的自豪感等。

6）影响员工满意度的个体因素

影响员工满意度的个体因素有很多，比如性别、年龄、受教育程度、婚姻状况、工作年限、职务、价值观、性格等。

8.2 地铁员工满意度评估体系

8.2.1 建模依据

1. 马斯洛理论

马斯洛（A. H. Maslow，1954）的需求层次理论，将人的需求分解成以下五个层次：生理需求，安全需求，社会需求，尊重需求，自我实现需求。

在以上五个层次中，生理需求是最基本的需求，由此逐渐过渡到安全需求、社会需求、尊重需求，最后上升到最高层次的自我实现需求，呈金字塔形排列，如图 8-1 所示。其中，前三个层次属于低层次需求，而第四、第五层次属于较高层次的需求。

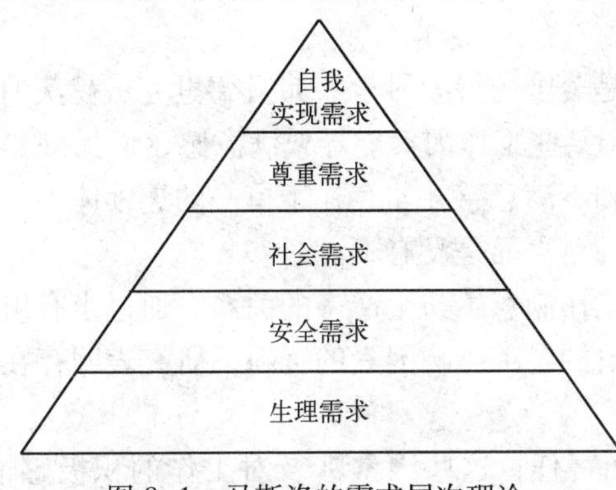

图 8-1　马斯洛的需求层次理论

① 生理需求：位于马斯洛需求层级中的最低层，对食物、水、空气等的生存需求都属于生理需求。如果一个企业连员工的生理需求都不能满足的话，那么员工必然会选择离职。

② 安全需求：对安全、稳定、无痛苦、无威胁的需求属于安全需求，其主要目的是减少工作中的不确定因素。尽管此类需求高于生理需求，但仍属于人类的基本需求。

③ 社会需求：对友谊、关爱以及从属关系的需求属于社会需求，强调人与人之间、个人与团队之间的交流与沟通。该层次与前两个层次截然不同，开始上升为精神上的需求。

④ 尊重需求：既包括自我的认可，也包括他人对自己的认可。具体说来，主要是指个人的成就感、个人价值的感知以及他人对自己的尊重等。有尊重需求的员工认为自己有能力胜任某项工作，并希望得到别人的认可。

⑤ 自我实现需求：自我实现需求的目标是个人潜能的发挥，这也是最高层次的需求。

马斯洛需求层次理论的基本假设如下。

① 一旦某个需求得到满足，它的激励作用的重要性便随之减少。与此同时，员工开始关注更高一个需求能否被满足，但除自我实现需求之外，由于该需求永远不会得到完全的满足。因此，企业需要持续定期地对员工满意度进行调查，关注员工的需求变化，将企业资源用于员工最需要的地方。

② 多数人的需求是非常复杂的，即员工可能同时具有多个层次的需求，只是对各层次的需求程度不同而已。企业需要仔细分析员工的需求，首先满足员工最迫切的需求。

③ 一般说来，在高层次需求被充分激活之前，低层次需求必须得到满足。也就是说，企业首先应满足员工的低层次需求，只有生理、安全需求被满足，员工才能安心工作。

员工满意度调查的主要目标是激发员工的工作热情、增强对组织的归属感，为员工创造有利的成长环境，而其基础是员工的需求——测评员工满意度，首先要了解员工的个体需求状况，依据马斯洛的需求层次理论，结合一般公司的情况，将员工的个体需求分解为上述的5个方面，见图8-2。

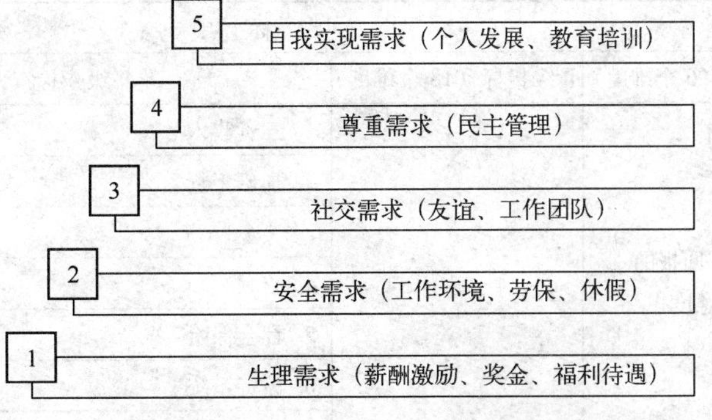

图 8-2　员工满意度模型理论依据图

2. 双因素理论

双因素理论又称激励因素-保健因素理论，是美国的行为科学家弗雷德里克·赫茨伯格（Fredrick Herzberg）提出来的。首先，该理论强调某些工作因素能导致满意感，而另外一些只能防止产生不满意感；其次，对工作的满意感和不满意感并非存在于单一的连续体中，赫茨伯格认为满意的对立面是没有满意，而不满意的对立面是没有不满意。

赫茨伯格通过考察一部分会计师和工程师的工作满意感与生产率的关系，通过半有组织性的采访，收集了一些关于这些员工对其工作感情的各种影响因素的资料，研究表明存在以下两种不同性质的因素。

① 激励因素，包括工作本身、认可、成就和责任，这些因素涉及对工作的积极感情，又和工作本身的内容有关。这些积极感情与个人过去的成就、被人认可及担负过的责任有关，它们的基础在于工作环境中能有持久的成就。

② 保健因素，包括公司政策和管理、技术监督、薪水、工作条件以及人际关系等。这些因素涉及工作的消极因素，也与工作的氛围和环境有关。也就是说，对工作和工作本身而言，这些因素是外在的，而激励因素是内在的，或者说是与工作相联系的内在因素。

激励因素通常是与员工对其工作的积极感情相联系，但有时也涉及消极感情；而保健因素却几乎与积极感情无关，只会带来精神沮丧、脱离组织、缺勤等结果。

赫茨伯格认为，满意和不满意并非共存于单一的连续体中，而是截然分开的。这种双重的连续体意味着一个人可以同时感到满意和不满意，同时还暗示着工作条件和薪金等保健因素并不能影响人们对工作的满意程度，而只能影响对工作的不满意的程度。

8.2.2 评价体系

根据员工激励理论，结合地铁运营分公司自身的特性和管理需要，设计员工满意度评价模型的指标体系（见表8-1），在进行实际应用时，地铁运营公司可结合自身的实际情况进行修改调整。

表8-1 员工满意度评价体系

目标层	指标层		
	Ⅰ级指标（6个维度）	Ⅱ级指标（18个维度）	Ⅲ级指标（89个维度）
员工满意度	对工作回报的满意度	物质回报	1. 工资收入
			2. 加班工资
			3. 奖金
			4. 福利
			5. 社会保险
			6. 薪资系统
			7. 假期

续表

目 标 层	指 标 层		
	Ⅰ级指标（6 个维度）	Ⅱ级指标（18 个维度）	Ⅲ级指标（89 个维度）
员工满意度	对工作回报的满意度	精神回报	8. 工作乐趣
			9. 成就感
			10. 尊重与关怀
			11. 友谊与朋友
			12. 个人能力及特长的发挥
			13. 职位与权利
			14. 威信与影响力
			15. 表扬与鼓励
		奖惩管理	16. 物质或金钱奖励
			17. 评比优秀
			18. 罚款
			19. 记过或降级、降职处罚
	对个人成长的满意度	个人成长与发展	20. 培训
			21. 机遇
			22. 晋升
			23. 知识的进步
			24. 社会地位
			25. 能力的提升
	工作背景的满意度	后勤保障及支持	26. 劳动合同
			27. 公司食堂
			28. 公司宿舍
			29. 休息场所
			30. 医疗保障
			31. 劳保
		工作休息制度	32. 上下班时间
			33. 休息
			34. 加班制度
			35. 请假制度
		工作配备	36. 资源充裕性
			37. 设备（办公设备）的维护及保养
			38. 资源（办公资源）配备的效率
			39. 固定资产管理
			40. 新设备（新办公设备）的配置
			41. 新技术的运用
		工作环境	42. 上下班交通便利程度
			43. 舒适感
			44. 安全感
			45. 美观

续表

目标层	指标层		
	Ⅰ级指标（6个维度）	Ⅱ级指标（18个维度）	Ⅲ级指标（89个维度）
员工满意度	对工作群体的满意度	内部和谐度	46. 行为、礼节和礼仪
			47. 沟通与交流人际关系
			48. 工作配合
			49. 信息与经验
			50. 员工士气及心态
			51. 舆论控制
			52. 团队精神
		工作方法和作风	53. 工作质量
			54. 工作效率
			55. 工作成本
			56. 工作计划
			57. 责任感及能动性
			58. 灵活性与技巧
			59. 会议效率
		人员素质	60. 品格、修养
			61. 观念
			62. 知识水平及经验
			63. 体制与健康
			64. 能力表现
	对企业管理的满意度	管理机制	65. 管理创新和改进
			66. 管理的连续性和稳定性
			67. 组织机构
			68. 用人机制
			69. 监察机制
		管理风格	70. 管理才能
			71. 情感管理
			72. 管理的有效性
		公司制度	73. 内部投诉
			74. 制度建设
			75. 认可程度
			76. 实施效果
		企业文化	77. 对企业的认同感及归属感
			78. 企业形象
			79. 文体、娱乐活动
			80. 生日及节假日问候
			81. 报纸、图书杂志
			82. 内部刊物

续表

目 标 层	指 标 层		
	Ⅰ级指标（6 个维度）	Ⅱ级指标（18 个维度）	Ⅲ级指标（89 个维度）
员工满意度	对企业经营的满意度	服务质量	83. 乘客投诉
			84. 乘客信心及满意度
		社会形象	85. 对本地公共交通的贡献
			86. 与本地政府的关系
			87. 就业解决
		发展远景	88. 企业远景及规划
			89. 企业经济指标

8.2.3 调查测评方法

1. 调查方法

员工满意度是员工对企业的主观感知反应。对员工满意度调查的方法有很多，比如印象法、面谈法、问卷调查法等。由于问卷调查法是最易于施测与衡量的量化工具，所以一般多采用问卷调查法，并常以访谈法进行辅助调查。

1）访谈调查法

访谈调查法具有直接性、灵活性、适应性和应变性，具有回答率高、效率高的优点，但事先需要培训，费用大、规模小、耗时多、标准化程度低。该方法适用于部门较分散的公司和公共场所。

访谈调查法可分为：有结构性访谈（需事先设计精心策划的调查表）和非结构性访谈（无问题提纲，可自由发问）；若按调查人数可分为：集体性访谈和个别性访谈。按调查时间可分为：一次性访谈和跟踪性访谈。

2）问卷调查法

问卷调查法的特点是范围广，结合访谈调查法则效果更佳。调查问卷的问题种类，根据答题的形式不同，可分为：封闭式、开放式和半开半闭式 3 种。

（1）封闭式问题

这类问题的答案事先由调查者拟定，被调查者只需在这些答案中选择合适的一个或多个。

（2）开放式问题

这类问题没有已经拟定好的答案，被调查者可以根据自己的情况或想法，自由地发表意见。例如：你希望公司用什么样的方式奖励你的出色表现（请概述）。

（3）半开放半封闭式问题

这类问题的答案既具有封闭性又具有开放性。最常见的形式是让被调查者在做了“封闭性”的选择后，紧接着做“开放性”的回答。

2. 测评方法

1）单一整体评估法——工作整体满意度调查量表（The Job in General Scale，JIG）

虽然单一整体评估法有很强的包容性，但该法具有非常明显的缺点，只能得到员工满意度的总体得分，即员工满意或不满意情况。但企业管理者无法得知员工满意或不满意的原因，所以这样的调查结果对企业来说不具有任何实际意义，无法对企业管理中存在的具体问题进行诊断分析，不利于管理者的工作改进。

2）综合要素评估法

与单一整体评估法相比，综合要素评估法将员工满意度分解为不同的构面，分别让员工进行评价。目前已经形成了多种规范的调查量表。

（1）工作满意指数法（Index of Job Satisfaction，IJS）

该量表是由 Brayfield & Rothe（1951）编制而成，主要用来衡量员工一般的工作满意程度，即综合满意度（Overall Job Satisfaction，OJS）。这是最有名的员工满意度调查，它对薪酬、晋升、管理、工作本身和公司群体等 5 个方面都有各自的满意等级，可用于各种形式的组织中。

（2）工作满意度指数量表（Job Satisfaction Survey，JSS）

该量表是由 Spector（1985）编制而成。该量表将员工满意度分解为：薪酬、升职、主管领导、额外的福利、条件性奖励、制度环境、同事、工作本身属性、沟通 9 个构面。员工对每个构面分别进行评价，求和得出总体满意度水平。

（3）明尼苏达满意度调查量表（Minnesota Satisfaction Questionnaire，MSQ）

该量表是由 Weiss、Dawis、England & Lofquist（1967）编制而成。量表分为短式（Short-form）和长式（Long-form）两种。短式问卷包括 20 个题目，可测量员工的内在满意度、外在满意度及一般满意度；长式问卷则有 120 个题目，可测量员工对 20 个工作构面的满意度及一般满意度。20 个大项中每一大项包括 5 个小项。这 20 个大项分别是：个人能力的发挥，成就感，能动性，公司培训和自我发展，权力，公司政策及实施，报酬，部门和同事的团队精神，创造力，独立性，道德标准，公司对员工的奖惩，本人责任，员工工作安全，员工所享受的社会服务，员工社会地位，员工关系管理和沟通交流，公司技术发展，公司的多样化发展，公司工作条件和环境。

明尼苏达满意度调查量表也有简单形式，即以上 20 个大项可以直接填写每项的满意等级，总的满意度即为加权 20 项全部得分。MSQ 的优点在于工作满意度的整体性与构面皆予以完整的衡量，但是缺点在于其有 120 道题目，被调查者是否有耐心、是否够细心，在误差方面值得商榷。因此，目前 MSQ 调查量表是员工满意度调查中最权威的调查量表之一，采取此套衡量工具时，多半采用短式问卷形式。

（4）彼得需求满意调查表

该量表适用于管理层人员。其提问集中在管理工作上的具体问题，每个问题都有两句，比如“你在当前的管理位置上，个人成长和发展的机会如何？理想的状况应该如何？而现在的实际状况又是如何？”等等，因此适用于管理人员。

（5）工作说明量表（Job Descriptive Index，JDI）

该量表是由 Smith、Kendall & Hullin（1969）编制而成。可用来衡量员工对工作本身、薪酬、晋升、上级和同事等5个构面的满意度，而这5个构面满意度分数的总和，即代表整体工作满意度的分数。JDI 的特点是不需要被调查者说出内心的感受，只是就不同构面（题数不一定相同）找出不同的描述词，由其选择即可。因此，对于教育程度较低的被调查者也可以容易回答。由于该量表的施测效果良好，受到许多学者的一致推崇，因此国内外多采用此量表作为工作满意度的衡量工具。

（6）SRA 员工调查表（SRA Employee Inventory）

本表又称为 SRA 态度量表（SRA Attitude Survey），由芝加哥科学研究会 Chicago：Science Research Association（1973）编制而成。其包括44个题目，可测量员工对14个工作构面的满意度。

（7）工作诊断调查表（Job Diagnostic Survey，JDS）

该量表是由 Hackman & Oldham（1975）编制而成，可测量员工一般满意度、内在工作动机和特殊满意度（包括工作安全感、待遇、社会关系、督导以及成长等构面）；此外，并可同时测量员工的特性及个人成长的需求强度。

（8）工作满足量表（Job Satisfaction Inventory）

该量表是由 Hackman & Lawlel 编制而成。其可测量被调查者对自尊、自重、成长与发展、受重视程度、主管态度、独立思考与行动、工作保障、工作待遇、工作贡献、制定工作目标与方式、友谊关系、升迁机会、顾客态度及工作权力等13项衡量满意度的因素。

（9）洛克、阿莫德和菲德曼量表

洛克提出了员工满意度构成的10个因素：工作本身、报酬、提升、认可、工作条件、福利、自我、管理者、同事和组织外成员。阿莫德（Amold）和菲德曼（Feldma）提出的工作满意度的结构因素包括：工作本身、上司、经济报酬、升迁、工作环境和工作团体。

3）*层次分析法（AHP）——加权平均测评法*

层次分析法是由美国匹兹堡大学教授萨蒂在20世纪70年代初提出的。该方法简单、实用，用来处理具有多目标、多准则、多因素、多层次的复杂问题的决策分析与综合评价，是一种定性和定量分析相结合的系统分析与评价方法。

（1）员工总体满意度加权求和公式

加权求和公式如下：

$$ESD = \sum_{i=1}^{n} w_i x_i = w_1 x_1 + w_2 w_2 + \cdots + w_n x_n \tag{8-1}$$

式中：ESD——总体员工满意度；

w_i——分量 i 对总体满意度的贡献权重，可由层次分析法求得；

x_i——员工对分量 i 的满意度评价值。

（2）层次分析法（AHP）——加权平均员工满意度测量

应用 AHF（加权平均员工满意度）测评方法时，步骤如下。

首先，构建本企业员工满意度的 AHP 指标体系。对本企业的实际情况进行系统分析，分层次构建员工满意度测评指标。

其次，邀请人力资源方面的专家判断指标的重要性，构造两两比较判断矩阵，依据AHP来计算各个末层指标对于员工满意度的相对权重。

最后，进行员工满意度调查，收集员工对各个末层指标的评价分值，根据式（8-1）来计算员工满意度水平。

8.2.4 员工满意度辅助分析方法

问卷回收后，经过整理、编码、录入以后，可采用专业的市场调研软件SPSS对问卷进行数据分析。常用的辅助分析方法有聚类分析法等5类方法。

1. 聚类分析法

聚类分析法（Cluster Analysis）主要是指在没有或者不用样品所属类别信息的情况下，以样品集数据的内在结构，在样品间相似性度量的基础上，对样品进行分类。一般分为样品和变量两类聚类分析问题。聚类分析法可以将被调查者从人口背景、消费习惯、生活方式、个性等方面进行分类，并将这些特性与消费习惯结合起来，这是营销管理中“市场区隔划分”的主要手段。

聚类分析法的基本思想是：首先将每个样本看作一类，然后根据样本的相似程度，将相似程度最高的两类合并，并且计算合并后的类与其他类之间的距离，再选择相近者进行合并，每合并一次减少一类，继续这一过程直到把所有对象合并为一个大类。在现实应用中，一般设定某个分类的临界值，即阈值，当类与类之间的距离大于其阈值或者相似系数小于阈值，聚类就停止。

聚类分析法的主要步骤如下。

① 把每个样本看成一类，记为 C_1，C_2，…，C_n。

② 确定样本之间距离与两类之间的距离。

③ 选定距离计算公式，计算各个样本之间的距离，它们构成一个对角全为零的对称矩阵 $\boldsymbol{D}(0)$。

④ 按预定的阈值检验 $\boldsymbol{D}(0)$ 中的每个非零元素，如果所有元素大于阈值则停止，如果存在某个元素小于阈值，则继续。

⑤ 把距离最小的两个类合并成一个新的类，记作 C_{n+1}，并把原来两个类取消。

⑥ 计算新类与剩余类的距离，剩余各类间距离不变，于是得到降低一阶后的新矩阵。

⑦ 重复④到⑥的步骤，直到类与类之间的距离大于阈值为止。

⑧ 把上述聚类过程绘成聚类图。

聚类分析法可用于对调查的地铁乘客、地铁运营公司内部员工的样本进行分类研究。

2. 主成分分析法

主成分分析法主要应用于多元统计中，其基本原理是运用降维的思想，把多个指标转化成少数几个指标，通过对原始变量相关矩阵内部关系的研究，找出影响所研究问题的几个综合指标，即主成分。主成分分析法借助一个正交变换 r，将其各个分量相关的原随机向量转换为其分量不相关的新随机向量。在综合评价中，所建立的评价指标体系中的各个指标就组成一个随机向量。而不同方案对应此指标体系的值则组成一个样本空间。

主成分分析法在代数上的意义就表现为将 z 的协方差变换为对角形矩阵；在几何上则表现为将原坐标系变换为一个新的正交坐标系，使之指向样本点散布最开的 P 个正交方向，然后对多维变量系统进行降低维数处理，使之能够以一个较高的精度转换成低维变量系统，再通过构造适当的价值函数，进一步把低维系统转化为一维系统。

主成分分析法的优点在于可以消除各指标不同量化的影响，也可以消除由各指标之间相关性所带来的信息重叠以及人为确定各指标权重系数的问题。主成分分析法可用于甄别影响乘客满意度和员工满意度的主要因素。

3. 因子分析法

因子分析法（Factor Analysis）是寻找公共因子的模型分析方法，它是在主成分的基础上构筑若干意义较为明确的公共因子，以公共因子为框架分解原变量，以此考察原变量间的联系与区别。

因子分析法是从研究变量内部相关的依赖关系出发，把一些具有错综复杂关系的变量归结为少数几个综合因子的一种多变量统计分析方法。它的基本思想是将观测变量进行分类，将相关性较高，即联系比较紧密的分在同一类中，而不同类变量之间的相关性则较低，那么每一类变量实际上就代表了一个基本结构，即公共因子。对于所研究的问题就是试图用最少个数的不可测的所谓公共因子的线性函数与特殊因子之和来描述原来观测的每一分量。其主要步骤如下。

① 确认待分析的原变量是否适合作因子分析。

② 构造因子变量。

③ 利用旋转方法使因子变量更具有可解释性。

④ 计算因子变量得分。

因子分析法的主要优点是减少分析变量个数，通过对变量间相关关系探测，将原始变量进行分类，即将相关性高的变量分为一组，用共性因子代替该组变量。因子分析法可用于分析各项影响因素之间的相互影响，提炼出少数综合因子进行深入分析。

4. 相关分析法

相关分析法是测定经济现象之间相关关系的规律性，并据以进行预测和控制的分析方法。在相关关系中，变量之间存在着不确定、不严格的依存关系，对于变量的某个数值，可以有另一变量的若干数值与之相对应，这若干个数值围绕着它们的平均数呈现出有规律的波动。例如，批量生产的某产品产量与相对应的单位产品成本，某些商品价格的升降与消费者需求的变化，就存在着这样的相关关系。

相关分析法的主要步骤如下。

① 确定现象之间有无相关关系以及相关关系的类型。对不熟悉的现象，则需要收集变量之间大量的对应资料，用绘制相关图的方法做初步判断。从变量之间相互关系的方向看，变

量之间有时存在着同增同减的同方向变动，是正相关关系；有时变量之间存在着一增一减的反方向变动，是负相关关系。从变量之间相关的表现形式看有直线相关和曲线相关，从相关关系涉及的变量的个数看，有一元相关（或简单相关）关系和多元相关（或复杂相关）关系。

② 判定现象之间相关关系的密切程度，通常是计算相关系数 R 及绝对值在 0.8 以上表明高度相关，必要时应对 R 进行显著性检验。

③ 拟合回归方程，如果现象间相关关系密切，就根据其关系的类型建立数学模型，用相应的数学表达式——回归方程来反映这种数量关系，这就是回归分析。

④ 判断回归分析的可靠性，要用数理统计的方法对回归方程进行检验。只有通过检验的回归方程才能用于预测和控制。

⑤ 根据回归方程进行内插外推预测和控制。

相关分析法可用于分析各影响因素（指标）与满意度之间的相关性。

5. SWOT 分析法

SWOT 分析法是一种对企业的优势（Strengths）、劣势（Weaknesses）、机会（Opportunities）和风险（Threats）进行综合分析的方法。在分析时，应把所有的内部因素（包括公司的优势和劣势）都集中在一起，然后用外部的力量来对这些因素进行评估。这些外部力量包括机会和风险，它们是由于竞争力量或企业环境中的趋势所造成的。这些因素的平衡决定了公司应做什么以及什么时候去做，其原理如图8-3所示。

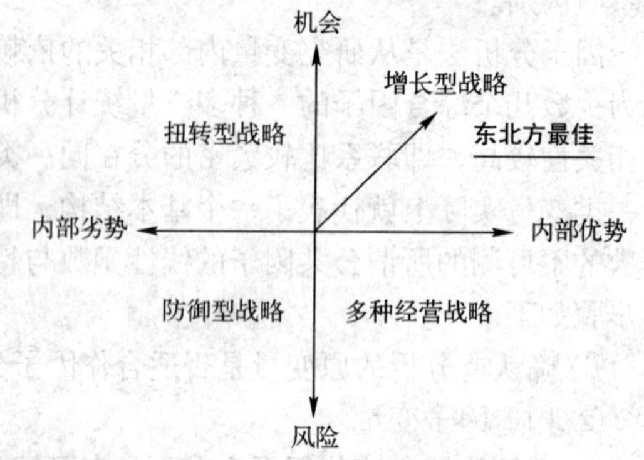

图 8-3　SWOT 分析原理

SWOF 分析法的主要步骤如下。

① 确认当前的战略是什么。

② 确认企业外部环境的变化。

③ 根据企业资源组合情况，确认企业的关键能力和关键限制。

④ 按照通用矩阵或类似的方式打分评价。

⑤ 将结果在 SWOT 分析图上定位。

⑥ 战略分析。

SWOT 分析法的主要优点是利用系统的思想将公司内部优势和弱点、外部机会和威胁这些似乎独立的因素相互匹配起来进行综合分析。运用这种方法，有利于人们对组织所处情景进行全面、系统、准确地研究，有助于人们制定发展战略和计划，以及与之相应的发展计划或对策，SWOT 分析法可用于帮助地铁运营公司分析旅客运输市场，制定相应的发展战略。

8.2.5　抽样调查方法

员工满意度问卷调查样本的抽取遵循覆盖各主要部门、各学历和职务层次、保持适当性别比例等原则，抽样调查的方法有：简单随机抽样、分层抽样、整群抽样、多阶抽样、等距抽样。

1. 简单随机抽样

设总体有 N 个单元，从中抽取 n 个，要求每个由 n 个单元组成的样本有同样的概率被抽到。简单随机抽样是各种抽样方法的基础。

2. 分层抽样

根据实际问题的需要，把总体分成若干个子总体，称为“层”。在每一层中独立地进行抽样。这种抽样方法不仅可以对总体进行估计，而且还可以对子总体进行估计，因此在顾客满意度调查中常常采用这种抽样方法。

3. 整群抽样

设总体由若干个初级单元（群）组成，每个初级单元（群）又可以分为若干个次级单元。在调查时，先随机抽取若干初级单元（群），对抽中的初级单元中的所有次级单元进行调查。

4. 多阶抽样

设总体由若干个初级单元（群）组成，每个初级单元又可以分成若干个次级单元。在调查时，先随机抽取若干初级单元，在抽中的初级单元中再随机抽取若干次级单元，这就是二阶抽样。由此类推，可理解多阶抽样的方法。

5. 等距抽样（系统抽样）

等距抽样也称作系统抽样，把总体的 N 个单元按一定的次序进行排列，要从中抽取 n 个单元，那么将这一序列等分成 n 段，每一段含有 N/n（这里假设 k 为整数）个单元。在第一段中随机抽取 1 个，以后每隔一个抽取下一个。

8.3 地铁乘客满意度

对于地铁运营公司而言，这就意味着要想与乘客建立长期而稳定的关系，就必须取悦它的乘客，建立乘客忠诚度。通过满意度调查可以收集大量乘客感知和需求信息，为提高运营服务管理效能提供科学依据。

8.3.1 地铁乘客满意度概述

按照格罗鲁斯教授所创建的服务质量差距理论及后来美国的服务质量差距模型，从顾客角度来看，服务质量评价的结果不外乎有三种：第一，企业所提供的服务已经超越了顾客理想的服务期望，在这种情况下，顾客是愉悦的；第二，企业所提供的服务正好落在顾客的服务容忍区域内，此时顾客是满意的；第三，为顾客所提供的服务未能达到顾客最低服务要求，即未能达到顾客期望的恰当的服务，顾客就会不满意，从而产生退出服务、抱怨等一系列行为。

1. 顾客满意

ISO 9000—2000（质量管理体系基础和术语）中对顾客满意（Customer Satisfaction，CS）的定义是："顾客对其要求已被满足的程度"。即顾客满意就是指顾客通过对一个产品或服务的感知效果或结果与其期望的相互比较之后，所形成的愉悦或失望的感觉状态。

通常情况下，顾客在这种比较后会出现以下几种感受。

① 当感知≪期望时，则顾客会感到非常不满意，甚至会产生抱怨或投诉。

② 当感知＜期望时，则顾客会感到不满意。

③ 当感知＝期望时，则顾客会感到满意。

④ 当感知＞期望时，则顾客会感到很满意。

⑤ 当感知≫期望时，则顾客会从满意到忠诚。

2. 顾客满意度

顾客满意度（Customer Satisfaction Degree，CSD）是指顾客对企业（公司）所提供的产品或服务满足其要求的程度。国内也有专家学者对顾客满意度（CSD）与顾客满意度指数（CSI）不作区别，将其定义为顾客对企业（公司）提供的产品满足其要求（需求及期望）程度的感受。

3. 顾客满意度指数

顾客满意度指数（Customer Satisfaction Index，CSI）是运用统计的方法把顾客满意度的衡量指数化，并通过建立 CSI 模型和进行测评，表现组织的产品（或服务）特性、满足顾客需求的程度及顾客消费行为等多层递进关系；研究顾客需求，发现未能满足顾客需求的因素，从而为加强和改进组织工作指明方向。

4. 顾客忠诚

顾客忠诚是指顾客对企业产品或服务的依赖和认可、坚持长期购买和使用该产品或服务所表现出的在思想和情感上的一种高度信任和忠诚的程度，是客户对企业产品在长期竞争中所表现出的优势的一种综合评价。

5. 顾客忠诚度

顾客忠诚度是指顾客忠诚的程度，是一个量化的概念。顾客忠诚度是指在质量、价格、服务等诸多因素的影响下，顾客对企业的产品或服务产生感情，形成偏爱并长期重复购买该产品或服务的程度。

结合上述概念，地铁乘客作为消费者，意味着乘客可视为地铁运营公司的顾客，则地铁乘客满意度就是指乘客通过对地铁服务的感知效果或结果与其期望值相比较后，所形成的愉悦或失望的感觉状态。乘客满意度指数就是乘客满意水平的量化，是从消费者的角度来衡量地铁服务质量。

8.3.2　乘客满意度指数模型

1. ASCI 模型

本书中地铁乘客满意度评估采用的是美国 ACSI 顾客满意度指数理论模型。要衡量地铁乘客满意度，就必须建立模型，将一些与乘客满意度相关的变量（例如：价值、质量、投诉行为、忠诚度等）联系起来，参考模型如图 8-4 所示。

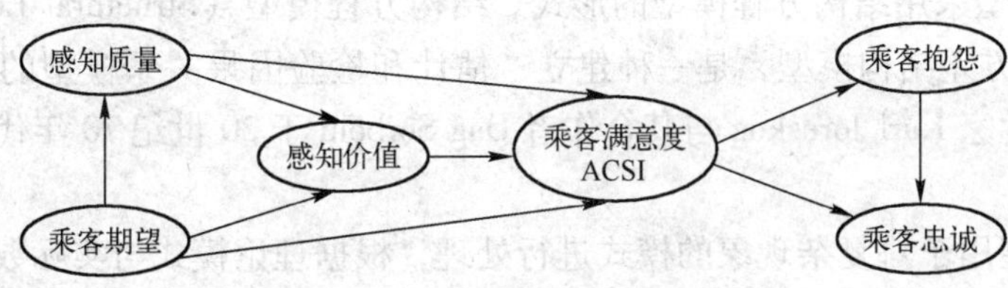

图 8-4　地铁乘客 ACSI 模型

2. 模型变量

ACSI 模型包含了 6 个潜变量，其中感知质量、乘客期望、感知价值是乘客满意度的前置因素；乘客抱怨和乘客忠诚是乘客满意度的后置因素。依据消费者行为理论、ACSI 模型中潜变量的定义以及地铁提供服务的特性（快捷性、方便性、安全性、舒适性）等，模型采用的变量见表 8-2。

表 8-2　乘客满意度模型变量说明

潜变量（LV）	观测变量（MV）
乘客期望	乘坐地铁前的总体期望 x_{11}
	对快捷性的期望 x_{21}
	对舒适性的期望 x_{31}
	对安全性的期望 x_{41}
	对服务设施方便性、可靠性的期望 x_{51}
感知质量	对设备和总体服务的评价 y_{11}
	对安全性、快捷性、舒适性的感知 y_{21}
	对服务设施方便性、可靠性的感知 y_{31}
感知价值	依目前票价对地铁提供服务的感知 y_{12}
	依目前地铁提供服务对票价的感知 y_{22}

续表

潜变量（LV）	观测变量（MV）
乘客满意度	总体满意度 y_{13}
	与乘坐地铁之前的期望相比的满意度 y_{23}
	与理想中地铁的情况相比的满意度 y_{33}
乘客抱怨	对地铁服务是否抱怨 y_{14}
	对地铁服务是否有投诉 y_{24}
乘客忠诚	再次乘坐地铁的可能性 y_{15}
	推荐家人、朋友乘坐地铁的可能性 y_{25}
	价格变动的容许度 y_{35}

3. 模型的数学表达

乘客 ACSI 模型采用结构方程模型的形式。结构方程模型（Structural Equation Modeling，SEM），也称作协方差结构模型，是一种建立、估计和检验因果关系模型的多元统计分析技术，由瑞典统计学家 Karl Joreskog 与其合作者 Dag Sorbom 于 20 世纪 70 年代中期提出并逐步改进和完善。

结构方程模型用于对复杂现象的模式进行处理，根据理论模式与实际数据关系的一致性程度，对理论模式作出评价，从而达到对复杂的实际问题进行定量研究、找出其规律性的目的。结构方程模型广泛应用于医学、经济学、金融学、心理学、社会学、管理学、行为科学等研究领域，尤其在满意度研究中应用广泛。

1）基本概念

结构方程模型中把描述研究对象特征的指标或现象称为变量。

（1）显变量（MV）与潜变量（LV）

显变量（Manifest Variable，MV）是指可观测的或可度量的变量；而潜变量（Latent Variable，LV）是指无法直接观测的，但人们可以找到一些可观测的显变量作为潜变量的标志，对潜变量进行间接的测量和研究。

（2）外生变量与内生变量

在一个因果关系的模型中，一些变量被认为是其他变量的原因，而相应地另外一些变量则被看做是这些变量的结果。引起模型中其他变量变化且自身的变化受模型外部因素影响的变量称为外生变量。即外生变量不受系统中其他变量的影响，相当于线性回归分析中的自变量。而与外生变量相对应的是内生变量，这些变量受系统中的外生变量及其他变量的影响，相当于线性回归分析中的因变量。

外生潜变量对内生潜变量的影响用 $\boldsymbol{\Gamma}$ 表示。显变量对潜变量的回归系数用 $\boldsymbol{\Lambda}$ 表示。

2）结构方程模型

结构方程模型一般由一个测量模型和一个结构模型组成，其中测量模型描述了潜变量与显变量之间的因果关系，而结构模型描述了外生潜变量与内生潜变量之间的因果关系，具体表达为如下三个矩阵方程：

$$\eta = \beta\eta + \boldsymbol{\Gamma}\zeta + \xi \tag{8-2}$$

$$y = \boldsymbol{\Lambda}_y\eta + \varepsilon \tag{8-3}$$

$$x = \boldsymbol{\Lambda}_x\zeta + \delta \tag{8-4}$$

式中：η——m 个内生潜变量构成的 $m \times 1$ 向量；

β——$m \times m$ 系数矩阵，描述内生潜变量之间的彼此影响，m 为内生潜变量个数；

ζ——n 个外生潜变量组成的 $n \times 1$ 向量；

$\boldsymbol{\Gamma}$——$m \times n$ 系数矩阵，描述了外生潜变量 ζ 对内生潜变量 η 的影响；

ξ——残差项构成的 $m \times 1$ 残差向量；

y——p 个内生显变量组成的 $p \times 1$ 向量；

$\boldsymbol{\Lambda}_y$——y 对 η 的回归系数矩阵，$p \times m$ 矩阵；

ε——y 的测量误差构成的 $p \times 1$ 向量；

x——q 个可观测外生显变量组成的 $q \times 1$ 向量；

$\boldsymbol{\Lambda}_x$——是 x 对 ζ 的回归系数矩阵，$q \times n$ 矩阵；

δ——x 的测量误差构成的 $q \times 1$ 残差向量。

式（8-2）是结构模型部分，式（8-3）和式（8-4）均为测量模型部分。其中式（8-2）描述了根据顾客满意度理论研究的潜变量之间的关系，式（8-3）表示了内生潜变量 η 与其显变量 y 之间的因果关系，式（8-4）表示了外生潜变量 ξ 与其显变量 x 之间的因果关系。

4. 乘客满意度指数计算

通过 PLS 方法进行模型估计后，得到乘客满意度的 LV 与其 MV 的权重，通过式（8-5）加权计算乘客的满意度分值：

$$\boldsymbol{\eta} = \sum_{i=1}^{k} w_i y_i \tag{8-5}$$

式中：η——乘客满意度潜变量（LV）；

y_i——该潜变量（LV）对应的显变量（MV）；

k——该潜变量（LV）对应的显变量（MV）的个数；

w_i——权重，w_i 和 y_i 要一致，即同是标准化或未标准化数值。

然后通过式（8-6）计算乘客满意度指数：

$$\text{ACSI} = \frac{E[\boldsymbol{\eta}] - \min[\boldsymbol{\eta}]}{\max[\boldsymbol{\eta}] - \min[\boldsymbol{\eta}]} \times 100 \tag{8-6}$$

乘客满意度 LV 的最大值和最小值是通过相应的测量变量 MV 来确定的，即

$$\min[\boldsymbol{\eta}] = \sum_{i=1}^{k} w_i \min[y_i] \tag{8-7}$$

$$\max[\boldsymbol{\eta}] = \sum_{i=1}^{k} w_i \max[y_i] \tag{8-8}$$

式中：$E[\boldsymbol{\eta}]$——乘客满意度 LV 的均值；

$\min[\boldsymbol{\eta}]$——乘客满意度 LV 的最小值；

$\max[\boldsymbol{\eta}]$——乘客满意度 LV 的最大值。

在 ACSI 模型中，计算乘客满意度 LV 有 3 个 MV，且取值范围为 1 ~ 10。计算公式可简化为：

$$\mathrm{ACSI}=\frac{\sum_{i=1}^{3} w_i \overline{y_i}-\sum_{i=1}^{3} w_i}{9\sum_{i=1}^{3} w_i}\times 100 \tag{8-9}$$

8.3.3 乘客满意度测评指标体系

乘客满意度指数 ACSI 模型中的乘客期望、乘客对质量的感知、乘客对价值的感知、乘客满意度、乘客抱怨和乘客忠诚均为潜变量，都是不可以直接测评的。因此，需要对这 6 个潜变量进行逐级展开，直到形成一系列可以直接观测的指标，这些观测指标就构成了乘客满意度测评指标体系。因此建立乘客满意度测评指标体系，就成为对乘客满意度进行评价的首要问题。

1. 建立乘客满意度测评指标体系的原则

建立乘客满意度测评指标体系，必须遵循以下几条原则。

① 建立乘客满意度测评指标体系，必须以乘客为主。以乘客的需求来确定测评指标体系是设定测评指标体系的最基本要求。要准确把握乘客的需求，选择乘客认为最为关键的测评指标。

② 测评指标的选取应具有全面性。测评指标是用来测量乘客满意程度指数模型的潜变量的，如果不全面，就不能准确反映乘客的满意状况，也就无法全面分析改进或提高服务质量的措施。

③ 测评指标的选取应具有代表性。影响乘客满意度的因素很多，实际上不可能选取得到全部因素的测量指标。代表性原则要求，只要保证某些指标能够代表某一方面即可。

④ 测评指标必须能够控制。进行乘客满意度测评能够使乘客产生新的期望，促使地铁运营公司采取改进措施。但如果公司在某一方面还无条件或无能力采取行动加以改进，则应暂不采用这方面的测评指标。

⑤ 测评指标必须是可测量的。乘客满意度测评的结果是一个量化的数值，因此设定的测评指标必须是可以进行调查、统计、计算和分析的。

⑥ 测评指标的独立性。测评指标之间应该是独立的。如果存在相关性，就会夸大或抵消某些指标的影响性，使乘客满意度指数的测评出现误差。可以通过相关性分析，判断指标之间是否存在相关性。

⑦ 建立乘客满意度指数测评指标体系，还需要考虑到与竞争者的比较，设定测评指标时要考虑到竞争者的特性。

2. 乘客满意度测评指标体系的构成

乘客满意度测评指标体系是一个多指标的结构，可划分为四个层次：每一层次的测评指标都是由上一层次的测评指标展开的，而上一层次的测评指标则是通过下一层次的测评指标的测评结果反映出来的。

根据上述内容，①乘客满意度指标是总的测评目标，为一级指标，即第一层次；②乘客满意度指数 ACSI 模型中的乘客期望、乘客对质量的感知、乘客对价值的感知、乘客满意度、乘客抱怨和乘客忠诚 6 个潜变量作为二级指标，即第二层次；③根据地铁运营服务的特点，可将 6 个潜变量分解为具体的三级指标，即第三层次；④三级指标可以展开为调查问卷上的问题，形成测评指标体系的四级指标，即第四层次。

实际情况中，建立乘客满意度测评指标体系的主要任务是设定测评指标体系中的三级指标和四级指标。测评指标体系的四级指标是由三级指标展开而来，是乘客满意度测评中直接面向乘客的指标，是和乘客满意度测评问卷中的问题相对应的。表 8-3 是地铁乘客满意度测评指标体系示例，在实际操作中，地铁运营公司应该根据乘客对地铁服务的期望和关注点的实际情况进行具体选择，灵活运用。

表 8-3　地铁乘客满意度测评指标体系示例

一级指标	二级指标	三级指标	四级指标
地铁乘客满意度指标	乘客期望		乘客乘坐地铁前的总体期望
			乘客对快捷性的期望
			乘客对安全性的期望
			乘客对舒适性的期望
			乘客对服务设施方便性、可靠性的期望
	感知质量	导向指引	上车站点的地面设立的指示牌
			上车站点的出口指示
			上车站点的出口周边建筑、交通线路标志
			上车站点的购票、出入闸等导向指引
			上车站点的站台上确定列车行驶方向指引
			上车站点洗手间的指引
		整洁舒适	上车站点的地铁站内的明亮、整洁程度与畅通性
			上车站点的地铁站内的空气流通性与温度适宜性
			上车站点的候车座椅的舒适性与整洁性
			车厢内明亮、整洁
			车厢内的空气流通性和温度适宜性
			车厢内座椅的舒适性与整洁性
		准时快捷	列车到站的准时性
			列车运行速度的快捷性
			列车发车间隔的合理性
			首末班车运营时间设置的合理性
		安全保障	上车站点的楼梯、自动扶梯及电梯的使用安全性
			对车门、屏蔽门即将关闭的提前通知及时性
			列车行驶的安全平稳性
			出现非正常情况，对乘客的告知及其处理的恰当性
			地铁站内的治安环境
			车内的治安环境

续表

一级指标	二级指标	三级指标	四级指标
地铁乘客满意度指标	感知质量	票务服务	地铁票价的合理性
			票亭兑换硬币、零钞的便利性
			购票所等待时间的可接受性
			目前地铁的优惠票、周票、特种计次票信息知晓程度
			目前地铁的乘车票的种类满足乘客需求程度
			各类票购票、退票的合理性
		设备设施	上车站点的自动售票机摆放位置的合理性
			上车站点的自动售票机购票方法的介绍清晰易懂性
			自动售票机在使用过程中出现故障的次数程度
			闸机在乘客通过时出现故障的次数程度
			自动扶梯出现故障的次数程度
		员工服务	地铁工作人员的服务态度热情主动程度
			地铁工作人员解决乘客的困难与疑问的效率
			投诉、沟通途径明确程度
			地铁运营公司处理乘客建议、投诉及时程度
		信息宣传	地铁运营公司对地铁宣传的充分性
			获得地铁票务政策、乘客指引及安全乘车知识等必要信息方便性
		商业环境	地铁内广告形式布局与车站环境的和谐性
			地铁内商铺数量可以满足地铁内购物需求的程度
	感知价值		依据目前票价，对地铁提供服务的感知
			依据地铁的目前状况，对地铁票价的感知
	乘客满意度		对地铁总体满意度
			地铁是超出乘客的期望还是低于乘客的期望
			地铁与理想中的地铁相比是相差很远还是很接近
	乘客抱怨		向其他人抱怨过地铁
			对地铁有过投诉
	乘客忠诚		出行若乘地铁可直达目的地的话，选择乘坐地铁的可能性
			出行若乘地铁不可直达目的地的话，选择乘坐地铁的可能性
			地铁票价涨幅多少以内可以接受，会再次选择乘坐地铁
			地铁票价跌幅多少，会再次选择乘坐地铁
			建议其他人选择乘坐地铁的可能性

3. 测评指标的量化

乘客满意度测评的本质是一个定量分析的过程，需要对测评指标进行量化。乘客满意度测评了解的是乘客对地铁运营服务的看法、偏好和态度，通过直接询问或观察的方法来了解乘客态度是困难的。量化指标的方法是采用量表进行量化处理。量表的设计包括以下两步。

①“赋值”——根据设定的规则，将不同的态度赋予不同的数值。

②“定位”——将这些数字排列或构成一个序列，根据乘客的不同态度，将其在这一序列上进行定位。

在量表中用数字表征态度是出于两个目的：第一，数字便于统计分析；第二，数字使乘客满意度的测量本身变得更加容易、清楚和明确。

基本的测量量表有 4 种：类别量表、顺序量表、等距量表和等比量表，乘客满意度测评中可采用 5 级李克特量表，属于顺序量表。其一般采用的 5 级态度分别是：满意、较满意、一般、较不满意和不满意，相应赋值分别为：5、4、3、2、1。当然也可以以相反的顺序来赋值，如 1 代表满意，5 代表不满意等；也可以将 5 级态度在题目开头给出，然后让被调查者根据对每个测评指标的满意程度直接在相应的方框上“√”或“○”。表 8-4 是一个利用李克特量表测评顾客对某产品质量满意程度的示例。

表 8-4　顾客对某产品质量满意度测评表（示例）

测评指标	满意	较满意	一般	较不满意	不满意
产品外观	□	□	□	□	□
质量稳定性	□	□	□	□	□
使用性能	□	□	□	□	□
安全性	□	□	□	□	□

另外，在乘客满意度测评中我们常常会遇到某些定量的测评指标，而这些指标又不能直接用于李克特量表。为方便数据信息的收集、统计和分析，必须将这些指标转化成为李克特量表所要求的测评指标。其转化的方法是：将指标的量值恰当地划分为 5 个区间，每个区间对应于李克特量表的 5 个赋值，这样就实现了指标的转化，如表 8-5 所示。

表 8-5　定量测评指标转化（示例）

测评指标	赋值规则				
	5	4	3	2	1
通话接通的平均时间/s	<5	5～15	16～25	26～30	>30
手机接通率/%	>99	90～99	80～89	70～79	<70
顾客投诉比例/%	<1	1～5	6～10	11～20	>20

但为了减少极度偏移而产生的统计误差，乘客满意度 ACSI 测评采用 10 分制；相对于 5 分制或 7 分制来说，10 分制能够使乘客更好地对指标进行区分，使用多重指标测量也能够减少偏度。本调查中把乘客满意度调查结果分值设为百分制，其与乘客的满意程度的对应关系见表 8-6。

表 8-6　百分制与满意度关系表

乘客的满意度	满意	较满意	一般	较不满意	不满意
百分制	100	80	60	40	20

在确定了乘客满意度测评指标体系之后，有必要邀请有关专家和具有一定代表性的乘客，对确定的测评指标体系和评价标准进行论证，在认真听取意见的基础上，对确定的测评指标体系进行修改，以保证乘客满意度测评结果的公正性和有效性。

有可能的情况下，可以组织一次试调查，对所确定的测评指标体系进行再次验证，以证实其合理性及有效性。可以在小范围内抽取适量的样本，根据拟定好的测评指标体系制作好调查表，实施试测评。根据测评的结果和调查过程中遇到的问题，对乘客满意度测评指标体系进行必要的、适当的调整和修改。

8.3.4 乘客满意度辅助分析

1. 乘客忠诚度分析

乘客的忠诚是乘客内在积极态度、情感、偏爱和外在重复购买行为的统一。乘客忠诚度是用来衡量乘客忠诚的一个数量指标。乘客忠诚是相对于乘客满意而言，前者不仅强调乘客的情感，而且还强调乘客的消费行为。乘客忠诚度也是企业品牌的重要反映，企业应该努力提高乘客忠诚度。

1）忠诚度指数计算

参照乘客满意度指数（ACSI）的计算方法，可以得到乘客忠诚度指数的计算方法，见式（8-10）：

$$\mathrm{CLI}=\frac{E[\xi]-\min[\xi]}{\max[\xi]-\min[\xi]}\times 100 \tag{8-10}$$

乘客忠诚度 ξ 的均值、最大值和最小值是通过相应的测量变量 x_i 来确定的，即

$$E[\xi]=\sum_{i=1}^{n}w_i x_i \tag{8-11}$$

$$\min[\xi]=\sum_{i=1}^{n}w_i \min[x_i] \tag{8-12}$$

$$\max[\xi]=\sum_{i=1}^{n}w^i \max[x_i] \tag{8-13}$$

式中：ξ——潜变量乘客忠诚度；

$E[\xi]$——乘客忠诚度的期望值；

$\min[\xi]$——乘客忠诚度的最小值；

$\max[\xi]$——乘客忠诚度的最大值。

x_i——乘客忠诚度对应的各个测量变量；

w_i——权重；

n——潜变量乘客忠诚度对应的测量变量的个数。

计算忠诚度指数的方法还有：将各个测量变量采用简单的加权平均。假设共有 N 个受测乘客，忠诚度共有 n 个测量变量，则 x_{ij} 表示第 j 个乘客对第 i 个测量变量的评价，w_i 为第 i 个测量变量对忠诚度的权重，那么乘客忠诚度指数的计算方法为：

$$\mathrm{CLI}=\frac{\sum_{i=1}^{n}\left(\dfrac{\sum_{i=1}^{n}x_{ij}w_i}{\sum_{i=1}^{n}w_i}\right)}{N}\times 100 \tag{8-14}$$

上式可以简化为：

$$\mathrm{CLI} = \frac{\sum_{i=1}^{n} \bar{x}_i w_i}{\sum_{i=1}^{n} w_i} \times 100 \qquad (8-15)$$

当 $\sum_{i=1}^{n} w_i = 1$ 时，式（8–15）就简化为式（8–11）。采用简单加权平均的方法得到的忠诚度指数具有简单直观的优点，对忠诚度指数结果的解释变得更容易。

2）品牌忠诚度行为－情感模型

对于忠诚度的分析采用“品牌忠诚度行为－情感模型”。品牌忠诚度包括：行为忠诚度和态度忠诚度两方面的内容。行为忠诚度是指顾客在实际行动上能够持续购买/使用某一品牌。顾客这种行为的产生可能源于顾客对该品牌内在的好感，也可能是由于购买冲动、促销活动、消费惯性、转换成本或者市场覆盖率高于竞争品牌等其他与情感无关的因素促成的。态度忠诚度是指某一品牌的个性与顾客的生活观念、价值观念相吻合，顾客对该品牌已产生了感情，甚至引以为豪，并将此作为自己的“朋友”和精神寄托，进而表现出持续购买的欲望和行为。运用情感忠诚度与行为忠诚度组成的两维坐标图，对情感忠诚度、行为忠诚度进行分类、量化，将两者分别划分为低、中、高三个忠诚度，形成 9 个区域，从而可以得到品牌忠诚度分析模型，如图 8–5 所示。

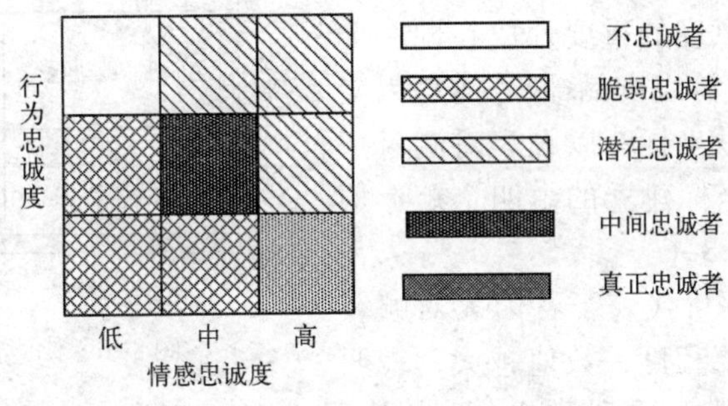

图 8–5　品牌忠诚度行为－情感模型

潜在忠诚者是指情感忠诚度高于行为忠诚度的忠诚者。该类忠诚者对某品牌的忠诚主要来源于顾客内在的良好的情感和态度，因而潜在忠诚者的忠诚度更具有持久性，并且容易向真正忠诚者转变。相对地，情感忠诚度低于行为忠诚度的忠诚者是脆弱忠诚者。该类忠诚者对某品牌的忠诚更多地来源于外在因素的影响，因此该类忠诚者的忠诚度会不太稳定，比较容易成为中、低度忠诚者，甚至彻底转变为其他品牌的真正忠诚者。

对于某品牌来说，如果潜在忠诚者远多于脆弱忠诚者，那么说明该品牌已建立起鲜明、独特的品牌个性，并获得了多数顾客在情感方面的认同感（无论顾客是否购买）。但是，如果潜在忠诚者远少于脆弱忠诚者，那么说明该品牌的消费者并没有对该品牌产生认同感，这会对品牌日后的市场竞争与发展产生不利影响。

模型中的右下区域代表真正忠诚者，是品牌忠诚度分析模型中最重要的部分。一个好的品牌必须拥有较高比例的真正忠诚者，该类忠诚者倾向于对这一品牌的持久忠诚。此类忠诚者会长久关心、持续购买这一品牌，其忠诚既包括情感上的认同感，又包括购买行为的持久性。该类忠诚者不仅对该品牌已产生持久的情感上的认同感，而且该品牌已经成为他们生活中必不可少的一部分，即使是日后面对质量更好、价格更低的产品也不会改初衷。因此，维持真正忠诚者的忠诚度，能够保持并不断提高品牌的市场占有率。

一个健康的品牌，不但要维持真正忠诚者的忠诚度，而且要尽力挖掘潜在忠诚者，以使更多的潜在忠诚者发展成为真正忠诚者。只有这样，才能使品牌的影响力不断发展、壮大。因此，要使品牌真正壮大，就必须从情感、行为两方面综合考虑，使更多的顾客发展成为潜在忠诚者，进而转变成为真正忠诚者。

2. 满意度重要性矩阵

顾客满意度主要反映了顾客对服务质量的感知程度，而企业关注的并不是满意度得分情况，而是如何改进企业的服务以更好地为顾客服务。影响满意度的因素有很多，各个因素的重要程度如何体现，以及对于企业而言，哪些因素是其亟待改进的，可以通过满意度重要性矩阵来进行分析。

顾客满意度问卷调查收集的信息分为两类，包括：①顾客对于产品/服务的各主要因素的重要程度评价；②顾客对于各主要因素的满意度评价。

顾客满意度重要性矩阵主要是通过二维矩阵，将满意度的变化规律（趋势）与各调查指标（因素）对总体满意度的重要性放在同一个层面上进行分析。该矩阵以产品/服务的各因素对顾客的重要程度为纵坐标，以顾客对测量指标的满意度评价为横坐标建立的由四个矩形构成的二维矩阵图，见图 8-6。

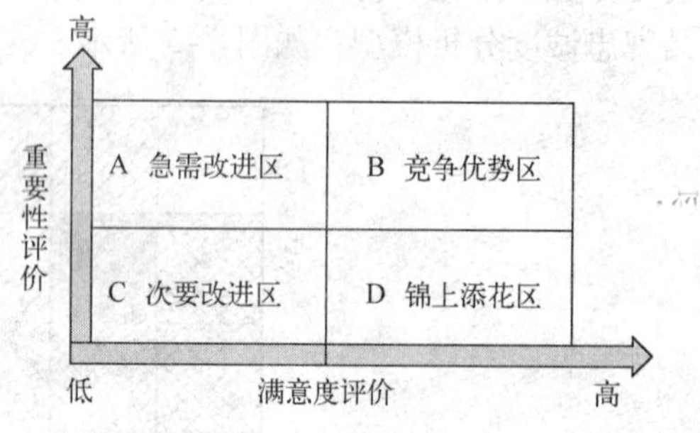

图 8-6　满意度重要性矩阵

上图中，重要性评价代表了各因素对顾客总体满意度的相对重要程度，数值越大，表明该因素的重要性越高，越应受到重视，具体分析如下。

A 急需改进区：落在急需改进区的因素是影响整体顾客满意度的重要因素，顾客对于公司在这些方面的表现感到不满意，给顾客总体满意度带来了负面影响，是公司急需着重改进的方面。对于地铁运营公司而言，要提高乘客满意度，就要先从这几方面着手展开改进工作。

B 竞争优势区：落在竞争优势区的因素是影响整体顾客满意度的重要因素，而且顾客对于公司在这些方面的表现感到很满意，给顾客总体满意度带来了积极影响，落在该区的因素可视为公司的优势，因素越多说明公司的竞争力越强。对于地铁运营公司而言，这个区域的因素是地铁的优势所在。

C 次要改进区：落在次要改进区的因素对整体顾客满意度的影响较小，顾客不太在意，并且该区域因素的满意度较低。因此在公司资源有限的情况下，可考虑次要改进，即公司对急需改进的因素改进后，可以对该区因素进行改进，使之进入 D 锦上添花区。对于地铁运营公司而言，在“次要改进区”中的指标意味着他们对于乘客质量的感知不是很重要，乘客评价也不高，所以这些因素是乘客满意度中影响较小的因素。

D 锦上添花区：落在锦上添花区的因素对整体顾客满意度的影响较小，但是顾客对该区因素的满意度评价很高，对总体满意度影响力小却有正面影响。因此在一定程度上也可以提升公司的竞争力，但不需要再花很大工夫去改进，暂时维持现状即可。

对于地铁运营公司，乘客满意度和内部员工满意度的分析都可以采用此模型。通过各指标满意度的得分与对各因素重要性的矩阵分析，明确地铁运营公司的提升方向，从而为地铁运营公司采取有效改进措施提供很好的建议和参考。

针对顾客对产品/服务各因素的重视程度和满意程度，按照式（8-16）得到最大的改进机会：

$$\text{改进的机会} = \frac{\text{顾客的重视程度}}{\text{顾客的满意程度}} \tag{8-16}$$

从改进的机会的计算公式中可知，对于某因素而言，顾客的重视程度越高，顾客的满意度越低，则其改进的机会越大，越应成为重点解决的问题。

在顾客满意度的调查中，有时考虑到被调查者的耐心问题，设计问卷时尽量缩短问卷的长度，于是就会略去对各因素的重要性评价，或者设计一道对所有的影响满意度的因素进行排序的问题。这样，在做满意度重要性矩阵分析的时候就没有重要性评价的得分，这时我们可以采用以下方法来替代：

① 如果在问卷中有对于影响满意度的因素的重要性排序问题，可考虑采用对重要性排序选择的结果赋予不同的权重（比如：第一选择权重设为 7，其次为 6，依此类推）进行加总，并对结果进行极值标准化处理：

$$S_i = \frac{x_i - \min[x_i]}{\max[x_i] - \min[x_i]} \tag{8-17}$$

式中：　S_i——第 i 个因素的重要性标准化处理结果；

x_i——第 i 个要素重要性评分；

$\max(x_i), \min(x_i)$——x_i 的最大值和最小值。

然后以 S_i 作为纵坐标，以顾客对各因素的满意度评价作为横坐标，得到满意度重要性矩阵。

② 若问卷中没有关于各因素重要性排序的问题，可以考虑采用各个因素与总体满意度的相关系数作为各因素重要性评价的替代，也能够得到较好的结果。但需要声明的是，在采用这个方法进行分析的时候，有可能会出现伪相关的情况，所以要把定量分析和定性分析结合起来。

8.3.5　调查方案设计与实施

乘客满意度调查采用随机抽样调查的方法，通过访谈、发放《乘客满意度调查表》等方式获得调查结果。

1. 调查问卷的设计原则

乘客满意度调查的调查对象为乘坐在地铁列车上的乘客。乘客按照社会人口特征分类，主要是从乘客的性别、年龄、文化程度、职业、经济能力、民族、居住地域等方面来进行分类。

比如，处在不同生理年龄阶段的乘客，其需求和期望是不相同的，这是因为随着年龄的增长，其消费心理由不成熟逐渐向成熟，而且同时还与各自的文化程度、职业、经济收入等各种因素的相互影响有关。乘客按照生理年龄分类，一般可以分为少年乘客（<18 岁的未成年人）、青年乘客（18 ~35 岁之间的成年人）、中年乘客（35 ~60 岁之间的成年人）和老年乘客（<60 岁）4 种。

2. 调查方式

调查方式的选择是否合理，直接影响到调查结果。因此，合理选择调查方式也是顾客满意度指数测评工作中重要的一环。

顾客满意度调查中常用的调查方式有：自填式调查法、面谈调查法、电话调查法等。每一种调查方式都有其优缺点，要结合具体的调查情况来进行选择。

1）面谈调查法

面谈调查法，就是调查人员与一个被调查者直接进行面谈，或者与几个被调查者集体面谈；可以面谈一次，也可以面谈多次。

面谈调查法的优点是：能直接与被调查者见面，听取意见并能观察其反应，灵活性较大，可以简单面谈，也可以深入详细面谈，能够互相启发，得到的资料也较真实。这种方法的缺点是：成本较高，调查结果受调查人员的素质水平影响较大。

2）电话调查法

电话调查法是由调查人员根据抽样的要求，在样本范围内，通过电话向被调查者提出询问，听取意见。

电话调查方式具有：收集资料快、成本低，并能以统一格式进行询问，所得资料便于统一处理的优点。但是这种方法由于受到时间的限制具有一定的局限性：只能对有电话的用户进行询问，不易取得被调查者的合作，不能询问较为复杂的问题，问卷设计不能太长，调查难以深入等。

3）自填式调查法

自填式是指被调查者在没有调查人员协助的情况下完成问卷调查。在进行顾客满意度调查的时候，可以通过很多方式把调查问卷递送给被调查者，如调查人员定点拦截被调查者，入户将问卷交给被调查者让其自行填写，通过邮寄调查的方式，通过网络调查的方式，或通过媒体将问卷刊登进行调查，或通过传真的方式将调查问卷发给企业组织。除了入户和拦截式的问卷调查的时效性比较强外，其他自填式问卷的时效性较差。

4）秘密顾客调查法

秘密顾客调查法，通常是某些受委托的顾客匿名光顾被调查企业的服务现场并接受服务，并对该企业的服务给予评价。秘密顾客调查法的特点是：能够做到 100% 的回收率，测评结果也较为详细，但随机性较差，容易受到主观因素的影响。

电话调查法和自填式调查法是顾客满意度调查中最常用的两种数据资料收集方法。秘密顾客调查法也是顾客满意度调查中较为常用的一种方法。上述的调查方法各有优缺点，在顾客满意度调查中，为了保证评价更为客观公正，通常采用多种调查方法相结合的方式进行。

3. 乘客满意度调查的实施步骤

① 明确调查目的和调查任务。依据乘客满意度调查的目的：了解乘客对地铁现状总体的满意程度和具体各方面的满意程度，了解乘客对地铁的抱怨和忠诚情况以及意见建议，由此决定调查的内容，然后以内容决定任务，再以任务决定方法、技术手段和测量目标。

② 制订调查方案。设计调查提纲，确定调查指标，列出调查问题，确定调查范围，选取调查对象，提出调查方法，如决定是进行普查还是抽样调查。

③ 进行预调查。对设计的问卷进行预调查，只需要较小的样本量。通过预调查进行检验，根据预调查的分析结果，对问卷进行修改和完善。

④ 实施调查，收集调查资料。实施调查过程，完成调查卷的收回，确保调查的数量和质量。

⑤ 处理分析调查结果。整理调查资料——检验、归类、统计；形成调查结果——图表、文字、总体评价；提交综合调查报告。

8.4 深圳地铁乘客满意度分析

深圳市地铁全长 21.866 km，并设有 19 个车站。深圳地铁与香港九广铁路接驳到罗湖。罗湖为深圳经济特区与香港特别行政区边界的陆路口岸之一，乘客可通过地铁到达该口岸，然后再换乘铁路。除此之外，深圳地铁 1 号线也接驳到深圳市内著名旅游点“世界之窗”，它是深圳地铁第一期工程中 1 号线之终点站。

地铁作为城市轨道交通系统，成为越来越多市民出行的首选交通工具。通过地铁乘客满意度调查，可了解不同细分市场的特征和需求，了解乘客乘车行为习惯，包括乘客搭乘地铁的频率、时间段、出行目的以及选择地铁出行的原因；了解目前地铁的运营状况和改进的意见。

8.4.1 调查结果及结果分析

采用随机抽样在地铁车站拦截访问的方法选取乘坐地铁的乘客。调查时间为 2007 年 9 月 20 日至 2007 年 10 月 6 日。19 个车站的调查样本量见表 8-7，其中，罗湖站和皇岗站涉及过境客流，因此，两站调研样本量分别取为 200 个。

表 8-7　各站点乘客满意度调查样本量

ID	站　名	计划样本量	实际完成量	ID	站　名	计划样本量	实际完成量
1	罗湖	200	217	11	车公庙	150	126
2	国贸	150	140	12	竹子林	50	50
3	老街	150	144	13	侨城东	50	51
4	大剧院	100	88	14	华侨城	50	60
5	科学馆	100	75	15	世界之窗	200	274
6	华强路	100	222	16	福民	50	53
7	岗厦	100	101	17	市民中心	50	51
8	会展中心	150	115	18	少年宫	50	59
9	购物公园	50	63	19	皇岗	200	153
10	香蜜湖	50	35	合计		2000	2077

1. 乘客满意度模型

本实例乘客满意度评价采用的理论模型是 ACSI 模型，见图 8-7，其指标体系见表 8-9，模型估计采用 PLS 方法。

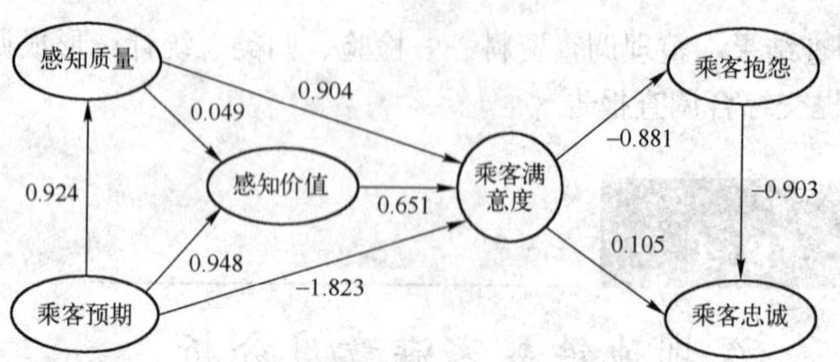

图 8-7　地铁乘客满意度模型及路径系数

2. 计算路径系数与权重

首先，将收回的问卷按照相应的数据编号整理输入 Excel。接下来用 PLS—GUI 软件计算满意度指数模型中的各项指标的权重和一级指标（潜变量之间的路径系数），见表 8-8 和表 8-9。

表 8-8　路径系数表

	γ_{11}	γ_{21}	γ_{31}	β_{21}	β_{31}	β_{32}	β_{43}	β_{53}	β_{54}
路径系数	0. 924	0. 948	－1. 823	0. 049	0. 904	0. 561	－0. 881	0. 105	－0. 903

表 8-9　指标体系及权重

一级指标	二级指标	三级指标	权　重
乘客预期		对深圳地铁总体的期望	1. 000
乘客满意度		对深圳地铁总体满意度	0. 335
		深圳地铁是超出您的期望还是低于您的期望	0. 325
		深圳地铁与您理想中地铁相比，比完美状态差很远还是很接近	0. 340
感知价值		依据目前票价，您对深圳地铁满意度	0. 501
		依据深圳地铁的目前状况，您对深圳地铁票价满意度	0. 499

续表

一级指标	二级指标	三级指标	权　重
乘客抱怨		抱怨过深圳地铁	0.665
		在过去一年内，您对深圳地铁投诉	0.335
乘客忠诚度		出行若乘地铁可直达目的地的话，选择乘坐地铁的可能性	0.317
		出行若乘地铁不可直达目的地的话，选择乘坐地铁的可能性	0.313
		您建议您的家人和朋友出行选择乘坐深圳地铁的可能性	0.370
感知质量	导向指引	上车站点的地面设立的指示牌	0.008
		上车站点的出口指示	0.06
		上车站点的出口周边建筑、交通线路标志	0.046
		上车站点的购票、出入闸等导向指引	0.089
		上车站点的站台上确定列车行驶方向指引	0.043
		上车站点洗手间的指引	0.042
	整洁舒适	上车站点的地铁站内的明亮、整洁成都与畅通性	0.013
		上车站点的地铁站内的空气流通性与温度适宜性	0.029
		上车站点的候车座椅的舒适性与整洁性	0.01
		车厢内明亮、整洁	0.056
		车厢内的空气流通性和温度适宜性	0.033
	准时快捷	列车到站的准时性	0.081
		列车发车间隔的合理性	0.029
		首末班车运营时间设置的合理性	0.032
	列车运行与安全	上车站点的楼梯、自动扶梯及电梯的使用安全性	0.012
		对车门、屏蔽门即将关闭的提前通知及时性	0.022
		列车行驶的安全平稳性	0.01
		出现非正常情况，对乘客的告知及其处理的恰当性	0.046
		站内、车内的治安环境	0.02
	票务服务	深圳地铁票价的合理性	0.064
		票亭兑换硬币、零钞的便利性	0.015
		购票所等待时间的可接受性	0.021
		深圳地铁的“深圳通”、优惠票、周票、特种计次票信息知晓程度	0.01
		目前深圳地铁的乘车票的种类满足您需求的程度	0.015
		各类票购票、退票的合理性	0.008
	设备设施	上车站点的自动售票机摆放位置的合理性	0.034
		上车站点的自动售票机购票方法的介绍清晰易懂性	0.007
		自动售票机在您使用过程中出现故障的次数程度	0.045
		闸机在您通过时出现故障的次数程度	0.003
		您碰到过自动扶梯出现故障的次数程度	0.01
	员工服务	地铁工作人员的服务态度热情主动程度	0.006
		地铁工作人员解决乘客的困难与疑问的效率	0.01
		投诉、沟通途径明确程度	0.005
		深圳地铁运营公司处理乘客建议、投诉及时程度	0.026
	信息宣传	深圳地铁运营公司对深圳地铁宣传的充分性	0.001
		获得地铁票务政策、乘客指引及安全乘车知识等必要信息方便性	0.031
	商业环境	地铁内广告形式布局与车站环境的和谐性	0.008
		地铁内商铺数量可以满足地铁内购物需求的程度	0.003

3. 乘客满意度指数计算与分析

关于潜变量乘客满意度相对应的观测变量指标为乘客满意度的 y_1，y_2，y_3，整理可知 $\overline{y}_1 = 7.717$，$\overline{y}_2 = 6.318$，$\overline{y}_3 = 6.662$。由表 8-9 可知，其对应的权重 w_i 分别为：0.335，0.325，0.340。所以，由式（8-9）得满意度指数：

$$\text{ACSI} = \frac{\sum_{i=1}^{3} w_i \overline{y}_i - \sum_{i=1}^{3} w_i}{9 \sum_{i=1}^{3} w_i} \times 100 = 65.6$$

依据表 9-11，乘客总体满意度的等级为一般。由此可知，地铁的服务质量还有待提高。

结合路径系数对影响满意度指数的因素进行分析（见图 8-7），得出以下结论。

① 预期对乘客满意度的影响力为 1.832，说明乘客预期越高，则乘客满意度越低。

② 感知质量对乘客满意度的影响力为 0.904，说明如果地铁提供的质量越高，乘客满意度也就越高。

③ 感知价值对乘客满意度的影响力为 0.561，说明如果地铁产生的价值越高，乘客满意度也就越高。

8.4.2 结论

乘客满意度提升和改进的方向，不仅要考虑到重要性，也得考虑到成本和效益，以及相关的政策，因此综合考虑所有的因素，建议关注以下指标。

1. 重点关注指标

① 导向指引：上车站点洗手间的指引，上车站点的购票、出入闸等导向指引，上车站点的出口指示，上车站点的出口周边建筑、交通路线标志。

② 票务服务：地铁的票价合理性，目前地铁的“普通票”、优惠票等信息知晓程度。

③ 准时快捷：首末班车运营时间设置的合理性，列车发车间隔时间合理性。

④ 安全保障：出现非正常情况，对乘客的告知及处理恰当性。

⑤ 设备设施：自动售票机在您使用过程中出现故障的次数程度，上车站点的自动售票机摆放的位置合理性。

2. 次要关注指标

① 票务服务：购票所等待的时间的可接受性，票亭换硬币、零钞的便利性，目前地铁的乘车票的种类满足乘车需求的程度，各种票购票、退票合理性。

② 整洁舒适：车厢内的空气流通性与温度适宜性，上车站点的地铁站内的空气流通性与温度适宜性。

③ 员工服务：地铁工作人员的服务态度热情主动程度，投诉、沟通途径明确程度，地铁运营公司处理乘客建议、投诉及时程度。

④ 信息宣传：地铁运营公司对深圳地铁宣传的充分性、获得地铁票务政策、乘坐指引及安全乘车知识等必要信息方便性。

8.4.3　居民地铁出行意见调查

1. 意见概述

与传统的交通方式（公交车和出租车）相比，地铁有其自身的优势，但是由于发展时间较短，地铁也存在着明显的不足，例如：站点少、覆盖面积不够等。如何在竞争中凸显优势、弥补不足，如何制定长期的应对竞争的策略是地铁需要解决的问题之一。

面对传统的竞争对手——公交车和出租车，地铁不可能闭门造车，只顾自己发展。它必须了解对手的状况，了解它所处的竞争环境，充分发挥其优势，改善其不足，从而在竞争中立于不败之地。非地铁乘客意见调查收集乘客对地铁、公交车和出租车三种交通方式的意见，并根据所得的调查结果分析地铁所存在的优劣势，从而为地铁制定应对竞争策略、改善运营服务水平提供参考意见。

意见调查的调查对象采用随机抽样的方法，选择在与地铁线路走向相近的公交线路的公交站点上的公交乘客或出租车的乘客。

2. 调查方法与内容

意见调查的调查方法采用问卷调查或访谈调查的方式，在与地铁线路相近或重合的公交车线路上选取几个合理的公交站点。在不同站点以随机抽取非地铁乘客为调查样本的方式进行调查，并当场回收表格。

意见调查的内容可以分为三部分，包括乘客基本资料、居民乘车信息和居民不选择地铁的原因。问卷设计的问题数目不要太多，内容要主题鲜明、层次清晰，语义要明晰、无歧义，问题不带有导向性，以免误导乘客。表 8-10 为居民地铁出行意见调查表。

表 8-10　居民地铁出行意见调查表

居民地铁出行意见调查表

调查日期：______年______月______日

问卷编号：____________

样本站点：				调查人员：______
1. 中心区地铁站	2. 中心区地铁站口	3. 居住区地铁站口	4. 居住区	5. 中心区外地铁沿线
审核签名：		复核签名：		
编码员签名		录入人员签名：		

尊敬的先生/女士：

您好！

我们正在进行一项居民对地铁出行满意度方面的调查，目的是促进地铁改善服务设施、提高服务水平，从而为您和广大乘客创造一个更加理想的乘车环境。您的出行经历和感受对我们的研究非常宝贵，因此希望您能协助我们完成本次调查。

谢谢！

续表

甄别问卷

记录访问开始时间（24 小时制） [ ] [ ]：[ ] [ ]

S1 请问在最近一个月中您是否曾经接受过有关地铁方面的调研？

1. 否 2. 是→终止访问，致谢离开

Part Ⅰ：乘客乘车信息

A1 您乘坐公共交通的频率

1. 天天都坐 2. 平均每周 2～3 次（往返算一次） 3. 平均每周一次 4. 每月 1～2 次 5. 偶尔乘坐

A2 您主要是在什么时间段乘坐公交（可多选）

1. 07:00 以前 2. 07:01～09:00 3. 09:01～17:00 4. 17:01～19:00 5. 19:00 以后 6. 随机

A3 您选择坐公交出行的原因

1. 可直达 2. 换乘方便 3. 价格合理 4. 安全快速 5. 车内环境舒适 6. 环保 7. 其他，请注明

A4 您这次出行的起点到最近的地铁站点有多远？

1. 300 m 以内 2. 300～600 m 3. 600～900 m 4. 900～1 200 m 5. 1 200 m

A5 您这次出行的起点站到最近的巴士站点有多远？

1. 300 m 以内 2. 300～600 m 3. 600～900 m 4. 900～1 200 m 5. 1200 m

A6 您觉得乘坐地铁方便么？

1. 方便→跳至 A8 2. 不方便 3. 无所谓

A7 您觉得乘坐地铁不方便主要是因为：

______

______

A8 请将三种交通方式在以下方面的表现进行评价（请在每一栏中相应的表现处打上√）

评价方面	地铁	巴士	出租车
很快捷	很好/较好/一般/较差/很差	很好/较好/一般/较差/很差	很好/较好/一般/较差/很差
乘坐舒适	很好/较好/一般/较差/很差	很好/较好/一般/较差/很差	很好/较好/一般/较差/很差
发车间隔可接受	很好/较好/一般/较差/很差	很好/较好/一般/较差/很差	很好/较好/一般/较差/很差
车内人均空间大	很好/较好/一般/较差/很差	很好/较好/一般/较差/很差	很好/较好/一般/较差/很差
空气流通好	很好/较好/一般/较差/很差	很好/较好/一般/较差/很差	很好/较好/一般/较差/很差
行驶安全	很好/较好/一般/较差/很差	很好/较好/一般/较差/很差	很好/较好/一般/较差/很差
秩序、治安好	很好/较好/一般/较差/很差	很好/较好/一般/较差/很差	很好/较好/一般/较差/很差
价格合理	很好/较好/一般/较差/很差	很好/较好/一般/较差/很差	很好/较好/一般/较差/很差
更容易到达目的地	很好/较好/一般/较差/很差	很好/较好/一般/较差/很差	很好/较好/一般/较差/很差
工作服务态度好	很好/较好/一般/较差/很差	很好/较好/一般/较差/很差	很好/较好/一般/较差/很差
导引指示明确	很好/较好/一般/较差/很差	很好/较好/一般/较差/很差	很好/较好/一般/较差/很差

您觉得公交最主要的不足之处是：

（1）______

（2）______

（3）______

您觉得地铁最主要的不足之处是：

（1）______

（2）______

（3）______

续表

Part Ⅱ					
Z1 请问您的性别是					
1. 男			2. 女		
Z2 请问您的身份是					
1. 居民	2. 外地游客		3. 其他：请注明：________		
Z3 请问您的年龄是？					
1. 16 岁以下	2. 16 ~ 25 岁	3. 26 ~ 35 岁	4. 36 ~ 45 岁	5. 46 ~ 60 岁	6. 60 岁以上
Z4 请问您的职业是？					
1. 学生	2. 公司职员	3. 自由职业者	4. 政府及事业单位员工	5. 公交系统人员	6. 其他：请注明：____
Z5 请问您的文化程度是？					
1. 初中及以下	2. 高中、职高、技校、中专	3. 大专	4. 本科	5. 硕士及以上	
Z6 最后请问以下哪一项最能代表您的家庭月总收入水平？					
1. 1 600 元以下	2. 1 600 ~ 3 000 元	3. 3 001 ~ 5 000 元	4. 5 001 ~ 8 000 元	5. 8 001 ~ 12 000 元	6. 12 000 元以上
Z7 您的电话：				姓名：	
【记录访问结束时间（24 小时制）】					[ ] [ ]：[ ] [ ]

表 8-10 中，主要涉及以下内容。

① 乘客基本资料包括了乘客的性别、年龄、职业、文化程度、家庭月总收入水平，以此来对乘客进行划分。不同的性别、年龄、职业、文化程度、家庭月总收入水平的乘客对地铁的服务需求是不一样的，通过对乘客的分类，可以细化市场，了解不同乘客的不同需求。

② 乘客乘车信息包括乘客居住地区、常用交通方式、一般出行目的、乘客的乘车频率、乘车时段、乘客对地铁、公交巴士和出租车的满意度比较等内容。

③ 乘客不选择地铁出行的原因以及其对地铁的建议。

3. 信息处理与分析

调查问卷回收后，将调查数据进行汇总整理，比如采用建立 Excel 数据库的形式，对所收集的第一手资料录入并进行相应的统计分析。按照乘客的基本信息和乘车信息的不同方面，将信息进行分类统计汇总，并对其进行比较；将乘客反映的意见和建议，按照不同的问题角度，对其进行分类汇总。由此，得到乘客对地铁、公交、出租三种交通方式的意见和比较，找出地铁目前的优势和劣势，提出改进措施。

本章练习题

1. 马斯洛理论将人的需求分为五个层次，分别为________、________、________、________、________，其中________是最基本的，员工个体需求中最基本的需求包含哪几个方面？
2. 访谈调查法与问卷调查法的优缺点各是什么？
3. 在员工满意度调查测评方法中，由于员工满意度是员工所持有的主观态度，其形成的原因各有不同，内涵和外延都不十分明确，应采用什么样的测评方法？其主要步骤是什么？

4. 员工满意度辅助分析方法的步骤是什么？
5. 简述员工满意度调查的实施步骤。
6. 简述地铁乘客满意度评估中所采用的 ACSI 模型的计算步骤。
7. 参照乘客满意度指数（ACSI）的计算方法，对忠诚度指数进行计算。
8. 非地铁乘客满意度调查的内容可以分为哪三部分？

9 第9章 轨道交通客流分析案例

本章概述

本章以北京市轨道交通为例，介绍轨道交通客流分析方法。在客流分析中，结合地铁站的类型特点和实际问题，分析客流特征、集散组织方式，并对地铁分时段客流进行统计和规律的总结，形成客流预测的基本方法和因素分析。根据实地观测和调查，揭示客流特点和不同线路、不同运输方式间的接驳换乘问题。

本章重点

1. 了解轨道交通客流案例分析的内容。
2. 了解地铁出行接驳方式构成分析、地铁调查内容和地址选取方法。
3. 掌握北京南站客流分析方法。

9.1 地铁出行接续方式构成分析

地铁出行接续方式调查主要是服务于地铁线路，调查结果是为了向轨道交通配套设施建设和管理提供参考和依据。

对于本调查而言，依据规划的目标和主要内容，除进行现状和规划资料收集的工作之外，还需要进行大量的调查工作，主要分为三部分，一是现状正在运行的地铁 1 号、2 号、13 号、八通线的客流出行特征；二是现状地铁 1 号、2 号、13 号线的交通衔接设施的配置状况以及规划线路 4、5、10 号线的车站周边区域人口、用地、区域交通设施和公交线路设施的调查。

为了确定现状地铁车站客流的职业类别、换乘方式、换乘地铁时间等特征，合理选定大型公共建筑、教育科研、居住区、商业区、商务办公区等地点进行地铁出行意愿调查。

9.1.1 调查内容

调查分为三部分，首先为地铁主要车站选取，结合各车站的服务对象类别和区位划分，分类抽取典型车站对其进、出客流进行小样本抽样调查。

抽取的车站主要应包括旅游景点车站、大型公共建筑车站、教育科研车站、居住区域车站、商业区域车站、商务办公区域车站等。

其次进行随车询问调查，了解居民地铁出行的主要影响因素、地铁与其他交通方式接续问题、等待时间、方便性和交通出行价格成本方面的内容。

最后，在车站建筑周边对进行不同出行目的的人群进行意愿调查或者在网站上进行咨询调查。

9.1.2 调查结果分析

以北京市 2004 年地铁出行乘客辅助交通方式的出行特征为例，有效问卷 3 947 份，汇总交通方式构成见表 9–1。

表 9–1　调查得到的交通方式构成表

	乘地铁出行前		乘地铁出行后	
交通方式	人数	构成/%	人数	构成/%
步行	2 753	36.77	3 870	52.06
出租车	471	6.29	463	6.23

续表

交通方式	乘地铁出行前		乘地铁出行后	
	人数	构成/%	人数	构成/%
单位大客车	28	0.37	44	0.59
单位小客车	31	0.41	36	0.48
公交车	3 006	40.15	2 445	32.89
摩托车	52	0.69	14	0.19
其他	181	2.42	231	3.11
人力三轮车	72	0.96	37	0.50
私家车	177	2.36	74	1.00
自行车	716	9.56	220	3.00
合计	7 487	100.00	7 434	100.00

分析表9-1发现，在地铁出行两端都采用交通工具出行的客流比例仅占全部被调查人数的33%，65%以上的客流仅在出行的一端利用交通工具或者不利用交通工具，表明利用地铁出行乘客一般为出发地或者目的地距离地铁站附近。

乘地铁出行前利用公交和自行车换乘的比例远远高于乘地铁到达目的地以后利用公交和自行车换乘的比例，而步行正好相反。由此得出乘客在利用地铁出行前所花费的距离大部分要远于乘地铁到达目的后的距离，因为此次调查时间为上午，地铁乘客一般为从家出来的客流，其目的地一般距离地铁站较近。

在地铁出行的客流中，进行二次换乘所利用的交通工具主要是公共交通，其次是自行车和出租车，这三部分占所有地铁出行客流的40%。步行出行在乘地铁前占为36%以上，而在乘地铁以后高达52%，表明利用地铁出行的客流还是主要以直接吸引为主。

1）分区域出行特征

根据调查数据，在分区域地铁出行的客流中，辅助交通方式分区域构成具有以下特征。

① 从在中心区到外围区，公共交通的构成之间下降，这主要是因为在核心区的公共交通设施完备，到外围区公共交通设施的配置不足，比如回龙观、西二旗基本上没有配备公共交通线路来疏散地铁客流，而在核心区由于公交线路配备完善，公共交通的构成比例很高。

② 从中心区到外围区的自行车和出租车构成比例是逐渐增加的，表明在公共交通线路不足的情况之下，远距离出行基本上以自行车和出租车代步。

③ 私家车的出行构成很低，根据分析基本上是一个家庭中在不同地方上班的人利用私家车接送到地铁站换乘地铁，此种方式出行量很低，尤其是在中心区仅占1.5左右，而外围区占的比例到了2.11%。

④ 摩托车和人力三轮车仅用于外围公交设施不足的地区，如回龙观（人力三轮车占12.18%，摩托车占10.20%）、望京西（人力三轮车占6.59%，摩托车占2.20%）等，如表9-2所示。

表 9-2 地铁客流辅助交通方式分区域构成表

交通方式	二环以内/%	二环与四环之间/%	四环以外/%
步行	45.39	47.35	41.62
出租车	5.42	5.94	8.03
单位大客车	0.35	0.58	0.64
单位小客车	0.34	0.65	0.52
公交车	37.27	36.74	32.70
摩托车	0.07	0.03	1.72
其他	3.70	1.26	1.65
人力三轮车	0.19	0.24	2.70
私家车	1.50	1.67	2.11
自行车	5.79	5.53	8.31
合计	100.00	100.00	100.00

2）分服务类别出行特征

根据调查数据，在分服务类别地铁出行的客流中，具有以下特征。

① 服务于交通枢纽类型的车站公交出行比例明显高于服务于商业、旅游类型车站，而其步行出行比例却明显较低，表明交通枢纽的换乘设施较为完善，地铁乘客主要是在枢纽地区进行其他交通方式的换乘，而对于商业、旅游类型车站，地铁乘客主要是购物休闲，目的地相距地铁站较近，也较为直接，不需要换乘其他交通方式。

② 服务于居住类型的车站中，自行车的出行构成明显高于其他车站，虽然教育科研类别车站的自行车构成比例很高，但这个类别中选取了上地、五道口和广播学院，这几个车站周围的居住用地也占了很大的比例。这表明居住区利用自行车换乘到地铁站的比例还是很大的，主要是因为居住地距离地铁站在间接吸引范围内，利用自行车很方便。

相对于以上几类，其他的类型车站其出行结构并没有很明显的特点。

3）分目的出行特征

对照以上分析，根据目的划分出行构成具有以下特点。

① 在购物和休闲的目的中，即到商业区和旅游景点区域的公交使用率较低，而步行比例很大。

② 上班出行中，自行车的出行比例较大，也表明了居住用地居民利用自行车换乘地铁出行的比例较大。

4）地铁车站交通衔接设施主要特点

公共交通设施完备的车站，其出行结构中利用公交进行二次换乘的比例远远高于公交设施缺乏的车站；在自行车停车场地充足的车站，利用自行车进行二次换乘的比例远远高于自行车停车场地缺乏的车站；地铁车站周边的自行车停车场地严重不足，车站周围在没有配备停车场的情况之下，车辆停放混乱，甚至于占用便道，缺乏管理，容易丢失；已经配备自行车停放场地的车站，车位也严重不足，停车场地拥挤不堪，严重影响了地铁乘客利用自行车进行二次换乘的比例。

在外围区域，由于公共交通设施的不足，在出行困难的情况下，出租车、摩托车和人力三轮车也成为代步的工具，尤其是在地铁 13 号线和八通线的一些车站；地铁车站周边的交通组织混乱，一些地铁车站出入口周边交通组织混乱，各种车辆乱停乱放，尤其在高峰时间，占用乘客的换乘通道，不仅耽误时间，还影响行人的安全。

9.2 北京南站客流分析

北京南站地处北京市南二环右安门东滨河路以南，南三环西路以北，马家堡东路以西，崇文区西南角与丰台区右安门地域的交界处，前身为永定门火车站。在未来北京铁路枢纽客运系统“四主两辅”的规划格局中，起着极其重要的作用。

北京南站是按照铁道部提出的客站建设新理念，将客运专线、城际铁路、普速铁路、轨道交通、常规公交等多种交通方式集为一体，朝着以铁路为核心的综合客运交通枢纽的方向发展的第一个特大型中心客站。

9.2.1 客流特征分析

近年来，我国旅客在外出旅行过程中，对运输方式的服务需求有了一定变化，这些变化包括：按照不换乘或最少换乘原则，挑选合适的交通方式；携带的行李数量和重量有较大幅度的减少；对信息服务及购票方便性等因素考虑更多；旅行时间在 7 小时以上时，喜欢夜间卧铺旅行胜过喜欢白天坐着旅行；距离相同时，交通方式选择的最主要因素是安全和票价，其次是速度、舒适和方便；白天旅行条件下，旅客产生疲倦感的时间平均为 7 ~ 8 h；对减少旅途疲劳的娱乐设施及服务质量要求越来越强烈。

基于以上变化，铁路客运专线的运营服务与常规铁路、航空、公路等交通方式相比，在最小换乘、速度、舒适和方便等方面都具有较大的竞争优势。随着铁路客运专线建设与运营的进一步发展，必将会产生更多的客流。

1. 既有铁路客流出行特征

1）出行目的

以京沪线客流调查数据作为参照进行分析。通过去北京站实际调查，就旅行目的而言，目前在京沪线出行的旅客中，出差的客流最多，其次是旅游、探亲、做生意的客流。

2）距离分布

旅客居住地与车站之间的距离，当他乘坐不同交通工具前往车站时，所花费时间的多少是影响选择交通工具的主要考虑因素。通过对北京站旅客从居住地到车站之间的时间进行问卷调查，得出以下结果（见表 9-3）。

表9-3　北京站旅客从居住地到车站的平均时间

交通方式	公交车	出租车	地铁	私家车	其他
平均时间/min	81.25	32.81	54	45	78.33

3）旅客换乘走行距离及时间

城市交通方式和铁路大型客运站间的换乘走行距离及时间这一参数与车站的交通设施设置以及站前广场交通组织密切。当某种交通方式上下乘客点设置距离车站近时，旅客走行距离短，耗时少，反之亦然。如北京站出租车下客点位于车站路对面，乘客要穿越马路和站前广场才能到车站入口，距离逾百米，障碍重重，耗时很大；其上客点距离车站进站口稍近，不用过马路，但也要穿越站前广场，仍不方便。而北京西站出租车下客点在车站入口处，并设置了出租车旋梯，这样使得出租车乘客下了车就可以直接进站，旅客一出站，也可以立即乘坐出租车，走行距离和时间都很短。

通过实际测定，北京南站旅客站内走行距离和时间如下。

① 进站：从安检口排队至进入第四候车室（最近的候车室）需要2分40秒，至第九候车室（最远的候车室）需要3分40秒，平均3分10秒。

② 出站：从2站台到北二出站检票口（最近的出站口）需要2分30秒，从6站台到北二出站检票口（最远的出站口）需要2分40秒，平均2分35秒。

实际中，较大规模的车站大都在二层设置候车室，并且站舍面积较大，平面和垂直走行距离都较远，耗时较大；出站时，由于站台多，地下通道长，因而走行距离长，耗时也大。车站规模小时恰好相反。

4）客流构成

就客流构成而言，京沪线的客流中企业管理人员最多，占22.60%；其次是科技人员、经商人员，分别占17.62%、14.28%。在出差（46.25%）的客流中，企业管理人员和科技人员最多（分别占16.06%，12.04%，见图9-1）；而在旅游的客流中，主要是工人、企业管理人员、科技人员以及学生。抽样调查，京沪线旅行目的和旅客职业关系如表9-4所示。

表9-4　京沪线旅行目的和旅客职业关系表　%

职业＼出行人员	出差	参观	采购	学习	探亲	旅游	生意	打工	其他	合计
行政管理人员	5.13	1.26	0.07	0.45	0.45	1.12	0.15	0	0.15	8.77
企业管理人员	16.06	0.89	0.37	0.82	1.26	1.86	0.89	0.07	0.37	22.60
科技人员	12.04	1.04	0	1.12	1.19	1.86	0.15	0.15	0.07	17.62
工人	4.83	0.3	0.22	0.59	2.23	2.53	0.15	0.37	0.3	11.53
军人或警务人员	2.68	0	0	0.67	2.08	0.37	0	0	0.30	6.10
经商人员	4.31	0.3	1.41	0.07	0.67	0.82	6.62	0	0.07	14.28
农民	0	0.07	0	0	0.67	0.30	0.45	1.49	0.07	3.05
学生	0	0.07	0	3.87	0.82	1.86	0.07	0.15	0.52	7.51
离退休人员	0.45	0.15	0	0	1.78	0.89	0	0	0.15	3.42
其他	0.59	0.22	0.15	0.15	0.22	1.04	0.45	1.64	0.67	5.13
合计	46.25	4.31	2.23	7.73	11.38	12.64	8.92	3.87	2.68	100

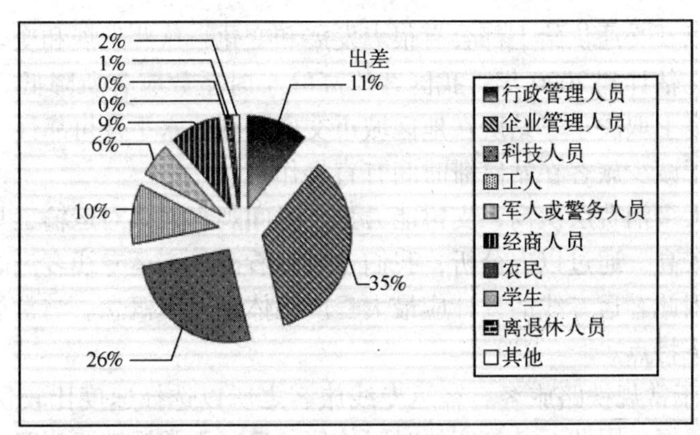

图 9-1　京沪线出差客流构成比例图

2. 铁路客运专线客流特点

根据北京枢纽客运站的分工，北京南站主要承担京沪客运专线和京津城际轨道交通客车的始发终到，设计 2020 年度的旅客发送量和客车对数见表 9-5。

表 9-5　北京南站设计年度客运量

线路	2020 年发送量/万人			2030 年发送量/万人		
	年	日	高峰小时	年	日	高峰小时
京沪	3 030	8.3	0.8	4 408	12.1	1.1
京津	2 570	7.0	0.7	3 457	9.5	0.9
普速	44	0.12	0.06	48	0.13	0.06
市郊	2 296	6.29	0.94	2 526	6.92	1.02
合计	5 644	15.42	2.50	7 913	21.73	3.08

注：市郊运量由北京规划院提供。

常规公交集疏散比例为 30%，轨道交通承担 50%，出租车承担 12%，小汽车承担 8%，集疏散总量考虑，京沪高速和京津城际与市郊车有 5% 的换乘量，并且京沪高速和京津城际有 20% 因接送客产生的人员，测算结果如 9-6 所示。

表 9-6　设计年度各种交通方式集疏散表　人/小时

交通方式	2020 年	2030 年
轨道交通	13 357	16 680
常规公交	8 014	9 960
出租车	3 206	3 980
小汽车	2 137	2 660
合计	26 714	33 280

由上可以看出，客运专线旅客在车站集散快，滞留时间较传统短。据调查分析，我国客流高峰小时系数在 8.5% ~15% 之间，高于美国公交系统的 7.6% ~9.1%。2005—2020 年我

国经济、消费模式以及交通供给上都会有很大发展和变化，这些发展和变化将对旅客的集散规律产生一定影响。估计到2020年，我国客流高峰小时系数应有所降低。出发旅客在车站的停留时间很大程度上取决于车站所在地区城市交通系统的水平及可靠性，快速、准时的城市公交接续系统对于减少旅客在站停滞时间有直接作用。

客运专线客流大多消费层次高，支付能力强，时间观念强，对运输工具的安全性、舒适性、便捷性等要求较高。通过以上分析，我们也可以看出，客运专线客流的特点是对出行时间和效率的重视，因此客运专线的设计应最大程度地体现效率概念。与常规铁路相比，客运专线的客流具有以下特点。

① 时间价值高于常规铁路旅客。客运专线旅客之所以选择速度比较快的运输方式，主要考虑出行时间的长短，因此，其旅客的时间价值一般高于常规铁路旅客。

② 更重视出行过程质量。总体上看，客运专线旅客由于时间价值较高，一般会更加重视出行过程的质量，因此，在各项设施的设计过程中，在设计各环节能力与服务水平时需要有更充分的研究和论证。

③ 注重整个过程的效率。对于旅客来说，其出行过程不仅涉及铁路运输部分，还涉及旅客到达铁路客运专线中心站之前以及离开之后的过程，因此，铁路客运专线中心站等设施的设计应更充分考虑这些环节对车站设计的影响，以确保客运专线所提供的各项客运服务的吸引力。

9.2.2 客流预测

车站布局主要是为了满足乘客使用和换乘活动需求，包括铁路与城市道路交通方式之间的换乘（包括地铁4号线和14号线）。在目标年2030年，北京南站日客流量将达到28.7万人次，各线路客流量如下。

① 京沪客运专线（高速铁路）：12.1万人次/日。

② 京津城际线：9.5万人次/日。

③ 普速铁路：0.13万人次/日。

④ 市郊铁路：6.92万人次/日。

2030年高峰小时铁路出发旅客流量预测值如表9-7所示。

表9-7 2030年北京南站高峰小时出发客流量 人

京沪	京津	普速	市郊	合计
11 000	9 000	600	10 200	30 800

假设出发客流中有5%为铁路间换乘客流，则有30 800×0.95=29 300（人/小时）将通过道路交通模式或地铁到达车站。进一步假设有20%的因接送旅客产生的出行人数（即0.2×20 600×0.95=3 914）。因此总出行人数（加上接送旅客人数）为29 300+3 900=33 200（人/小时），各种交通方式承担的比例如下。

① 使用地铁4号线及14号线的出行人数占50%（16 600人/小时）。

② 使用公交出行人数占 30%（9 960 人/小时）。

③ 使用出租车出行人数占 12%。

④ 使用小汽车出行人数占 8%。

9.2.3　客流集散组织模式

1. 开行方案

根据客流情况，在早高峰 6:05—8:55 时间段连发车 35 对，使用 2、3、4 三个站台，六条到发线。在 9:00—12:00 间隔 10 min 一趟，共开行 19 对。在 12:30—16:30 间隔 30 min 一趟，共开行 9 对。在晚高峰 17:00—20:55 时间段连发车 48 对，使用 2、3、4 三个站台，6 条到发线。21:00—次日 5:00 时间段间隔 60 min 开行 9 对列车，使用 2 站台南侧和 4 站台南侧两条到发线，其他车体入段，线路空闲。

2. 旅客进站

北京南站采用上进下出、下进下出、平进下出，通过式、等候式相结合的旅客流线模式。预计每天始发客流 73 200 人，到达 73 200 人。

地铁先期未开通时，乘出租车和小汽车的旅客到高架落客平台直接进入高架区，乘公交车的旅客在地面层落客平台下车后，由南、北两个共享空间乘坐电扶梯进入高架进站厅。预计进入高架层的旅客占每天客流量的 4/5，约 58 560 人，乘小汽车在地下一层落客的旅客流量占总量的 1/5，约 14 640 人。

后期地铁开通后，地铁承担 50%，常规公交集疏散比例为 30%，出租车为 12%，小汽车为 8%。高架区的旅客可在高架区内购票后，从候车区经检票口直接进入站台。

按照开行方案同台作业，间隔 15 min 开车，高架层和地下一层进站的旅客在开车前 15 min 检票进站，检票与停检时间根据实际情况待定。早晚高峰期以外的时间段，提前 30 min 检票进站。

3. 旅客出站

列车到达后，及时疏导旅客从站台南北两侧乘扶梯和步行梯快速进入地下一层出站大厅。中转改签换乘的旅客也须到地下一层出站后，在地下一层或高架层售票处改签后再进站乘车。

4. 旅客进站流程

① 乘出租车和小汽车的旅客到高架落客平台后，从东西两侧进站大厅进入车站到售票处大约在 70 ~ 100 m 之间，购票后，大约需要 5 min 时间。从售票处到候车区进站口检票大约 40 m，需 5 min，计 10 min。旅客检票后，乘电扶梯进入站台上车，大约需要 5 min。共计 15 min（进站→安检→购票→候车区→检票→下站台→上车）。

② 乘公交车的旅客到达地面落客平台后，由南、北两个共享空间乘坐电扶梯进入高架进站厅，到售票处购票，再到候车区进站口检票进站乘车，需 15 min。

③ 地铁、私家车的旅客，从地下一层购票到进站厅乘电扶梯进入站台上车，大约需要 10 min（购票→进站厅→检票→上站台→上车）。

本章练习题

1. 通过对北京市地铁 1、2、13 号线的调查和分析，请简述利用不同交通方式出行和分区域出行的客流特征。
2. 归纳总结在不同服务方式和不同目的条件下的客流出行各有什么特点。
3. 简述既有铁路客流出行特征。
4. 客流集散组织发展模式包含哪几个方面？

附录 A　城市轨道交通客流分析模拟试题

A1　模拟试题 1

一、选择题

1. 岛式站台有几个站台？（　　）

A. 一个　　B. 两个　　C. 1～2 个　　D. 3 个

2. 侧式站台的站台位于？（　　）

A. 上行车站正线中间　　B. 下行车站正线中间

C. 上下行车站正线中间　　D. 上下行车站正线外侧

3. 国外地铁车站内配置的垂直移动设施多以什么为主？（　　）

A. 扶梯　　B. 通道　　C. 自动扶梯　　D. 扶梯和通道

4. 轨道车辆按技术特征的不同分为以下哪几种？（　　）

A. 地铁车辆　　B. 单轨车辆　　C. 轻轨车辆　　D. 钢轮车辆

5. 多线运营管理面临的问题有（　　）

A. 设备兼容　　B. 诱增客流　　C. 资源共享　　D. 列车共线运行

6. 根据客流的空间分布特征，轨道交通客流分为（　　）

A. 车站客流　　B. 断面客流　　C. 换乘客流　　D. 转移客流

7. 车站设计规模是由什么决定？（　　）

A. 车站高峰小时　　B. 超高峰期客流量

C. 高峰小时最大的断面客流量　　D. 最大断面客流量

8. 接驳换乘客流空间特征分析主要考虑什么？（　　）

A. 客流的时间分布　　B. 客流的空间分布　　C. 客流的大小分布　　D. 客流的时空分布

9. 地铁出行接续方式调查主要服务于什么？（　　）

A. 地铁线路　　B. 轨道交通配套设施　　C. 运营管理　　D. 地铁车站规划

10. 城市轨道交通换乘枢纽站的设施有哪些？（　　）

A. 站台　　B. 人行道　　C. 楼梯　　D. 自动扶梯

二、填空题

1. 站台按类型不同分为________、________、________等类型。

2. 轨道车辆按________、________的不同分为钢轮车辆和胶轮车辆。

3. 轨道车辆按________的不同分为重型车辆和轻型车辆。

4. 控制中心具有________、________、________、________等调度指挥功能。在事故、灾害情况下，控制中心还是________中心。

5. 轨道交通 P + R 停车换乘设施主要包括________、________、________、________。

6. 从北京换乘站运营的实际情况看，轨道交通接驳站主要存在________、________等问题。

7. 接驳换乘客流具有________、________、________、________、________、________

等特点。

8. 换乘行为特征包括乘客的________和________。
9. 车站设备主要是指________、________、________。
10. ________决定了居民出行时间的规律性，决定了轨道交通终端站客流的时间分布。

三、判断题

1. 列车共线运营是指某一路区段上运行不同类型和不同线路的列车。(　)
2. 客运需求是位移欲望和购买能力的统一。(　)
3. 城市轨道交通车站是轨道交通系统客流集散的重要节点。(　)
4. 轨道交通建成后，城市交通应该逐步转变成以轨道交通为主体，常规公交为主干，各种交通方式相互协调的城市综合交通体系。(　)
5. 常规公交是集散轨道交通客流的重要接驳方式。(　)
6. 月度比例系数法的基本思路是根据客流变化的月度循环特性去预测未来月份的客流。(　)
7. 主成分分析方法应先消除各指标不同量化的影响。(　)
8. 综合枢纽站不包括一般换乘站。(　)
9. 日本地铁建设经验认为"车站的直接吸引范围为车辆两侧各 500 ~ 600 m 以内"。(　)
10. 从轨道交通站点的影响范围来看，城市轨道交通客流分为直接和间接吸引客流。(　)

四、论述题

1. 名词解释

(1) 客流

(2) 高峰小时最大断面客流量

(3) P + R 换乘客流的含义

(4) 客流预测

2. 简答题

(1) 轨道交通车站设备中的进出站通道分为哪几种？试简要概述。

(2) 早高峰及节假日期间的紧急措施的实施有哪些，试简要概述。

(3) 车站客流主要由哪几部分构成？各部分客流的特点是什么？

(4) 国内外城市轨道交通一体化特点是什么？

(5) 简述多方式衔接规划的原则和目标。

(6) 简述城市轨道交通与外交通港站的衔接方式。

A2　模拟试题 2

一、选择题

1. 侧式站台有几个站台？(　)

A. 一个　　B. 两个　　C. 1 ~ 2 个　　D. 3 个

2. 岛式站台的站台位于？(　)

A. 上行车站正线中间　B. 下行车站正线中间
C. 上下行车站正线中间　D. 上下行车站正线外侧
3. 半封闭式通道通过什么疏散到地面？（　）
A. 建筑物　B. 建筑物内部　C. 建筑物外部　D. 商业空间
4. 轨道车辆按牵引力配置的不同分为？（　）
A. 拖车　B. 动车　C. 轻轨车辆　D. 钢轮车辆
5. 多线运营具有一定的难确定性，具体表现在哪几个方面？（　）
A. 区域性　B. 潜在性　C. 有限性　D. 波及性
6. 根据客流的时间分布特征，轨道交通客流分为哪几类？（　）
A. 全日客流　B. 高峰小时客流　C. 全日分时客流　D. 车站客流
7. 城市客流主要取决于什么？（　）
A. 交通组织　B. 城市土地利用空间　C. 土地利用布局　D. 车型
8. 地铁出行接续方式调查主要服务于什么？（　）
A. 地铁线路　B. 轨道交通配套设施　C. 运营管理　D. 地铁车站规划
9. 城市轨道交通系统包括哪些部分？（　）
A. 车辆　B. 线路　C. 车站　D. 控制系统
10. 轨道交通 P + R 停车换乘设施主要包括什么？（　）
A. 集散类设施　B. 站场类设施　C. 安全及舒适性设施　D. 信息诱导设施

二、填空题

1. 从经营权和所有权关系的角度，轨道交通运营管理模式包括________、________、________三种模式。
2. 列车共线运营模式分为________、________两种模式。
3. 按客流的来源，轨道交通客流分为________、________、________。
4. 客运需求的特性包括________、________、________、________。
5. 基于出行分布的客流预测模式是以________为基础的。
6. 乘车系数法是一种________的客流预测方法。
7. 站台服务作业的主要内容包括________、________、________。
8. 不同线路之间的换乘一般位于________轨道交通线交叉或汇合处。常采用的换乘形式分为________、________、________、________等基本形式。
9. 城市轨道线网结构比较复杂，几种典型的类型包括________、________、________、________。
10. 在城市轨道交通与常规公交换乘中，其换乘特性主要表现为________、________、________。

三、判断题

1. 因果关系分析方法中客流的变动与经济的和非经济的因素之间没有什么必要的联系。（　）
2. 统计学中的抽样种类有很多，其中交通调查中常用的有简单随机抽样、分层抽样、系统抽样等，不同的抽样方法没有特定的使用范围。（　）

3. 轨道交通吸引客流的空间范围大致形成了以步行、自行车和机动车为主体的三层衔接服务圈。(　)
4. 轨道交通线路由区间隧道和车站两部分组成，附属建筑物不属于其范畴。(　)
5. 通道换乘属于间接换乘。(　)
6. 站厅换乘时，无论是出站还是换乘，都必须经过公用站厅再根据导向标志出站或进入另一个站台继续乘车。(　)
7. 由于客流流向的均衡性，轨道交通线路上下行方向的最大断面客流通常是不均衡的。(　)
8. 换乘站的客流构成与普通车站的客流构成一样，没有区别。(　)
9. 换乘客流的特点对换乘方式的选择非常重要。(　)
10. 轨道交通与其他交通方式的换乘客流包括轨道交通与城市对外交通的换乘，轨道交通与市内常规公交的换乘，轨道交通与私人交通的换乘客流。(　)

四、论述题

1. 名词解释

(1) 客流不均衡系数

(2) 交通一体化规划

(3) 城市轨道交通

(4) P + R 换乘客流的含义

2. 简答题

(1) 轨道交通系统主要由哪几部分构成？各部分的主要设施设备包含哪些？他们对客流产生的影响表现在哪几个方面？

(2) 客流调查的统计指标主要包括哪些？并简要概述。

(3) 不同地铁线路换乘主要包括哪几种换乘方式？试简要概述。

(4) 简述轨道交通与其他方式衔接规划的思想。

(5) 简述建立乘客满意度测评指标体系的原则。

(6) 试简述国内外对轨道交通接运优化的研究成果。

参考文献

[1] CHEN I, STEVEN J, TSAI F M. Optimization of multiple - route feeder bus service-application of gis[R]//The report of transportation research board 2001 constitution avenue, N. W. Washington, D. C, 2003.

[2] 轨道交通运营网站:首尔地铁客流[EB/OL].[2008 - 11 - 04]. http://seoulmetro. co. kr.

[3] DICKINS J S J. Park and pide facilities on light rail transit systems[J]. Transportation, 1991, 18(1):23 - 36.

[4] KOSINSKI R A. Modeling pedestrian dynamics in evacuation processes//Computing and computational techniques in sciences univ Cantabria, Santander, SPAIN(2008): 18 - 19.

[5] LI W, ZHANG X Y. Analysis of parking fee effect on travel behavior in a downtown district TDIBP 2008. American Society of Civil Engineers, 2008, 69 - 74.

[6] SHOAIB CHOWDHURY M D, CHEN I, STEVEN J. Optimization of transfer coordination for intermodal transit network[R]//Transportation research board 80th annual meeting. Washington. D. C, 2001, 7 - 11.

[7] KUAN S N, ONG H L, NG K M. Solving the feeder bus network design problem by genetic algorithms and ant colony optimization[J]. Advances in Engineering Software. 2006 (7) 351 - 359.

[8] STEVEN I, CHIEN J, SCHONFELD P. Joint optimization of a rail transit line and its feeder bus system[J]. Journal of Advanced Transportation, 1997(3).

[9] 白雁,韩宝明,干宇雷. 城市轨道交通换乘站布局综合评价方法研究[J]. 都市快轨交通,2006 ,19(3).

[10] 蔡君时. 世界公共交通[M]. 上海:同济大学出版社,2001.

[11] 曹玫. 基于遗传算法的城市轨道交通接运公交线网规划[J]. 武汉理工大学学报,2005(4).

[12] 世界银行. 畅通的城市:世界银行城市交通战略评估报告[R]. 本书翻译组,译. 北京:中国财政经济出版社,2006.

[13] 陈琛. 城市公共交通换乘系统研究[D]. 南京:东南大学,2004.

[14] 代宝乾,汪彤,蒋玉琨. 地铁运营系统安全综合评价指标体系研究[J]. 地下空间与工程学报,2008,4(1):1 - 5.

[15] 单庆超. 城市轨道交通行人流运动建模及仿真[D]. 北京:北京交通大学,2009.

[16] 范海雁. 基于轨道交通的常规公交线网调整方法[J]. 城市轨道交通研究,2005,8(4):36 - 38.

[17] 方礼君,叶霞飞,明瑞利. 上海、首尔、东京城市轨道交通客流发展趋势对比分析[J]. 交通与运输,2007(z1):105 - 107.

[18] 顾保南. 上海南站的综合交通换乘系统[J]. 城市轨道交通研究,2006,9(8):12 - 24.

[19] 韩彪. 城市群道路客运组织创新[M]. 北京:人民出版社,2007.

[20] 姜帆. 城市轨道交通与其他交通方式衔接的研究[J]. 北方交通大学学报,2001,25(4):108 - 110.

[21] 季令,张国宝. 城市轨道交通运营组织[M]. 北京:中国铁道出版社,2001.

[22] 济南市公共交通总公司. 城市公共交通企业计划与统计管理[M]. 北京:人民交通出版社,2008.

[23] 交通运输部道路司. 世界主要城市公共交通[M]. 北京:人民交通出版社,2010.

[24] 李辰. 交通方式划分的 LOGIT 模型方法[D]. 南京:河海大学,2004.

[25] 李得伟,鲁放,韩宇. 城市轨道交通客流补偿及引导措施研究[J]. 都市快轨交通,2008,12(2):19 - 24.

[26] 李林波,吴兵. 交通方式选择中心理因素影响分析[J]. 山东大学学报,2003,11(3):27 - 31.

[27] 李雪梅,李学伟. 北京城市轨道交通[M]. 北京:知识产权出版社,2009.

[28] 刘统畏. 城市和城镇群的客运交通系统[M]. 北京:中国建筑工业出版社,1985.

[29] 陆化普. 城市轨道交通规划的研究与实践[M]. 北京:中国水利水电出版社,2001.

[30] 马鹤龄. 轨道交通客流预测非集聚模型应用初探[J]. 华中科技大学学报:城市科学版,2002,19(1):65 - 67.

[31] 毛保华,李夏苗. 城市轨道交通系统运营管理[M]. 北京:人民交通出版社,2005.

[32] 莫露全,刘毅. 城市公共交通运营管理[M]. 北京:机械出版社,2004.

[33] 慕威. 地铁运营安全管理评价体系的构建与评价[J]. 管理观察,2010(10):230 - 232.

[34] 欧国立,张笑雪. 地铁运营成本分析与研究. 北方交通大学学报,1994(3).

[35] 秦灿灿. 机场衔接城市:大型机场集疏运体系规划研究[M]. 北京:中国建筑工业出版社,2010.

[36] 邱丽丽. 国外典型综合交通枢纽布局设计实例剖析[J]. 城市轨道交通研究,2005,9(3):55 - 59.

[37] 裘瑜,吴霖生. 城市公共交通运营管理实务[M]. 上海:上海交通出版社,2004.

[38] 上海市建设委员会课题组. 上海公共交通换乘枢纽研究[J]. 上海综合经济,1997(7):25 - 26. .

[39] 石静雅,苏永清,岳继光. 轨道交通能耗影响因素分析及能耗评价体系的建立[J]. 铁道运输与经济,2008(9).

[40] 宋健. 上海城市轨道交通“十一五”节能实施目标与策略[J]. 都市快轨交通,2009,22(2):19 - 23.

[41] 宋洁. 城市居民出行方式选择预测方法研究[D]. 长春:吉林大学,2005.

[42] 苏联城市交通技术经济评价指标. [出版地不详]:[出版者不详],1986.

[43] 孙斌栋. 我国特大城市交通发展的空间战略研究[M]. 南京:南京出版社,2009.

[44] 覃煜,晏克非. 轨道交通与常规公交衔接系统分析[J]. 城市轨道交通研究,2000(2):10 - 15.

[45] 汪玉林,韩笋生. 公共交通引导城市发展[M]. 北京:人民交通出版社,2009.

[46] 王慈光. 运输统计基础[M]. 成都:西南交通大学出版社,2004.

[47] 王慈光. 运输统计基础[M]. 2 版. 成都:西南交通大学出版社,2010.

[48] 王华荣,胡希元. 基于交通分配算法的城市客运方式划分研究[J]. 2005:61 - 64.

[49] 王江. 地铁运营评估[M]. 北京:中国铁道出版社,2008.

[50] 王静. 城市轨道新线接入后全网客流分布及成长规律研究[D]. 北京:北京交通大学,2010(6).

[51] 王秋平. 城市其他客运交通换乘轨道交通协调探讨[J]. 西安建筑科技大学学报,2003,35(2):136 - 139.

[52] 王漩,束显. 国内外地铁换乘枢纽站的发展趋势[J]. 地下空间,1998 (5).

[53] 王远回,张秀媛. 地铁终端站周边市域通勤出行换乘方式选择分析[J]. 世界轨道交通,2008(6):39 - 42.

[54] 王远回. 城市轨道交通终端站接运组织研究[D]. 北京:北京交通大学,2008.

[55] 王占生,张宁,陈晖,等. 轨道交通动态票价对城市交通的影响. 城市轨道交通研究,2008,11(12):35 - 41.

[56] 吴友梅, 张秀媛. 城市轨道交通的公交换乘问题与对策分析[J]. 铁道运输与经济. 2005,27(8):19 - 21.

[57] 吴友梅,张秀媛. 城市轨道交通与地面常规公交换乘客流预测模型研究[J]. 城市公共交通. 2005,11:30 - 33.

[58] 孙薇. 统计方法及其应用[M]. 沈阳:东北大学出版社,2003.

[59] 吴友梅. 基于 TransCAD 的轨道交通与常规公交换乘优化方法研究[D]. 北京:北京交通大学,2006.

[60] 杨涛,王琳. 马鞍山市居民出行选择决策心理研究[J]. 城市规划汇刊,1994,93(4):40 - 45.

[61] 姚新虎. 城市快速轨道交通与常规公交的线网协调研究[D]. 西安:长安大学,2005.

[62] 叶霞飞,谭复兴. 城市公交的换乘与接驳[J]. 城市轨道交通研究,1998,1(3):22 - 25.

[63] 詹云洲. 城市客运交通政策研究及交通结构优化[M]. 北京:人民交通出版社,2001.

[64] 张朝峰, 张秀媛. 地铁末端周边区域通勤客流分布和出行方式选择[J]. 都市快轨交通,2009,22(4):

26 - 29.

[65] 张国宝.城市轨道交通运输组织[M].北京:中国铁道出版社,2000.

[66] 安娜.满意度测评方法及应用研究[D].天津:天津大学管理学院,2006.

[67] 张秀媛.城市停车规划与管理[M].北京:中国建筑工业出版社,2006.

[68] 赵路敏,张秀媛.TransCAD 软件在轨道交通与常规公交换乘线路优化中应用[J].都市快轨交通,2007,32 - 35.

[69] 赵时旻.轨道交通自动售检票系统[M].上海:同济大学出版社,2007.

[70] 郑祖武.中国城市交通[M].北京:人民交通出版社,1994.

[71] 周爱娣.交通方式划分预测模型的研究[J].兰州铁道学院学报:自然科学版,2003,22(3):129 - 132.

[72] 周立新.城市轨道交通系统的换乘研究[J].城市轨道交通研究,2001,4(4):35 - 38.

[73] 周伟.城市交通枢纽旅客换乘问题研究[J].交通运输系统工程与信息,2005,5(5):23 - 30.

[74] 张驰清.城市轨道交通枢纽乘客交通设施服务水平研究[D].北京:北京交通大学,2007.

[75] 张琦.城市轨道交通枢纽乘客与环境交互理论[D].北京:北京交通大学,2008.

[76] 李得伟.城市轨道交通枢纽乘客集散模型及微观仿真理论[D].北京:北京交通大学,2007.

[77] 李灿.城市轨道交通枢纽乘客流交通特性分析及建模[D].北京:北京交通大学,2008.

[78] 马莉.城市轨道交通枢纽乘客流交通状态分析与评价[D].北京:北京交通大学,2009.

[79] 许婷.城市轨道交通枢纽行人微观行为机理及组织方案研究[D].北京:北京交通大学,2007.